मृत्यु दर:
समाजशास्त्रीय विश्लेषण

मृत्यु दर: समाजशास्त्रीय विश्लेषण

शोधकर्त्री
निर्मला देवी

KALPAZ

मृत्यु दर: समाजशास्त्रीय विश्लेषण

ISBN : 978-93-5128-196-2

मूल्य: 750/-

भारत सन् 2016 में प्रकाशित
कल्पाज पब्लिकेशन
5, अंसारी रोड, दरियागंज, नई दिल्ली-110002
Phone : 9811692060
ई-मेल: gennext@hotmail.com

मुद्रित: जी. प्रिंट प्रोसेस, दिल्ली

दो शब्द

डॉ. निर्मला देवी द्वारा लिखित ''मृत्यु दरः समाजशास्त्रीय विश्लेषण'' का मैंने अवलोकन किया। पुस्तक अपने समग्र रूप में सैद्धान्तिक एवं गवेषणात्मक तथ्यों से समायोजित है।

सैद्धान्तिक स्तर पर इस पुस्तक में डॉ. निर्मला देवी ने विस्तृत रूप से साहित्य सर्वेक्षण की प्रस्तुति की है जिसका एक जगह समावृष्टि करना एक प्रशंसनीय कदम है। मृत्यु दर के संदर्भ में विभिन्न जाति, धर्म, आयु, लिंग, विभिन्न बीमारियों, जीवन प्रत्याशा आदि से जुड़े सामयिक स्वरूप को लेखक ने बड़े ही समालोचनात्मक ढंग से प्रस्तुत करने का प्रयास किया है और दिखलाने का प्रयास किया।

मुझे विश्वास है कि यह पुस्तक जनसंख्या सम्बन्धी अध्ययनों से जुड़े पाठकों, उच्चशोध संलग्न छात्र-छात्राओं एवं जनसंख्या से जुड़े सरकारी अभिकरणों के लिए विशेष उपयोगी होगी।

डॉ. डी. के. सिंह

असिस्टेन्ट प्रोफेसर, समाजशास्त्र विभाग,

सामाजिक विज्ञान संकाय

का.हि.वि. विद्यालय

वाराणसी

अभिस्वीकृति

मृत्यु दर को किसी भी राष्ट्र की सम्पन्नता का सूचक माना जाता है, जो देश आर्थिक दृष्टि से उन्नत है तथा जहाँ के लोगों के रहन-सहन का स्तर ऊँचा होता है। वहाँ मृत्यु दर उन देशों की तुलना में जो आर्थिक दृष्टि से पिछड़े हैं कम होती है। जो देश आज विकसित हैं उन्होंने अनेक उपायों यथा शुद्ध पेय जल, संतुलित तथा पौष्टिक आहार, चिकित्सा सेवाओं में विस्तार, विभिन्न बीमारियों पर नियंत्रण इत्यादि के द्वारा मृत्यु दर को नियंत्रित कर लिया है। विकाशील देशों की भांति भारत में भी स्वास्थ्य स्तर बहुत नीचा है जिसके फलस्वरूप जीवन प्रत्याशा भी कम है। यद्यपि भारत में मृत्यु दर ऊँची है। सन् 1891 से 1921 तक के तीन दशकों के पहले दशक में अकाल, दूसरे दशक में प्लेग तथा तीसरे दशक में एन्फ्लुएन्जा के कारण मृत्यु दर बहुत अधिक रही है। सन् 1921 से 1930 में मृत्यु दर 36.3 थी जो 1940 में घटकर 33.2 रह गयी। द्वितीय विश्वयुद्ध के बाद अन्य विकाशील देशों की भांति भारतीय स्वास्थ्य सेवाओं में सुधार हुआ और विश्व के चिकित्सा सम्बन्धी वैज्ञानिक ज्ञान के अनुभव का पूरा-पूरा लाभ उठाया गया। भारत में सन् 1941 से 1950 के बीच में मृत्यु दर लगभग 27.4 थी जो सन् 1951 से 1960 के अवधि में घटकर 18.0 प्रति हजार हो गई। सन् 1961-71 की अवधि में 19.2 सन् 1971-1980 की अवधि में 15.0 सन् 1981-1990 की अवधि में मृत्यु दर 11.4, 1991-2000 की अवधि में मृत्यु दर 8.4 प्रति हजार हो गयी और अनुमान था कि सन् 2010 तक मृत्यु दर में और कमी आएगी। भारत में मृत्यु दर में इतनी गिरावट अत्यन्त आश्चर्यजनक है क्योंकि वह अपनी स्वास्थ्य

सेवाओं पर बहुत कम खर्च करता है। भारत में गरीबी, स्वास्थ्य सेवाओं के प्रशिक्षण में कमी, अज्ञानता तथा रूढ़िवादिता के बावजूद मृत्यु दर का सन् 1951 से 1991 अर्थात् 40 वर्षों में 9.4 प्रति हजार हो जाना एक बड़ी उपलब्धि है।

मृत्यु की सम्भावना देश की स्वास्थ्य दशाओं का संवेदनशील निर्देशांक होता है यह जैवकीय एवं परिवेशी दशाओं से प्रभावित होता है। यद्यपि मृत्यु में जैविकीय कारणों को नियंत्रित करना कठिन होता है, तथापि परिवेश कारणों यथा भोजन तथा पूर्ण प्रसव सावधानी, स्वच्छता की दशायें और आक्रामक शिशु रोगों आदि को नियंत्रित किया जा सकता है इस दिशा में शासन , समाज एवं अन्य संस्थाओं द्वारा अनेक प्रयास किये गये हैं, इन प्रयासों के परिणामस्वरूप भारत के सरकारी जीवन तालिका के अनुसार यहाँ मृत्यु अन्य देशों की तुलना में काफी ऊँची है। यद्यपि विगत पचास वर्षों में इसमें 50 प्रतिशत कमी आयी है। उक्त सन्दर्भ को दृष्टि में रखते हुए प्रस्तुत शोध की रूप-रेखा तैयार की गई है।

प्रस्तुत शोध प्रबन्ध वाराणसी नगर में मृत्यु दर पर आधारित हैं। इस शोधग्रन्थ के अध्ययन एवं लेखन में जिन व्यक्तियों ने अपना महत्वपूर्ण सहयोग दिया है, उनके प्रति आभार प्रकट करना मैं नैतिक तथा बौद्धिक कर्त्तव्य समझती हूँ।

प्रस्तुत शोध प्रबन्ध की रचना के प्रेरणास्रोत एवं सूत्रधार प्रो. सुरेन्द्र सिंह, की आभारी हूँ, जिनकी कृपा से प्रस्तुत विषय का अनुसंधान करने का अवसर प्राप्त हुआ है। अपनी व्यस्तता के बावजूद अपना बहुमूल्य समय प्रदान प्रदान करते रहे। जिनके मार्गदर्शन में मैंने अपना शोधग्रन्थ का कार्य पूर्ण किया है। मैं माननीय पूर्व विभागाध्यक्ष स्व. प्रो. रमेश नन्दन द्विवेदी जी की हृदय से आभारी हूँ जिन्होने इस शोध के लिए अवसर प्रदान किया।

डॉ. डी. के. सिंह एवं प्रो. जे. एन सिंह समाजशास्त्र विभाग, काशी हिन्दू विश्वविद्यालय ने इस शोध को ग्रन्थ के रूप में करने के लिए

प्रेरित किया। मैं अपने विभाग के समस्त गुरुजनों के प्रति आभार व्यक्त करती हूँ, जिन्होंने समय-समय पर मुझे विशेष मार्ग दर्शन दिया। इसके साथ ही मैं सभी लेखक व लेखिकाओं के प्रति आभारी हूँ। जिनकी रचनाओं से मुझे अपने शोध कार्य पूर्ण करने में पर्याप्त सहायता मिली। मैं नगर महापलिका वाराणसी के पाँचों जोनों के कर्मचारियों के प्रति आभार प्रस्तुत करती हूँ जिन्होंने मृत्यु की समस्त घटनाओं से सम्बन्धित आँकड़ों को उपलब्ध करने में हमारी मदद की तथा सहयोग प्रदान किया। जिससे शोध कार्य पूर्ण हो सका।

आभार प्रदर्शन की श्रृंखला में मैं अपने पिता श्री राम निठोहर राम तथा माता श्रीमती रामराजी देवी के प्रति कोटि-कोटि प्रमाण करती हूँ जिन्होंने पग-पग पर मेरा उत्साहवर्धक किया। जिन्होंने अपने ममता, स्नेह सब कुछ न्यौछावर कर इस योग्य बनाया कि मैं इस कार्य को कर सकी तथा यहाँ तक पहुँच सकी। मैं बहन उर्मिला कुमारी, जीजा श्री श्यामजीत, बहन शशि कला, भाई महेन्द्र प्रताप, आनन्द प्रकाश तथा रक्षित की अत्यन्त आभारी हूँ जिन्होंने मेरे मनोबल को दृढ़ता प्रदान किया।

मैं अपने पति डॉ. संजय प्रकाश व बेटे अक्रेयांश के प्रति आभार प्रकट करती हूँ जिन्होंने शोध पूर्ण करने में मेरी मदद की। मैं अपने ससुर श्री श्यामलाल तथा सास श्रीमती भगवन्ती देवी के प्रति आभार प्रस्तुत करती हूँ जिन्होंने मुझे शोध पूर्ण करने के लिए समय प्रदान किया तथा मैं ससुराल पक्ष के सभी सदस्यों का आभार प्रकट करती हूँ।

जनगणना कार्यालय, नई दिल्ली की पुस्तकालय के कर्मचारियों के प्रति आभार व्यक्त करती हूँ जिन्होंने शोध से सम्बन्धित आँकड़ों तथा पुस्तकों को उपलब्ध कराया एवं सहयोग प्रदान किया। केन्द्रीय पुस्तकालय काशी विद्यापीठ तथा केन्द्रीय पुस्तकालय बी.एच.यू. के प्रति आभार प्रकट करती हूँ।

मैं समस्त लोगों को हृदय से धन्यवाद देने के साथ ही आभार प्रकट करती हूँ।

निर्मला देवी

विषय-सूची

सारणी सूची

CHART

1. Ranking of states/Uts in percentage of Medically Certified Death-2001.
2. Distribution of Leading Major Cause -groups of Death During 2001.
3. Trends of Major Cause-groups of death from 1985-2001.
4. Crude death rate by residence, India and bigger states, 2005.
5. Distribution of bigger states by values of death rate for rural and urban areas, 2005.
6. Infant mortality rate by residence, India and bigger states, 2005.
7. Distribution of bigger states by Infant mortality rate for rural and urban areas, 2005.

प्रथम अध्याय

अवधारणात्मक एवं सैद्धान्तिक परिदृश्य

जनांकिकी एक ऐसा विज्ञान है जो मनुष्यों की संख्या के बारे में अध्ययन करता है। प्रारम्भ में जनसंख्या सम्बन्धी अध्ययन का क्षेत्र जनगणना (Census) तक ही सीमित था। किन्तु आधुनिक समय में जनसंख्या का तथ्यसिद्ध, सांख्यिकीय एवं गणितीय विश्लेषण (Empirical, Statistical and Mathematical Analysis of Census Data) किया जाने लगा है, जिसे एक विषय का रूप देकर जनांकिकी (Demography) की संज्ञा दी गयी है।

जनांकिकी के अन्तर्गत जनसंख्या सम्बन्धी उन समस्त घटनाओं का अध्ययन सांख्यिकीय समंको पर आधारित करके करते हैं। व्यक्तियों की आवास-प्रवास की प्रवृति और उसका कारण मरणशीलता, जन्मशीलता आदि ऐसे तथ्य हैं जिन पर न केवल मनुष्य की शारीरिक चेतनता एवं अवसïा का प्रभाव पड़ता है, अपितु समाज में प्रचलित रीति-रिवाज भी उतने ही जिम्मेदार हैं। जनांकिकी मानव जीवन का सामूहिक अध्ययन है, अत: यह एक मान्य तथ्य सा प्रतीत होता है कि जनांकिकी का संबंध अनुभव-विज्ञान से अधिक है। इसमें आँकड़े सामाजिक घटनाओं के अवलोकन तथा अभिलेखन के द्वारा तैयार किए जाते हैं सामाजिक घटनाओं पर आधारित समंको का न तो पुर्न परीक्षण किया जा सकता है। और न ही इसकी समसरता (Homogentie) का ही अध्ययन

किया जा सकता है? इसका एक ही कारण है कि ये घटनाऐं अनियन्त्रित दशाओं में किया जाता है।

जनसंख्या संबंधित ज्ञान की जिज्ञासा मानव की उसके आस्तित्व काल से रही है। वह इसके संबंध में विभिन्न उद्देश्यों को ध्यानागत रखकर किसी न किसी रूप में जानकारी रखता था। ये उद्देश्य विभिन्न प्रकार के हो सकते थे, जिनमें समय, स्थान, उद्देश्य के अनुसार परिवर्तन पाया गया है। मानव इतिहास इस बात का गवाह है कि राज्य की रूचि जनसंख्या (जन्म, मृत्यु, आवास, आप्रवास) में सर्वप्रथम सुरक्षा एवं करों के माध्यम से आय कमाने में रही है जिसके कारण जनसंख्या का लेखा रखना आवश्यक समझा गया होगा। ये दोनों ही उद्देश्य जनसंख्या के गुणामक एवं परिमाणात्मक पहलुओं का अध्ययन करने की बाध्य किये होंगे। इस प्रकार के अध्ययन के लिए पंजीकृत जीवन समंको की आवश्यकता पड़ी होगी, जो कि वास्तव में ईसा से 1250 वर्ष पूर्व (1250 B.C.) मिस्र में, रामेश द्वितीय नरेश[1] (King Rameeses II) के राज्य काल में पाया जाता है। इन्होंने पंजीयन प्रणली का निर्णय किया था। इसी प्रकार के प्रत्यत्न हिन्दू, बेबीलोलिया और चीनियों की पुरानी सभ्यता में भी पाये जाते है।

भारत में महाभारत, कौटिल्य का अर्थशास्त्र और आइने-अकबरी[2] आदि ऐसी पुस्तकें हैं जो प्रचीन काल में जनसख्या सम्बन्धी प्रगाति के घोतक हैं। विभिन्न देशों में विभिन्न दशाओं पर इसकी उपादेयता अनुभव की गई। इसके महत्व को समझने के बाद पन्द्रहवीं सदी के प्रारम्भ में कुछ देशों ने चर्चा में अपने सदस्यों से सम्बन्धित मृत्युओं, विवाहों आदि का लेखा लिखना प्रारम्भ किया, जो कि बाद में पूरे जन-समुदायों के लिये लागू किया गया और फिर यह चर्च के अलावा राज्य का दायित्व बना। स्वीडन तथा फिनलैण्ड में यह क्लासिकल दायित्व काफी समय तक बना रहा किन्तु सबसे ज्यादा श्रेय उन देशों को है जो कि 1740 ई. तक जीवन समंक सूचकांक को लगातार एकत्रित करते हैं।[3]

इस प्रकार जीवन-समंकों का एकत्रीकरण तो विश्व के लगभग सभी देशों-फ्रांस, स्पेन, इंग्लैण्ड में हुआ, किन्तु इसका आनुभविक, सांख्यिकीय एवं गणितीय दृष्टिकोण से अध्ययन करने का श्रेय सर्वप्रथम अंग्रेज क्लर्जी, जॉन ग्रान्ट (English Clergy, John Grant) को है, जिन्होंने "मृत्यु के लेखों" (Bill of Mortality) के आँकड़ों के विश्लेषण करने के बाद जन्म, मृत्यु, देशांतरण एवं विवाह आदि को परस्पर संबधिंत प्रक्रियायें घोषित किया तथा बताया कि ये जीवन-समंक चार बड़े महत्वपूर्ण निष्कर्ष प्रस्तुत करते हैं–

- यें प्रक्रियायें एक निश्चित नियम के आधार पर होती है।
- पुरुष जन्म-दर, स्त्री जन्म-दर की अपेक्षा अधिक है, जबकि किसी समय जनसंख्या में पुरूष एवं स्त्रियों की संख्या लगभग समान होगी।
- जीवन के शुरू के वर्षों में मृत्यु-दर अन्य वर्षो की अपेक्षाकृत अधिक होती है।
- शहरों की अपेक्षा ग्रामीण मृत्यु-दर कम होती है।

इसी विषय में विलियम पेट्टी ने भी कार्य किया था। हैले ने इंग्लैण्ड में प्रथम बार जीवन-तालिका बनाकर जनसंख्या का अन्य प्राकृतिक विज्ञानों से सम्बन्ध सुदृढ़ किया और माननीय घटनाओं में आनुभविक पद्धति का प्रयोग कर विभिन्न समाजशास्त्रों के विकास में सहायता प्रदान की।

जनांकिकी विकास का दूसरा चरण उन्नीसवी शताब्दी से प्रारम्भ होता है, जबकि सम्भाव्यता का गणितीय अध्ययन तथा अमेरिका, यूरोप, फ्रांस, इटली आदि देशों में जनगणना तथा जनांकिकी घटनाओं का पंजीयन प्रारम्भ हुआ। जिसको विश्लेषित करके मृत्यु-जन्म आदि घटकों का आपसी सह-सम्बन्ध निकालने एवं इस क्षेत्र में उत्कृष्टतम् तथा जीवनांकिकी की सहायता से इन जीवन समंको का विस्तृत अध्ययन होने लगा था, कि इसी बीच जनांकिकी शब्द को अन्तर्राष्ट्रीय जनाकिकी एवं स्वास्थ कांग्रेस तथा अतर्राष्ट्रीय स्तर पर मान्यता दी गई। वैसे यह

शब्द फ्रांस एवं इटली में विशेष रूप से प्रसिद्धि पा चुका था, जर्मन एवं स्कैण्डनेवियन्स के बीच इसका प्रयोग शुरू हो गया था, किन्तु इंग्लैण्ड या ऑग्ल-भाषी प्रदेशों में इसका प्रयोग साधारण रूप में ही रहा था। इस शब्द का सर्वप्रथम प्रयोग फ्रांसीसी लेखक एशिले गिलार्ड[4] (Acill Guillard, 1855, Paris) ने 1855 में अपनी पुस्तक "Elements de Statisque Humaine on Demographic Comparee" में किया। इन्होंने इसे जनसंख्या के भौतिक, सामाजिक, बौद्धिक तथा नैतिक दशाओं (अवस्थाओं) तथा सामान्य रीतियों (प्रवास) का गणितीय अध्ययन (ज्ञान) माना है, या फिर वे इसे व्यापक दृष्टिकोण से मानव जाति का सामाजिक एवं प्राकृतिक इतिहास मानते हैं। फिर भी ब्रिटिश विद्वानों को ही आधुनिक जनांकिकी के सैद्धान्तिक दृष्टिकोणों, आनुभविक अनुसंधानों के उद्देश्यों, अनुसंधानों की नवीन पद्धतियों आदि का श्रेय है। 'जनसंख्या की समस्या-विकास का एक अध्ययन' नामक कार साउन्सर्ड की पुस्तक 1922 ने जनसंख्या को को जीव-विज्ञान से सामाजिक विज्ञानों के समीप लाने में सराहनीय योगदान प्रदान किया है। यह गन्थ्र जनसंख्या के आकार व विकास का क्रमिक वर्णन है, जिसके कारण ऐतिहासिक, मानवशास्त्रीय एवं जीवनशास्त्रीय सूचनाओं को जनांकिकी के पास लाया जा सका। साथ ही, इसका संगठन इस प्रकार किया गया जिससे कि जनसंख्या के अध्ययन को समाजशास्त्र व जीव-विज्ञानों की अलग व नई शाखा समझी जा सके। आज जनांकिकी को प्राय: विश्व के समस्त देश किसी न किसी विषय के अन्तर्गत अध्ययन करते हैं। वह विषय चाहे अर्थशास्त्र हो या समाजशास्त्र या जन-स्वास्थ्य शास्त्र। आज इसको कुछ राष्ट्र तो अलग विषय मानकर अध्ययन कर रहे है।

भारत में जनांकिकी विकास का क्रम भी अन्य देशों की भाँति धार्मिक स्थलों से शुरू हुआ है। जन्म एवं मृत्यु का पंजीयन सर्वप्रथम हिन्दु एवं मुसलमान राजाओं के समय मन्दिर के पुरोहितों तथा मस्जिद के काजी लोगों द्वारा किया जाता था, जिसका कि पंजीयन पूर्णरूपेण

ऐच्छिक था। 15वीं शताब्दी के मध्य में इसमें सुधार देखा जाने लगा। जन्म एवं मृत्यु का पंजीयन सर्वप्रथम 1844 में मद्रास में, 1848 में बम्बई में, 1870 में बंगाल में तथा 1870-80 में भारत के अन्य स्थानों में शुरू हुआ। 1886 में जन्म एवं मृत्युओं का पंजीयन ऐच्छिक होते हुए भी नगर पालिकाओं के लिए अनिवार्य था। इस प्रकार का एक नियम 1916 में उत्तर प्रदेश नगरपलिका ने बनाया, जिससे कि शहरी पंजीयन किया जा सके। ग्रामीण क्षेत्रों में इसका प्रावधान यातायात एवं संचार सुविधाओं की कमी में लागू नहीं किया गया। पहले यह कार्य (मृत्यु एवं जन्म की सूचना देने का) गाँव का चौकीदार किया करता था, जिसका लेख पुलिस अधीक्षक कार्यालय के द्वारा रखा जाता था, किन्तु यह कार्य पंचायतों को सुपुर्द कर दिया गया है।[5]

इस विषय की ओर लोगों का ध्यान विशेष रूप से तब आकृष्ट हुआ जबकि 1933 में भारतीय जन-स्वास्थ्य आयुक्त ने अकस्मात् भारतीय जनसंख्या-वृद्धि से सम्बन्धित जानकारी दी। वैसे इस दिशा में श्री. पी. के. वट्टल की पुस्तक (Population Problem of India 1916) प्रथम प्रयास है। जिससे सम्बन्धी परिवार की सीमितता पर जोर दिया गया। 1936 तथा 1938 के जनसंख्या सम्मेलन में भारत की जनसंख्या का 1941 में 40 करोड़ का अनुमान लगाया गया। इससे प्रभावित होकर डा. राधा कमल मुखर्जी, प्रो. ज्ञानचन्द्र, एस. पी. जैन, एन. वी सोवानी डा. एस. चन्द्रशेखर डी. घोष आदि ने विभिन्न पुस्तकों की रचना[6] जिसके माध्यम से भारतीय जनसंख्या के विभिन्न पहलुओं पर प्रकाश डाला गया।

भारतीय सांख्यिकीय संस्थान, कलकता ने 1937 में प्रो. पी. सी. महालोनवीस के निर्देशन में जन्म समंकों को एकत्रित किया। डा. सी. चन्द्रशेखर के निर्देशन में अखिल भारतीय आरोग्य एवं जनस्वास्थ्य संस्थान, कलकत्ता ने भी जनांकिकी विषयक अनुसंधान किये। 1951 में गोखले संस्थान, पूना में रौकफैलर फाउन्डेशन द्वारा प्रदत्त अनुदान की

सहायता से जनसंख्या एवं जनांकिकीय विभाग का खुलना इस विषय से जागरूकता का प्रमाण है।

1953 में भारत सरकार के स्वास्थ्य मंत्रालय ने परिवार नियोजन से सम्बन्धित प्रायोगिक एवं अनुसंधान कार्यक्रम पर सलाह देने के लिए एक परिवार नियोजन अनुसंधान एवं कार्यक्रम सीमित का गणन किया। इस समिति के द्वारा गठित दो और उप-समितियों ने जनांकिकी अनुसंधान एवं प्रशिक्षण की समस्या पर सरकार को निम्नलिखत दो सुझाव दिए:

- जन्म एवं मृत्यु दरों एवं प्रजनन स्तरों के अध्ययन करने कि नई कुछ योजनाओं को सहायता देनी चाहिए।
- उन चार स्थानों पर, जहाँ की कुछ जनांकिकी अनुसंधान की दिशा में कार्य हुए हैं जनांकिकी इकाईयों की स्थापना होनी चाहिए।

1956 में भारत सरकार ने जनसंख्या सम्बन्धी अनुसंधान कार्य एवं परिवार नियोजनों को वित्तिय सहायता एवं सलाह देने के लिए केन्द्रीय परिवार नियोजन परिषद् की स्थापना की। जुलाई 1956 में मुम्बई 1957 में दिल्ली तथा कलकत्ता और 1958 में त्रिवेन्द्रम में जनांकिकी अनुसंधान केन्द्र खोले गये।[7] भारत में बहुत प्राचीन काल से जनसंख्या सम्बन्धी समंक एकत्रित किए जाते रहें हैं। पहले जनगणना में व्यक्तियों की आयु, लिंग, पेशा आदि सम्बनिधत सूचनायें ही एकत्रित की जाती थी। परन्तु जैसे-जैसे राज्य का क्षेत्र विस्तृत होता गया वैसे-वैसे जनगणना का क्षेत्र भी विस्तृत होता गया। समाजवादी सरकारों व जनकल्याणी राज्यों की स्थापना के साथ-साथ जनगणना के साथ एकत्र की जाने वाली सूचनाओं की प्रकृति में भी परिवर्तन हुआ तथा व्यापकता का समावेश हुआ। आधुनिक समय में भारत की जनगणना राष्ट्रीय स्तर का सबसे बड़ा एवं महत्वपूर्ण सांख्यिकीय संकलन है।

जीवन समंक से हमारा तात्पर्य जन्म, मृत्यु जैसे जैविकीय तथ्यों से सम्बन्धित आँकड़ों से है। जनसंख्या से सम्बन्धित देशान्तरण, सामाजिक,

गतिशीलता, नगरीकरण तथा जनसंख्या के सम्बन्धित तथ्यों एवं आँकड़ों को सामाजिक समंको की श्रेणी में रखा जा सकता है। जीवन समंक प्राकृतिक घटनाओं पर आधारित होते हैं, जबकि सामाजिक संमक भिन्न सामाजिक परिवेश एवं जनसंख्या गतिशीलताओं के कारण निर्मित होते हैं।

जनांकिकी के तथ्य तथा समंक निरन्तर परिर्वनशील प्रकृति के होते हैं। निश्चित क्षेत्र एवं समय के सन्दर्भ में ही किसी एक जनसंख्या की स्थिति की परिभाषा हो सकती है। जीवन समंक, जैविकीय घटनाओं पर आधारित होते हुए भी अनेक सामाजिक कारकों से प्रभावित होते हैं। जन्म एवं मृत्यु जैसे शुद्ध जैविक घटनायें सामाजिक कारकों के प्रभाव में परिवर्तित होती हैं। इसलिए जीवन समंक तथा जनसंख्या सम्बन्धी सामाजिक समंक दोनों ही देश–काल सापेक्ष होते हुए अनेक सामाजिक तथा जैविक कारकों से प्रभावित होती हैं।

जनसंख्या समंको के स्रोत

विश्व का कोई भी राष्ट्र अपनी शक्ति का अनुमान लगाने, राज्य में समुचित व्यवस्था बनाये रखने के लिए यह आवश्यक समझता है कि उसे उस राष्ट्र की भौगोलिक सीमा के अन्तर्गत रहने वाले व्यक्तियों की संख्या क्या है, उनका वितरण किस प्रकार का है, कितने–कितने किस–किस प्रकार के व्यवसायों में संग्लन हैं, का पता हो। इन समस्त प्रकार की सूचनाओं की प्राप्ति के लिए मुख्यतः तीन साधन प्रयोग में लाए जाते हैं जिन्हें हम जनांकिकी आँकड़ों के स्रोत कहते हैं। ये हैं:

1. जनगणना
2. जनांकिकी घटनाओं, जैसे जन्म, मृत्यु, विवाह, तलाक, देशान्तरण आदि का पंजीयन या दूसरे शब्दों में जीवन समंक; और
3. समय–समय पर होने वाले नमूना सर्वेक्षण।

जनसंख्या शास्त्र में जसंख्या–गति अत्यधिक महत्वपूर्ण मानी जाती है इसका निर्धारण तीन कारकों–जन्म, मृत्यु तथा देशान्तरण द्वारा होता है।

जन्म या प्रजनन

प्रजनन, व्यक्ति, परिवार एवं समाज के जीवन में समान रुप से महत्वपूर्ण घटना है। प्रजनन से सामान्य तात्पर्य संतानोत्पादन से है। मानव समाज की निरन्तरता पूर्णरुपेण प्रजनन की प्रकिया पर निर्भर करती है। विश्व के एक प्रजनन विशेषज्ञ श्री नॉरमन बी. रायडर का मत है कि ''माँ या पिता बनना एक व्यक्ति के जीवन में सर्वाधिक महत्व की घटनाओं में से एक है। समाज निरन्तरता की दृष्टि से व्यक्ति की पर्याप्त प्रजननता मनुष्य का सबसे महत्वपूर्ण व्यवहार प्रतिमान है।'' इस प्रकार व्यक्तिगत सन्तोष के रूप में तथा सामाजिक निरन्तरता को चरितार्थ करने की दिशा में मनुष्य का सन्तानोत्पादन सम्बन्धी व्यवहार जनांकिकी विश्लेषण का केन्द्रीय विषय है। साधारणतः उर्वरता का अभिप्राय किसी स्त्री या उनके समूह के द्वारा किसी समयावधि में कुल सजीव जन्में बच्चों की वास्तविक संख्या से है। उर्वरता की माप बच्चों की संख्या से होती है, अथवा एक दी हुई अवधि पर सजीव जन्में बच्चों की बारम्बारता ही उर्वरता का माप है।

जन्म की घटना किसी क्षेत्र की जनसंख्या वृद्धि को तथा मृत्यु की घटना उस क्षेत्र की जनसंख्या ह्रास को सूचित करती है और देशान्तरण की घटना क्षेत्र विशेष की जनसंख्या को सकारात्मक एवं नकारात्मक दोनों रूपों में प्रभावित करती है। यदि किसी देश में प्रवजन की घटनायें अधिक होती हैं तो जनसंख्या में ह्रास तथा यदि आव्रजन की घटनायें होती है तो जनसंख्या में वृद्धि होती हैं। यदि किसी ऐसे समाज की कल्पना की जाए तो देशान्तरण की दृष्टि से बन्द समाज का प्रतिनिधित्व करता हो तो उस समाज में जनसंख्या गति का निर्धारण जन्म एवं मृत्यु द्वारा होता है। जन्म एवं मृत्यु की घटनायें प्राकृतिक हैं इसके आधार पर प्राकृतिक वृद्धि का निर्धारण होता है।

प्रजनन जनसंख्या के पुनः स्थापन की प्रक्रिया है प्रजनन किसी समूह कि वह प्रक्रिया है जो एक पीढ़ी के अपने सम्पूर्ण प्रजननकाल

को पूरा कर लेने के पश्चात् निश्चित नवजातों की संख्या से सम्बन्धित है। जनसंख्याशास्त्रीय सामान्य रूप से प्रजनन शब्द का प्रयोग किसी स्त्री अथवा स्त्रियों के समूह के वास्तविक पुनरूत्पादन को सूचित करने के लिए करते हैं।[8] इस अर्थ में प्रजनन – प्रक्रिया स्त्री जनसंख्या से ही सम्बन्धित पायी जाती है।

मृत्यु

प्रजनन दर की भाँति मृत्यु दर का भी दैनिक जीवन में बड़ा महत्व है। जीवन बीमा, जन-नीति एवं जनसंख्या में वृद्धि में मृत्यु दर का बड़ा ही क्रियात्मक एवं सक्रिय भाग होता है। विश्व का प्रत्येक देश आज अपनी जन-स्वास्थ्य सेवाओं एवं औषधि सुलभताओं के द्वारा व्याक्तियों की औसत आयु में वृद्धि लाने का प्रत्यन कर रहा है। जीवन बीमा निगम का सारा कार्य-कलाप ही आज मृत्यु-दर की सम्भाव्यताओं पर आधारित हैं। मृत्यु-दर के अनुमान द्वारा किसी भी जन-स्वास्थ्य सेवाओं में हुई प्रगति को जाना सकता है। इसी प्रकार से जनसंख्या-दर में वृद्धि तथा जनसंख्या प्रतिस्थापन-दर पर मृत्यु-दर का बड़ा प्रभाव पड़ता है। जन्म दर की भाँति मृत्यु-दर भी एक निश्चित सीमा के नीचे नहीं हो सकती, चाहे देश में विज्ञान एवं तकनीकों के क्षेत्र में कितनी बड़ी उन्नती क्यों न हो जाए।

मृत्यु एक दीर्घ जीवन बिताने के पश्चात् व्यक्ति में जैविक शक्ति की समाप्ति की सूचक है, जिसके पश्चात् शरीर के विभन्न अंग अपना कार्य करना बन्द कर देते हैं। मृत्यु की घटनायें नकारात्मक अर्थात् घटोत्तरी का सूचक हैं। मृत्यु एक अनैच्छिक तथ्य हैं। बीमारी, शरीर की शक्ति एंव सामान्य स्वास्थ्य स्तर में गिरावट, हिंसा एवं दुर्घटना आदि का परिणाम मृत्यु है। श्वास का स्पन्दन अवरूद्ध हो जाने तथा शरीर में रक्त की ऊष्मता विनष्ट हो जाने की स्थिति मृत्यु समझी जाती है। जैवकीय दृष्टि से मृत्यु से आशय उस शरीर का अन्त है, जिसका जीवित जन्म हुआ था, किन्तु जनांकिकी दृष्टि से मृत्यु जीवन की ऐसी प्रमुख घटना

है जो जनसंख्या के आकार, गठन एवं वितरण में कमी लाती है। मृत्यु की घटनाओं के समूह को मृत्युक्रम या मरणांक (Mortality) कहते है। स्पष्टत: मृत्युक्रम का सम्बन्ध व्यक्ति विशेष से न होकर व्यक्तियों के समूह से होता है। मृत्यु का पूर्व निश्चत समय नहीं होता, किन्तु मृत्यु सत्य और अवश्यम्भावी है। मृत्यु दर अर्द्धविकसित अर्थ व्यवस्था का संकेतक है। जनसंख्या की वृद्धि में मृत्युक्रम महत्वपूर्ण भूमिका अदा करता है। किसी देश में जनसंख्या वृद्धि का कारण जन्म-दर में वृद्धि न होकर मृत्यु-दर में कमी हो सकती है।

मृत्यु की सम्भावना प्रत्येक आयु वर्ग में सदैव बनी रहती है। विभिन्न देशों एवं समाजों में एक निश्चित आयु तक जीवित रहने की सम्भावना भिन्न होती है। सह सम्बन्धित देश की सामाजिक, आर्थिक एवं जलवायु पर निर्भर करती है। इसके अतिरिक्त मृत्युक्रम सामाजिक परिवर्तनों व जनसंख्या के गठन पर भी महत्वपूर्ण प्रभाव डालता है। इस प्रकार जनसंख्या गठन तथा समाज की संरचना में होने वाले परिवर्तनों की दृष्टि से मृत्युक्रम का अध्ययन विशेष महत्व रखता है। उक्त सन्दर्भ में यहाँ यह उल्लेखनीय है कि जनगणना के अन्तर्गत सूचनाओं का संकलन मात्र सांख्यिकीय दृष्टिकोण से किया जाता है, जबकि मृत्युक्रम सम्बन्धाी सूचनाओं पंजीकरण वैधानिक औपचारिकताओं को पूरा करने के लिए किया जाता है। सम्पत्ति के हस्तान्तरण एवं उत्तराधिकार की दृष्टि से मृत्यु सम्बन्धी सूचना देना आवश्यक होता है। उस अर्थ में मृत्यु प्रमाण पत्र एक विधिक प्रपत्र होता है जिसको निर्गामित करने के लिए विभिन्न सूचनाएं एकत्र की जाती हैं।

मृत्यु के कारण

आदि काल से ही मानव मृत्यु की घटनाओं को रोकने एवं उप पर विजय प्राप्त करने के लिए प्रयासरत है। उसके इसी प्रयास ने औषधि विज्ञान एवं चिकित्साशास्त्र को जन्म दिया। आज नए-नए अनुसंधानों एवं अन्वेषणों के द्वारा विभिन्न प्रकार के जटिल रोगों के कारणों का पता लगा कर उनके उपचार का प्रयास जारी है। यह सत्य है कि मनुष्य मृत्यु

दर पर विजय नहीं प्राप्त कर सका है, परन्तु वह जीवनावधि का विस्तार करने में अवश्य सफल हो गया है। इस तरह, मृत्यु सम्बन्धी घटनाओं के कारणों की खोज का अध्ययन करना महत्वपूर्ण होता है।

जनांकिकी मानव जीवन का संख्यात्मक विश्लेषण है। इसके अन्तर्गत मृत्यु के केवल उन्हीं कारणों की व्याख्या हो पाती है जिनके सम्बन्ध में आँकड़े उपलब्ध होते हैं। जनांकिकी के लिए मृत्यु की उन घटनाओं का अध्ययन एवं व्याख्या करना कठिन है जिनके अनिश्चित हो अथवा ज्ञात न हों। सामान्यता मृत्यु के विभिन्न निम्न कारण हैं।

1. कुपोषण – कुपोषण प्रायः गरीबी, भोजन सम्बन्धी आदतों सामाजिक एवं धार्मिक रूढ़िवादिता, अज्ञानता, दुर्व्यसन तथा प्रदूषण के फलस्वरूप होने वाला मनुष्य कृत रोग है।
2. संक्रामक रोग या बीमारिया – इस प्रकार के रोग के फैलने के प्रमुख कारण है। सामाजिक आर्थिक पर्यावरण, जलवायु, संक्रामक बिमारियाँ आदि।

   संयुक्त राष्ट्र संघ ने मृत्यु के समस्त कारकों को पाँच समूहों में विभाजित किया है।

   समूह – 1. संक्रामक, पराश्रयी तथा श्वास सम्बन्धी बीमारियाँ

   समूह – 2. कैन्सर

   समूह – 3. परिवहन तंत्रीय बीमारियां

   समूह – 4. हिंसा से मृत्यु

   समूह – 5. उदर सम्बन्धी बीमारियाँ
3. चिकित्सीय सुविधाओं का अभाव
4. दुर्घटना
5. व्यापक निर्धनता
6. प्राकृतिक प्रकोप
7. अशिक्षा
8. बाल विवाह एवं अधिक संतानोत्पत्ति

9. प्रजनन आयु व प्रसव काल में स्त्रियों की अत्यधिक मौतें
10. शुद्ध पेयजल की समस्या तथा गन्दे पानी के निकास की उचित व्यवस्था का अभाव
11. शिशु कल्याण केन्द्रों की कमी
12. शिशु मृत्युओं के कारण – इसे दो वर्गो में विभाजित किया जाता है:
    1. **अन्तजीत कारण**–पूर्व परिपक्वता, जन्म के समय ही कु–रचित, जन्म की चोटें, जन्म के बाद दम घुटना जीवन के प्रारम्भिक दिनों में ही कुव्यवस्थित पालन-पोषण।
    2. **बहिजार्त कारण**–निमोनिया, संग्रहणी, आन्त्र–प्रदाह, अतिसार, गैस्ट्रिक, दुर्घटना, संक्रामित पराश्रयी रोग।

भारत में अभी भी मृत्यु के सही आँकड़ें ठीक से उपल्बध नहीं होते हैं जो भी इस सन्दर्भ में आकड़े उपलब्ध हैं उनमें बहुत अधिक विभिन्नता पाई जाती है। मृत्यु दर मरणांक सम्बन्धी माप (Measures of Mortality) किसी जनसंख्या में मृत्यु सम्बन्धी स्थिति का अध्ययन करने के लिए निम्नलिखित मृत्यु दरों को लिया जाता है।

- अपरिष्कृत मृत्यु दर या सामान्य या अशोधित मृत्यु दर (Crude Death Rate)
- आयु विशिष्ट मृत्यु दर (Age Specific Death Rate)
- प्रमाणिकृत मृत्यु दर एवं कारण विशिष्ट मृत्यु दर (Standerdise Death Rate & Cause Specific Death Rate)
- शिशु मृत्यु दर (Infant Mortality Rate)
- जीवन प्रत्याशा (Expectation of life at birth)

अपरिष्कृत मृत्यु दर

मृत्यु के कारण जनसंख्या में होने वाली कमी का माप करने के लिए सामान्य या अशोधित मृत्यु दर का प्रयोग किया जाता है। किसी निश्चित क्षेत्र की जनसंख्या की अपरिकृष्त मृत्यु दर उस जनसंख्या में

एक वर्ष की अवधि में मृतकों की संख्या को उस क्षेत्र की सम्पूर्ण मध्य वर्षीय जनसंख्या से भाग देकर प्रति हजार के अनुपात में प्राप्त की जाती है। इसकी गणना का सूत्र निम्नलिखित है:

$$\text{अपरिष्कृत मृत्यु दर (CDR)} = \frac{\text{किसी वर्ष में एक क्षेत्र विशेष की जनसंख्या में मृतकों की कुल संख्या}}{\text{वर्ष के मध्य में इस क्षेत्र विशेष की कुल जनसंख्या (P)}} \times 1000$$

आयु विशिष्ट मृत्यु दर

आयु विशिष्ट मृत्यु दर अपरिकृष्त मृत्यु दर का परिष्कृत रूप है। इसमें आयु तथा लिंग जैसे महत्वपूर्ण जनसंख्या संयोजकों को महत्वपूर्ण स्थान दिया जाता है। इस मृत्यु दर को प्राप्त करने के लिए सम्पूर्ण जनसंख्या को विभिन्न आयु समूहों में विभक्त कर दिया जाता है तथा इस आयु समूहों में घटित मृत्यु सम्बन्धी घटनाओं की संख्या को उस विशिष्ट आयु समूह की जनसंख्या से भाग देकर एक हजार से गुणा कर दिया जाता है। इस प्रकार यह मृत्यु दर किसी विशिष्ट आयु-समूह की मृत्यु सम्बन्धी घटनाओं का उस आयु समूह की सम्पूर्ण जनसंख्या के साथ स्थापित प्रति हजार अनुपात है। अधिक शुद्धता के दृष्टि कोण से विभिन्न आयु समूहों में जनसंख्या का विभाजन लैंगिक आधार पर किया जा सकता है। इस दर की गणनाका सूत्र निम्नलिखित है:

$$\text{आयु विशिष्ट मृत्यु दर (ASDR)} = \frac{\text{एक दी हुई अवधि में विशिष्ट आयु वर्ग में मृत्यु संख्या}}{\text{विशिष्ट आयु वर्ग में कुल जनसंख्या}} \times 1000$$

प्रमाणिकृत मृत्यु दर

इस मृत्यु दर द्वारा विभिन्न समाजों की मृत्यु सम्बन्धी घटनाओं का तुलनात्मक अध्ययन किया जा सकता है। इसकी गणना के लिए एक मानक जनसंख्या मान ली जाती है जो प्रायः दस लाख होती है। तदुपरान्त जिन समाजों की जनसंख्याओं के तुलनात्मक अध्ययन की आवश्यकता होती है उन्हें प्रमाणिक जनसंख्या के आधार पर विभिन्न आयु समूहों में विभिजित कर लेते हैं। इन आयु समूहों की आयु विशिष्ट मृत्यु दर के अनुसार हम इनमें सम्बन्धित मृत्यु संख्या मालूम कर लेते हैं। यह मृत्यु संख्या मालूम करने के लिए आयु विशिष्ट मृत्यु दर की गणना के विपरीत क्रिया की जाती है अर्थात् आयु विशिष्ट मृत्यु दर से सम्बन्धित आयु समूह की सम्पूर्ण संख्या से गुणा करके एक हजार से भाग दे दिया जाता है। इस प्रकार प्रायः विभिन्न आयु समूहों की मृत्यु संख्याओं का योग कर लिया जाता है इस योगग को प्रमाणित जनसंख्या से विभाजित करके एक हजार से गुणा किया जाता है। इसकी गणना निम्नलिखित सूत्र के आधार पर की जाती है:

$$\text{मानकीकृत मृत्यु दर} = \frac{\text{कुल मृत्यु संख्या}}{\text{मानक जनसंख्या}} \times 1000$$

कारण विशिष्ट मृत्यु दर

यह अत्यन्त महत्वपूर्ण मृत्यु दर है जिसके आधार पर मृत्यु के विभिन्न कारणों का विश्लेषण एवं आनुवंशिक महत्व ज्ञात किया जाता है। जनसंख्या कार्यक्रम से सम्बन्धित नीतियों के निर्धारण में यह दिशा निर्देशन का कार्य करती है। इसके द्वारा यह ज्ञात किया जा सकता है कि किन आयु समूहों में मृत्यु की घटनाओं किन बीमारियों से घटित होती हैं। स्वास्थ्य कार्यक्रमों के माध्यम से इन पर किस सीमा तक नियंत्रण प्राप्त किया जा चुका है तथा भविष्य में किस दिशा में प्रयत्न

की आवयकता है। इस प्रकार उच्च स्वास्थ्य स्तर प्राप्त करने के लिए यह दर स्वास्थ्य एवं चिकित्सकीय सेवाओं के विकास के लिए दिशा निर्देश का कार्य करती है। जब इस दर का निर्धारण आयु एवं लिंग के आधार पर किया जाता है। तो अपेक्षाकृत अधिक महत्वपूर्ण तथ्यों को प्रकट करती है क्योंकि कुछ बीमारियां पुरुषों को होती हैं जबकि कुछ केवल स्त्रियों को तथा कुछ बीमारियां कुछ विशिष्ट आयु से ही सम्बन्धित पाई जाती हैं। यह मृत्यु दर बीमारी विशेष से मृतकों की संख्या का उस वर्ष की सम्पूर्ण मध्यवर्गीय जनसंख्या के साथ स्थापित प्रति हजार अनुपात है इसकी गणना के लिए किसी बिमारी विशेष के कारण मरे लोगों की संख्या को उस वर्ष की मध्यवर्षीय जनसंख्या से भाग देकर एक हजार से गुण कर दिया जाता है इसकी गणना का सूत्र निम्नलिखित है:

$$\textbf{कारण विशिष्ट मृत्यु दर (CSDR)} = \frac{\textbf{विशिष्ट कारण की मृत्यु की संख्या}}{\textbf{कुल मध्यवर्षीय जनसंख्या}} \times 1000$$

शिशु या बाल मृत्यु दर

विश्व के समस्त देशों में, जहाँ मृत्यु दर ऊँची है या जहाँ मृत्यु दर नीची है, वहाँ शिशु मृत्यु दर का एक बड़ा ही महत्वपूर्ण भाग होता है। किसी भी देश में चाहे वह विकसित देश हो या अविकसित, जीवन के प्रथम वर्ष में मृत्यु की प्रवृति अधिक देखी जाती है। ऐसा केवल इसलिए होता है कि शिशु सम्पूर्ण जनसंख्या का एक बड़ा महत्वपूर्ण अंश है।

शिशु मृत्यु दर की गणना को अधिक सूक्ष्मता एवं शुद्धता प्रदान करने के लिए इसकी गणना जन्म के एक वर्ष के भीतर मृत शिशुओं के आधार पर की जाती है। ऐसा इसलिए कि प्रायः शिशु मृत्युऐं जन्म के प्रारम्भिक काल में वातावरण, जन्में बच्चों की देखभाल, प्रसव स्थान की शुद्धता एवं समय तथा बहुप्रचलित रीति-रिवाजों पर भी निर्भर करती है।

शिशु मृत्युक्रम में किसी निश्चित अवधि में एक वर्ष से कम आयु के बच्चों की मृत्यु दर का अध्ययन करते है साधारणतया मृत्यु का जोखिम जीवन के शुरू के वर्षो में अपेक्षाकृत अधिक रहता है, इसलिए शिशु मृत्युदर, अशोधित मृत्यु दर की अपेक्षा अधिक रहता है। शिशु मृत्यु दर ज्ञात करने का सूत्र निम्नलिखित है।

$$\text{शिशु मृत्यु दर (I.M.R)} = \frac{\text{किसी निश्चित वर्ष में एक निश्चित क्षेत्र में एक वर्ष से कम आयु वाले शिशुओं की कुल मृत्यु संख्या}}{\text{उसी वर्ष में नवजातों की कुल संख्या}} \times 1000$$

एक वर्ष में प्रति हजार जन्मित शिशुओं के पीछे एक वर्ष से कम आयु वाले शिशुओं की मृत्यु संख्या के अनुपात को शिशु मृत्यु दर कहते हैं। अभी भी भारत तथा अन्य देशों में बच्चे पैदा होने पर माँ को अछुत समझा जाता है। और प्रसव काल में उसे गन्दे स्थान पर रखा जाता है। ऐसी अवस्था में न तो बच्चों को शुद्ध वायु मिलती है और न उसे उचित भोजन पदार्थ ही जिससे बच्चा स्वत: खाने की अवस्था में नही होता उसे दूध आदि न मिलने से मर जाता है। ऐसी घटनायें अविकसित देशों में अधिक पायी जाती हैं। विकसित और विकाशील देशों में शिशु मृत्यु दर को निम्नलिखित सारणी से स्पष्ट किया जाता है:

सारणी 1.1 : विश्व के कुछ विकसित एवं विकाशील देशों में शिशु मृत्यु दर

(प्रति 1000 जीवित जन्मों पर)

विकसित देश	वर्ष	शिशु मृत्यु दर
1. आस्ट्रेलिया	1998	5.0
2. फ्रांस	1998	4.8
3. जर्मनी	1998	4.6
4. जापान	1998	3.6

5. स्वेडेन	1997	3.7
6. यूनाईटेड किंगडम	1997	5.9
7. यु. एस. ए.	1998	7.2
8. कैनेडा	1997	5.9
9. हांग कांग	1998	3.2
10. सिंगापुर	1998	4.2
विकाशील देश	**वर्ष**	**शिशु मृत्यु दर**
1. चाइना	1995-2000	41.0
2. घाना	1995-2000	65.8
3. भारत	1995-2000	72.3
4. एस. आर. एस.	2000	68.0
5. इण्डोनेशिया	1995-2000	48.4
6. कोरिया	1997	02.5
7. मलेशिया	1998	08.3
8. मैक्सिको	1995-2000	31.0
9. पाकिस्तान	1995-2000	74.1
10. श्रीलंका	1996	17.3
11. जाम्बिया	1995-2000	82.2
12. इजिप्ट	1995	29.7
13. उरूगवे	1998	16.4

Source: United Nations Demographic year Book 1998. New York: United Nation 2001, Registrar General, India Sample Registration Bulletin, October, 2001, Premi : Social Demography : A systematic Exposition (p.155).

भारत में शिशु मृत्यु दर के निम्न कारण विशेष रूप से उत्तरदायी हैं—बाल-विवाह, अत्यधिक निर्धनता, प्रसव सम्बन्धी सुविधाओं का अभाव, अशिक्षा एवं अज्ञानता, पौष्टिकता खाद्य पदार्थों का अभाव,

शिशु-कल्याण केन्द्रों का अभाव, अकुशल दाइयाँ, रूढ़ियाँ तथा अन्धविश्वास आदि। अब जैसे-जैसे उपर्युक्त कारणों को दूर किया जा रहा है वैसे-वैसे शिशु मृत्यु दर में कमी आ रही है।

नगरों की अपेक्षा गाँवों में शिशु मृत्यु दर अधिक होती है इसका कारण अशिक्षा, स्वास्थ्य सुविधाओं का अभाव, स्वास्थ्य सम्बन्धी सामान्य ज्ञान स्तर में कमी, कम आयु में विवाह तथा कम आयु में लड़कियों का माँ बनना, पौष्टिक आहारों की कमी, दोषपूर्ण प्रसव पद्धति आदि प्रमुख है। वृद्धावस्था में होने वाली मृत्यु को स्वाभाविक मृत्यु कहा जाता है किन्तु शैशव अवस्था में होने वाली मृत्यु एक अस्वाभाविक मृत्यु है तथा इस आयु में मृत्यु का दबाव बढ़ना समाज के लिए घातक होता है।

भारत में जीवन प्रत्याशा

भारत में मृत्यु दर में कमी के साथ-साथ जीवन प्रत्याशा में भी वृद्धि हुई है। यदि मृत्यु दर अधिक होती है तो प्रत्याशित आयु का अनुपात कम होता है लेकिन जैसे-जैसे यह घटती है वैसे-वैसे औसत प्रत्याशित आयु में वृद्धि होती जाती है। निम्नलिखित सारणी में 1951 से 2000 तक की प्रत्याशित आयु (स्त्री-पुरुष) को दर्शाया गया है।

सारणी 1.2 : 1951 से 2000 तक की प्रत्याशित आयु (स्त्री-पुरुष)

जनगणना वर्ष	*पुरुषों की*	*स्त्रियों की*	*कुल जनसंख्या*
1951	32.45	31.66	42.10
1961	47.00	46.35	46.52
1971	49.00	47.31	48.52
1981	54.00	53.00	54.00
1991	57.00	56.00	56.00
1951-2000	64.20	62.9	63.6

Note: Estimates Prepared by the UN Population Division.
Source: Premi, Social Demography : A Systematic Exposition (p.159).

भारत में मातृत्व मृत्यु दर

भारत में मातृत्व मृत्यु दर से तात्पर्य प्रसव के छः सप्ताह के अन्दर होने वाली महिला मृत्यु से है। भारत में शिशु मृत्यु दर की भाँति ही मातृत्व-मृत्यु दर भी बहुत अधिक है। भारत में मातृत्व मृत्यु दर ऊँची होने के उत्तरदायी कारण बाल-विवाह, अधिक और जल्दी-जल्दी संतानोत्पत्ति, प्रसव काल में उचित व्यवस्था एवं सुविधाओं का अभाव, पौष्टिक आहार की कमी, अस्वास्थ्यकर रहन-सहन संक्रामक यौन रोग, अशिक्षा व अज्ञानता, गृहकलेश आदि है।

मातृत्व मृत्यु दर के आँकड़े जल्दी प्राप्त नहीं होते हैं। प्रसव के दौरान महिला की मृत्यु केवल स्वास्थ्य हानि का नहीं अपितु सामाजिक न्याय का भी सवाल है। लड़कियों और महिलाओं का निम्न सामाजिक तथा आर्थिक स्तर इन्हें शिक्षा तथा पोषण से तो वंचित करती है, स्वास्थ्य निगरानी और परिवार कल्याण सेवाओं तक उनकी पहुँच भी सीमित करता है। जच्चा की प्रसव कालीन मृत्यु दर इस बात का प्रमाण है कि वे आजीवन उचित स्वास्थ्य सेवाओं तथा पोषण सेवाओं से वंचित रहती हैं, विशेष रूप से गर्भावस्था और प्रसव के समय। प्रसव कालीन उच्च मृत्यु दर का यह एक मुख्य कारण है। समय तथा जागरूकता के साथ मातृ मृत्यु दर में भी कमी होती जा रही है। अब स्त्रियों अपने तथा स्वास्थ्य के बारे में समझ गयी हैं।

विभिन्न देशों में मृत्यु दर

विभिन्न देशों के मृत्यु दर निम्न सारणी से स्पष्ट होता है।

सारणी 1.3 : विश्व के कुछ विकसित एवं विकाशील देशों में जन्म, मृत्यु दरें और प्राकृतिक वृद्धि दरें

	विकसित देश	वर्ष	जन्म दर	मृत्यु दर	प्राकृतिक वृद्धि दर
1.	आस्ट्रेलिया	1998	13.0	6.8	6.5
2.	फ्रांस	1998	12.6	9.2	3.4

3.	जर्मनी	1998	9.7	10.4	−0.7
4.	स्वेडन	1998	10.0	10.5	−0.5
5.	यूनाईटेड किंगडम	1997	12.3	10.7	1.6
6.	जापान	1998	9.5	7.4	2.1
7.	यु.एस.ए.	1998	14.6	8.6	5.9
8.	कैनेडा	1997	12.1	7.2	4.8
9.	हांग-कांग	1998	7.9	4.8	3.1
10.	सिंगापुर	1998	11.3	4.1	7.3
विकाशील देश					
1.	चाइना	1955−2000	16.2	7.0	9.3
2.	इजिप्ट	1997	26.7	6.3	20.4
3.	घाना	1995−2000	37.4	9.4	27.9
4.	भारत	1995−2000	25.4	8.9	16.6
		2001	25.8	8.5	17.3
5.	इण्डोनेशिया	1995−2000	22.7	7.6	15.2
6.	कोरिया	1998	13.6	5.2	8.4
7.	मलेशिया	1998	25.80	4.4	20.6
8.	मैक्सिको	1995−2000	24.6	5.1	19.6
9.	पाकिस्तान	1995−2000	36.1	7.8	28.3
10.	श्रीलंका	1998	17.5	6.0	11.5
11.	जाम्बिया	1995−2000	42.5	20.1	22.5
12.	उरूगवे	1998	16.4	9.8	6.9

Source: United Nations Demographic Year Book 1998. New York: United Nations, 2001. Registrar General, India Sample Registration Bulletin, October 2001. Premi, Social Demogrphy : A Systematic Exposition (p.144).

उपर्युक्त सारणी के अनुसार अन्य विकसित देशों की अपेक्षा जर्मनी तथा यूनाईटेड किंगडम में मृत्यु दर प्रति हजार से अधिक है। विकाशील

देशों में मृत्यु दर दस प्रति हजार से कम पाया गया है, लेकिन 1995–2000 में जाम्बिया में मृत्यु दर 20.1 थी। भारत में मृत्यु दर, पाकिस्तान, इण्डोनेशिया आदि देशों में तुलनात्मक रूप से अधिक है।

विकसित और विकाशील देशों में मृत्यु दर को आयु संरचना के तुलना के आधार पर समझा जा सकता है। विकसित देशों में 60 वर्ष से अधिक आयु वाले व्यक्ति की संख्या अधिक है, इसलिए यहाँ मृत्यु दर अधिक है और विसित देशों में 15 वर्ष से कम आयु वालों की संख्या अधिक है, जिससे यहाँ मृत्यु दर कम होती है। इस आधार पर हम कह सकते हैं कि विकसित देशों में विकासशील देशों की अपेक्षा मृत्यु दर अधिक है।

देशान्तरण

जन्म–मृत्यु एवं प्रवास किसी जनसंख्या के समस्त परिवर्तनों के कारण है। जन्म का अध्ययन हम उर्वरता के अन्तर्गत और मृत्यु का अध्ययन हम मृत्युक्रम के अन्तर्गत करते हैं। जनसंख्या प्रावैगिक (Population Dynamics) का अध्ययन तब पूरा नहीं हो सकता है, जब तक की देशान्तरण का अध्ययन न किया जाए।

''प्रवजन'' का सामान्य अभिप्राय किसी व्यक्ति या समूह द्वारा स्थान परिवर्तन से होता है। आव्रजन तथा प्रव्रजन देशान्तरण प्रक्रिया के दो पहलू हैं। किसी देश की जनसंख्या का आकार विदेशों से आने वाले आगन्तुक व्यक्तियों की न्यूनाधिक संख्या से बढ़ जाता है। उसी तरह एक देश से कुछ संख्या में लोगों के विदेश चले जाने से देश की जनसंख्या तात्कालिक रूप से एकाएक घट जाती है। इस प्रकार लोगों के अपने निवास–स्थान, गाँव, शहर, प्रान्त एवं देश को छोड़ते हुए दूसरे स्थानों पर जा बसने की प्रक्रिया को देशान्तरण (Migration) कहा जाता है। किसी देश विशेष में बाहर से लोगों के आगमन की प्रक्रिया को 'आव्रजन' तथा उस देश से लोगों के बहिर्गमन की प्रक्रिया को 'प्रजनन' की संज्ञा दी जाती है। देशान्तरण के कारण समाज की

जनसंख्या का आकार, संयोजन, वितरण एवं अन्य अनेक संरचनात्मक विशेषताऐं प्रभावित एवं परिवर्तित होती हैं। देशान्तरण से द्रुतगामी एवं दीर्घकालीन संरचनात्मक परिवर्तनों की एक परम्परा आरम्भ होती है जिसके परिणामों की पूर्वकल्पना कठिन होती है।

जीवन सारणी

जन स्वास्थ्य की दृष्टि से जनसंख्या में यद्यपि मृत्युक्रम की स्थिति के अध्ययन के लिए अनेक प्रकार की दरें प्रयोग में लायी है किन्तु जीवन सारणी इसका प्रभावशाली एवं व्यापक माप है। जीवन सारणी किसी जनसंख्या द्वारा अनुभव की गई मृत्यु दरों के संक्षित्तीकरण की एक सरलतम रीति है। दूसरे शब्दों में यह जनसंख्या की दीर्घायु का एक संक्षिप्त माप है। जीवन तलिका उस सांख्यिकी प्रविधि की ओर संकेत करती है जिसके द्वारा किसी समाज की औसत आयु एवं मृत्यु सम्भावनाओं का अनुमान लगाया जाता है। दूसरे शब्दों में किसी कालावधि में जनसंख्या के विभिन्न आयु समूहों में उपलब्ध मृत्युक्रम के आधार पर जीवन एवं मरण की प्रवृत्ति एवं सम्भावनाओं के गणितीय प्रारूप एवं तालिकाबद्ध चित्रण को जीवन तालिका कहा जाता है। इस गणितीय प्रारूप के माध्यम से विभिन्न आयु स्तरों पर व्यक्ति की जीवन एवं मरण की सम्भावनाओं की कल्पनाओं कल्पना की जा सकती है।

जार्ज बर्कल (G.W. Barcley) के अनुसार "यह एक ऐसा जीवन इतिहास है जो किसी जन समूह में मृत्यु द्वारा क्रमागत होने वाली कमी को स्पष्ट करता है। जीवन सारणी का यह लेखा प्रत्येक सदस्य के जन्म से लेकर मृत्यु तक चलता रहता है।"[9]

जीवन तलिकाऐं सामान्तया प्रत्येक जनगणना के बाद मरणांक सम्बन्धित दशाओं का अध्ययन करने के लिए तैयार की जाती है। इतना ही नहीं विस्तृत अध्ययन की दृष्टि से इन सारिणीयों की रचना प्रत्येक भौगोलिक अवस्था अथवा जनसंख्या के विभिन्न वृत खण्डों के लिए भी

की जाती है। इसी प्रकार जनसंख्या के लैंगिक संयोजन की दृष्टि से एवं पुरुष जनसंख्या के लिए अलग-अलग जीवन सारणी निर्मित की जाती है। क्योंकि दोनों की मरण दरों में अन्तर पाया जाता है। इस प्रकार किसी कालावधि के आयु विशिष्ट मृत्युक्रम पर आधारित जीवन तालिका से निम्नलिखित महत्वपूर्ण जानकारी उपलब्ध होती है।

- वर्तमान समाज में एक नवजात शिशु की औसत आयु प्रत्याशा की जानकारी।
- प्रत्येक आयु पर पहुँचे व्यक्ति की एक वर्ष के अन्दर मरने की सम्भावना की जानकारी।
- निश्चित आयु व्यतीत करने के बाद एक व्यक्ति के भावी जीवन की सम्भाव्य जीवन अवधि या शेष जीवन काल की जानकारी।
- किसी विशिष्ट आयु समूह से किसी विशिष्ट आगामी आयु जीवित रहने की सम्भावना की जानकारी।
- सामूहिक रूप से एक विशिष्ट आयु समूह के लोगों की आगामी वर्षो तक जीने की क्रमिक सम्भावना की जानकारी।

जीवन तालिका का विकास

साधारणतः मृत्युक्रम का प्रदर्शन जीवन तालिका के माध्यम से किया जाता है। इसका प्रयोग 17वीं शताब्दी के अन्त में प्रारम्भ हुआ। जीवन तालिका की अवधारणा सम्भवतः जॉन ग्राउन्ट (John Graunt) की पुस्तक "Natural and Political Observation......... Made upon the Bills of Mortality" में 1662 में सूचीबद्ध रूप में विकसित की गई। ग्प्रउन्ट ने इस पुस्तक के माध्यम से न केवल इंग्लैण्ड की जनसंख्या की जीवन तलिका प्रस्तृत करने का श्रेय प्राप्त किया। अपितु जनांकिकी में सांख्यिकी के प्रयोग के कारण उन्हें इस शास्त्र में सांख्यिकी के जनक के रूप में जाना जाता है। जीवन तलिका को वैज्ञानिक स्वरूप प्रदान करने वालों में ग्राउन्ट के साथ ही पेटी

(Petty) को भी महत्वपूर्ण स्थान दिया जाता है। जीवन तालिका के प्राथमिक स्वरूप को यूलर (Euler) तथा शुशमिल्क (Sussmlich) ने संशोधित किया तथा इसे आधुनिकतम स्वरूप प्रदान करने का श्रेय हेली (Halley) को प्राप्त है। इसकी संरचना के निर्माण के सन्दर्भ में नैप (Knapp) और कुजिन्सकी (Kuezynsk) के योगदान भी अत्यन्त महत्वपूर्ण माने जाते हैं।

जीवन तालिका के विकास का प्रधान कारण जीवन बीमा व्यवसाय है। 18वीं शताब्दी के अन्त में जीवन बीमा के उद्देश्यों की पूर्ति के लिए उचित एवं संशोधित जीवन सारणीयों का निर्माण किया गया। मृत्यु की सम्भावनाऐं सभी आयु वर्गों के लिए समान नहीं होती और आयु वर्गों के सोपान क्रम के अनुसार मृत्यु सम्भावना एक निश्चित सांख्यिकीय प्रवृति के आधार पर ह्रासमान पाई जाती है। जीवन और मृत्यु के जोखिम का व्यवसाय करने वाले जीवन बीमा प्रतिष्ठानों के लिए आवश्यक जानकारी के तौर पर प्रत्येक आयु स्थर पर मृत्यु की प्रवृत्ति एवं सम्भावना की स्पष्ट जानकारी जीवन सारणी के माध्यम से उपलब्ध होने लगी है। सामाजिक सुरक्षा तथा वृद्धावस्था में पेंशन की सुविधाओं के सम्बन्ध में राज्य के नीति निर्धारण में भी जीवन तालिकाओं की आवश्यकता एवं उपादेयता है। वर्तमान सन्दर्भ में शुद्ध जनांकिकीय विशलेषण के रूप में जीवन तालिका का महत्वपूर्ण स्थान है।

जीवन तालिका के प्रकार

जीवन तालिका किसी एक पीढ़ी की जनसंख्या के विभिन्न आयु स्तरों पर मृत्युदर, जीवन एवं मृत्यु की सम्भावना, औसत आयु प्रत्याशा आदि महत्वपूर्ण प्रक्रियाओं एवं जनसंख्या प्रवृत्तियों का तालिकाबद्ध वितरण प्रस्तुत करती है। यदि जन्म एवं मृत्यु की सम्भावनाऐं स्थिर हो तो जीवन तालिका के माध्यम से जनसंख्या में घटित होने वाली सभी महत्वपूर्ण जनांकिकीय प्रक्रियाओं को एकत्रित रूप से अंकित पाया जा सकता है। जीवन तालिकाओं प्राय: दो प्रकार की होती है।

- **पूर्ण जीवन तालिका** – जिस जीवन तालिका में मृत्युक्रम एक वर्षीय आयु में समूहों में प्रदर्शित किया जाता है। उसे पूर्ण जीवन तालिका कहते हैं।
- **संक्षिप्त जीवन तालिका** – जिस जीवन तालिका में मृत्युक्रम एक से अधिक आयु वर्गों में जो साधारणत: पाँच वर्षीय होते हैं, को प्रदर्शित किया जाता है उसे संक्षिप्त जीवन तालिका की संज्ञा दी जाती है। इस प्रकार की जीवन तालिका में किसी एक निश्चित प्रदेश की जनसंख्या को सहगण (Cohort) की संज्ञा दी जाती है। इस सहगण के आधार पर मृत्युक्रम को विश्लेषित करने का प्रयास किया जाता है।

जीवन तालिका की मान्यताएं

जीवन तालिका का निर्माण निम्नलिखित मान्यताओं के आधार पर किया जाता है–

- सहगण में कमी केवल मृत्यु-दर के कारण होती है और इस पर देशान्तरण का कोई प्रभाव नहीं पड़ता।
- मृत्यु का क्रम एक पूर्व निर्धारित सूची अनुरूप बना रहता है। अर्थात् मृत्यु सम्भावना स्थिर होती है।
- जीवन सारणी की एक यह भी मान्यता है कि मान्यता है कि प्रत्येक आयु पर मृत्यु संख्या एक जन्मदिवस से अगले जन्म दिवस के बीच समान रूप से वितारित होती है।
- जीवन सारणी एक सुविधाजनक प्रमाप जन्म संख्या जैसे 10,000 या 1,00,000 से शुरू होती है। इसे सारणी का मूलांक (Radix) कहा जाता है।
- स्त्रियों एवं पुरुषों के लिए अलग-अलग जीवन तालिका का निर्माण किया जाता है। इसका कारण यह है कि दोनों के मरण दर में अन्तर पाया जाता है।
- मृत्यु दरें सामान्यत: आयु विशिष्ट मृत्यु दरें होती हैं क्योंकि इनकी प्रामाणिकता अधिक होती है। चूंकि मृत्यु दरें जीवन

तालिका का आधार होती हैं अत: इसमें निरन्तर सुधार किया जाता है।

जीवन तालिकाओं का प्रयोग

प्रारम्भ में जीवन तालिकाओं का प्रयोग जीवन बीमा व्यवसाय की आवश्यकताओं की पूर्ति के लिए किया जाता था। विभिन्न आयु स्तरों पर जीवन की प्रत्याशा को ध्यान में रखकर प्रीमियम की दरें निर्धारित की जाती हैं। किन्तु वर्तमान सन्दर्भ में जीवन तालिकाओं का प्रयोग जनांकिकी के क्षेत्र में व्यापक रूप में होने लगा है। जीवन तालिका का प्रयोग मुख्य रूप से निम्नलिखित कार्यो के लिए किया जाता है।

- आयु एवं लिंग के अनुसार जनसंख्या प्रक्षेपण तैयार करने के लिए
- किसी जनसंख्या की आयु एवं लिंग संरचना पर मृत्यु के प्रभावों के विश्लेषण के लिए
- विभिन्न आयु स्तरों पर जीवन प्रत्याशा ज्ञात करने के लिए
- शुद्ध पुररूत्पादन दर की गणना के लिए
- जनगणना एवं जन्म मृत्यु सम्बन्धी पंजीकृत आँकड़ों की शुद्धता की जाँच के लिए
- भविष्यकालीन श्रम शाक्ति के अनुमान के लिए
- विद्यालय में प्रवेश लेने के वाले विद्यार्थियों के लिए
- जनसंख्या की आयु वितरण प्रकृति का ज्ञान प्राप्त करने के लिए

जीवन तालिका की व्यावहारिक उपयोगिता

जीवन तालिका न केवल जनांकिकीय प्रक्रियाओं को स्पष्ट करती है अपितु इनके अनेक व्यावहारिक उपयोग भी है जिनमें से कुछ प्रमुख इस प्रकार है।

- जनसंख्या प्रक्षेपण में उपयोग – जनसंख्या के भावी आकार के प्रक्षेपण में जीवन तालिका उपयोगी सिद्ध होती है। इसके द्वारा

हमें ज्ञात होता है कि पूर्ववर्ती पीढ़ी की माताओं द्वारा अनुवर्ती पीढ़ी की माताऐं किस प्रकार प्रतिस्थापित हो रही है।

- शुद्ध प्रजनन दर की गणना में उपयोग – जीवन सारणी की सहायता से शुद्ध प्रजनन दर का मापन करके जनसंख्या वृद्धि का मापन किया जा सकता है।
- मृत्युक्रम की तुलना में उपयोग – जीवन सारणी का प्रयोग दो जनसंख्याओं में मृत्युक्रम की तुलना करने तथा उसके प्रभाव के अध्ययन के लिए किया जाता है साथ ही साथ इसके माध्यम से जनसंख्या के वायु लैंगिक संयोजन पर मृत्युक्रम के प्रभाव का अध्ययन किया जा सकता है।
- बीमा व्यवसाय में उपयोग – इसके माध्यम से किसी भी जनसंख्या में जन्म एवं मृत्यु प्रवृत्तियों का विभिन्न आयु स्तरों के सन्दर्भ में विश्लेषण उपलब्ध होता है। इस विश्लेषण के आधार पर ही जीवन बीमा जैसे व्यवसाय की प्रगति निर्भर करती है।
- स्वास्थ्य सेवाओं के मूल्यांकन में उपयोग – जीवन तालिका के माध्यम से स्वास्थ्य सेवाओं का मूल्यांकन किया जा सकता है। इसके माध्यम से किसी समाज की जनसंख्या औसत आयु प्रत्यशा ज्ञात की जा सकती है। यह औसत आयु प्रत्याशा स्वास्थ्य सेवाओं के साथ बढ़ती जाती है। इस प्रकार जीवन तालिका न केवल स्वास्थ्य सेवाओं का मूल्यांकन करती है अपितु विभिन्न समाजों की स्वास्थ्य सम्बन्धी सेवाओं की प्रगाति की तुलना के लिए ठोस आधार भी प्रदान करती है।
- स्वास्थ्य सम्बन्धी नीति निर्धारण में उपयोग – जीवन तालिका के माध्यम से यह ज्ञात होता है कि किसी जनसंख्या में किस आयु समूह में मृत्यु की अधिक सम्भावनाऐं हैं। इस जानकारी के आधार पर स्वास्थ्य सम्बन्धी नीति निर्धारण करने में पर्याप्त सहायता मिलती है।

- देशान्तरण के अध्ययन में उपयोग – जीवन तालिका के माध्यम से देशान्तरण का अध्ययन किया जा सकता है। अनेक देशों में देशान्तरण सम्बन्धी सूचनाओं का पंजीकरण नहीं होता अथवा सम्बन्धित समंक अनेक कारणों से विश्वसनीय नहीं होते। इसके माध्यम से देशान्तरण का अध्ययन किया जा सकता है।

भारत में मृत्यु दर

भारत में मृत्यु दर को निम्न सारणी द्वारा समझा जा सकता है। जिसमें 1951 से 2001 तक का अध्ययन सम्मिलित किया गया है। ये आँकड़े अप्रत्यक्ष पद्धति के आधार पर जीवन समंक पंजीकरण पद्धति से लिया गया है। 1921 से पहले भारत में मृत्यु दर में वृद्धि का कारण महामारी, प्लेग आदि था लेकिन 1921 के बाद मृत्यु दर में कमी का आभास निम्न सारणी द्वारा स्पष्ट होता है:

सारणी 1.4 : भारत में मृत्यु दर 1951-2001

वर्ष	मृत्यु दर
1951	22.8
1961	18.8
1971	14.8
1981	11.4
1991	09.2
2001	08.5

भारत वर्ष में चिकित्सा व जनकल्याण के कार्यों में सुधार होने के साथ मलेरिया, चेचक, क्षय रोग, प्लेग व कुष्ट आदि रोगों पर नियंत्रण कर लिया गया है। लोगों को आज पहले की अपेक्षा अधिक स्वास्थ्य सुविधाऐं प्राप्त है। पीने का पानी, सफाई आदि पर सरकार बहुत बड़ी

राशि व्यय करती है। कीटाणुनाशक दवाईयों के छिड़काव, विभिन्न प्रकार की दवाईयों एन्टीबायोटिक्स का प्रयोग, आदि का मृत्यु दर को कम करने में महत्वपूर्ण योगदान रहा है। इसके साथ ही परिवहन व संचार स्वास्थ्य में सुधार से लोगों को खाद्य सामग्री पहले की अपेक्षा अब अधिक नियमित रूप से उपलब्ध हो रही है। इससे भुखमरी कम हो गयी है, फलतः भीषण अकाल व सूखे की स्थिति में भी मृत्यु दर में वृद्धि नहीं होती है। 1951 की अपेक्षा 2001 में मृत्यु दर दस प्रति हजार व्यक्ति से भी कम हो गयी है।

भारत में विभिन्न राज्यों की मृत्यु दर

भारत के विभिन्न राज्यों की मृत्यु दरों को देखा जाए तो उनमें समानता देखने को नहीं मिलती। इसका मूल कारण यह है कि देश में सभी राज्यों कि न तो सामाजिक एवं आर्थिक दशायें समान है और न ही उनमें चिकित्सा स्वास्थ्य की सुविधाऐं की समान रूप से उपलब्ध है। भारत में मृत्यु दर 2001 में 8.5 प्रति हजार हो गया है जो कि सबसे कम है और अधिकतम 1972 में मृत्यु दर 15.9 थी। कुछ मृख्य राज्यों मध्य प्रदेश, उड़िसा, राजस्थान और उत्तर प्रदेश में मृत्यु दर राष्ट्रीय मृत्यु दर के औसत से अधिक है। 1990 में राजस्थान को छोड़कर और इन राज्यों में मृत्यु दर 10 प्रति हजार से अधिक है। इस विरोधाभाषा से 30 वर्ष की आबादी में केरल, महाराष्ट्र, पंजाब, तमिलनाडू और पश्चिमी बंगाल में तुलना के आधार पर मृत्यु दर कम है। 1972 के बाद केरल में मृत्यु दर 10 प्रति हजार से कम पाया गया है। संघ राज्यों में चंडीगढ़ में मृत्यु दर सबसे कम पाया गया है क्योंकि यह पूर्ण शहरी क्षेत्र है और आयु संरचना की तुलना में यहाँ की जनसंख्या युवा है। भारत के अन्य संघ राज्यों की तुलना में यहाँ अधिक स्वास्थ्य सुविधाऐं उपलब्ध हैं जिसके कारण मृत्यु दर कम है।

सारणी 1.5: भारत एवं विभिन्न राज्यों में ग्रामीण एवं नगरीय क्षेत्रों में अपरिष्कृत मृत्यु दर (1961-2000) 2000

केन्द्र एवं राज्य	क्षेत्र	1961	1972	1981	1991	2000
भारत	ग्रामीण		17.4	13.5	10.7	9.3
	नगरीय		9.9	7.7	7.0	6.3
	मिश्रित	14.8	15.9	12.3	9.9	8.5
आन्ध्र प्रदेश	ग्रामीण	16.0	17.0	12.1	10.1	9.0
	नगरीय		10.3	6.6	6.5	5.8
	मिश्रित		15.8	10.9	9.3	8.2
अरूणाचल प्रदेश	ग्रामीण		20.9	14.6	12.9	6.3
	नगरीय		N.A	N.A	3.3	2.5
	मिश्रित		N.A	N.A	12.0	6.0
असम	ग्रामीण		18.1	12.3	11.1	10.0
	नगरीय		9.7	7.8	7.3	6.1
	मिश्रित	18.0	17.3	11.9	10.8	9.6
बिहार	ग्रामीण		N.A	N.A	10.9	9.1
	नगरीय		N.A	N.A	6.5	7.1
	मिश्रित	18.0	N.A	N.A	10.4	8.8
गोवा	ग्रामीण		9.9	7.7	7.9	7.9
	नगरीय		5.8	5.3	6.0	6.7
	मिश्रित		8.8	7.0	7.3	7.4
गुजरात	ग्रामीण		17.0	12.8	9.3	8.3
	नगरीय		12.1	9.7	7.8	5.8
	मिश्रित	15.0	15.7	12.0	8.9	7.5
हरियाणा	ग्रामीण		11.8	11.4	8.9	7.9
	नगरीय		8.3	6.8	6.9	6.2
	मिश्रित		11.2	10.6	8.4	7.5

हिमांचल प्रदेश	ग्रामीण		15.1	10.7	39.0	7.3
	नगरीय		6.9	5.3	5.6	5.5
	मिश्रित		14.6	10.0	8.7	7.2
जम्मू कश्मीर	ग्रामीण		11.5	9.7	N.A.	6.3
	नगरीय		6.1	6.0	N.A.	5.9
	मिश्रित	13.2	10.4	9.0	N.A.	6.2
कर्नाटक	ग्रामीण		14.2	10.4	9.3	8.6
	नगरीय		7.9	6.4	6.3	5.6
	मिश्रित	14.0	12.4	9.3	8.5	7.8
केरल	ग्रामीण		9.1	6.8	6.1	6.5
	नगरीय		7.8	6.3	5.9	6.2
	मिश्रित	120	8.9	6.7	6.1	6.4
मध्य प्रदेश	ग्रामीण		18.1	16.9	14.2	11.0
	नगरीय		10.9	9.2	8.4	7.5
	मिश्रित	14.0	17.1	15.6	13.1	10.2
महाराष्ट्र	ग्रामीण		14.5	10.5	9.3	8.6
	नगरीय		9.3	7.1	5.7	5.7
	मिश्रित	13.0	12.9	9.4	7.8	7.5
मणिपुर	ग्रामीण		8.0	6.8	5.5	5.4
	नगरीय		6.6	4.6	6.1	6.0
	मिश्रित		7.9	6.5	5.6	5.6
मेघालय	ग्रामीण		N.A.	10.4	9.4	10.1
	नगरीय		N.A.	4.5	3.4	4.6
	मिश्रित		N.A.	9.4	8.4	9.2
मिजोरम	ग्रामीण		N.A	N.A.	N.A.	N.A.
	नगरीय		N.A	N.A.	N.A.	N.A.
	मिश्रित		N.A	N.A.	N.A.	N.A.

नागालैण्ड	ग्रामीण		N.A	N.A	4.0	N.A
	नगरीय		N.A	N.A	0.8	N.A
	मिश्रित		N.A	N.A	3.8	N.A
उड़ीसा	ग्रामीण		18.5	14.0	12.6	11.0
	नगरीय		1.0	7.9	7.0	7.0
	मिश्रित	15.0	17.9	13.5	12.1	10.5
पंजाब	ग्रामीण		12.4	9.5	8.7	7.8
	नगरीय		9.1	6.7	6.0	5.8
	मिश्रित	12.0	11.7	8.8	7.9	7.3
राजस्थान	ग्रामीण		N.A.	14.5	10.6	8.8
	नगरीय		N.A.	8.0	7.6	6.5
	मिश्रित	14.	N.A.	13.3	10.1	8.4
सिक्किम	ग्रामीण		N.A.	N.A.	7.6	5.7
	नगरीय		N.A.	N.A.	3.4	4.0
	मिश्रित		N.A.	N.A.	6.9	5.7
तमिलनाडू	ग्रामीण		16.9	13.1	9.4	8.6
	नगरीय		8.8	7.9	6.9	6.4
	मिश्रित	14.0	14.5	11.4	8.6	7.9
त्रिपुरा	ग्रामीण		14.0	8.1	7.6	5.3
	नगरीय		8.0	5.3	5.3	5.6
	मिश्रित		13.4	7.8	7.4	5.4
उत्तर प्रदेश	ग्रामीण		22.9	17.1	12.9	10.8
	नगरीय		13.5	9.9	8.7	8.0
	मिश्रित	16.0	21.7	16.0	12.1	10.3
पश्चिम बंगाल	ग्रामीण		N.A.	N.A.	9.0	7.1
	नगरीय		N.A	N.A.	6.8	6.7
	मिश्रित	10	N.A	N.A.	8.4	7.0

केन्द्र शासित देश					
अण्डमान निकोबार	ग्रामीण	8.8	8.1	5.9	5.7
द्वीप समूह	नगरीय	3.4	3.3	4.4	3.4
	मिश्रित	8.0	7.4	5.5	5.1
चण्डीगढ़	ग्रामीण	N.A	7.3	4.2	3.8
	नगरीय	N.A	2.2	3.8	3.9
	मिश्रित	N.A	2.7	3.8	3.9
दादरा नगर हवेली	ग्रामीण	14.8	14.4	10.6	8.2
	नगरीय	N.A	N.A.	N.A.	3.5
	मिश्रित	N.A.	N.A.	10.6	7.8
दमन और दीव	ग्रामीण	N.A.	N.A.	8.3	7.1
	नगरीय	N.A.	N.A.	8.3	6.2
	मिश्रित	N.A.	N.A.	8.3	6.6
दिल्ली	ग्रामीण	12.0	8.8	8.0	5.0
	नगरीय	7.3	6.9	6.2	5.1
	मिश्रित	7.8	7.1	6.4	5.1
लक्ष्यद्वीप	ग्रामीण	14.5	8.6	6.5	7.1
	नगरीय	N.A	N.A.	4.4	4.9
	मिश्रित	N.A	N.A.	5.5	6.0
पाण्डूचेरी	ग्रामीण	9.6	7.4	7.6	7.2
	नगरीय	8.6	7.5	5.6	6.0
	मिश्रित	9.5	7.2	6.5	6.5

Note: N.A. = Not Available

Figures for 1999 and 2000 are for there particular years and not the 3 years moving averaged centered at the mid-year the date for 1990 and 1991 are not avaliable (n/a) for Jammu and Kashmir 1990 and 1991 figures for India exclude Jammu and Kasmir.

Source: India , RGI, Vital Rates of India 1971 to 1996 bared on the Sample Registration System (SRS) 1998, and Sample Registration Bulletins of various yeras.

Premi, Changing, Population Profile of India and Policy issues (pp. 405-408)
Premi, Social Demography : A Systemic Exposition (pp. 192-197)

ग्रामीण नगरी भिन्नताएं

उपर्युक्त सारणी के आधार पर ग्रामीण क्षेत्रों में मृत्यु दर नगरीय क्षेत्रों की अपेक्षा ज्यादा पाई जाती है। 1990 से ग्रामीण मृत्यु दर में कमी आयी है। जिसका कारण अच्छी स्वास्थ्य सुविधा का उपलब्ध होना था। कुछ राज्यों में जन्म दर ग्रामीण नगरीय तुलना मृत्यु दर से काफी अधिक है। उदाहरण केरल में ग्रामीण एवं नगरीय मृत्यु दर अन्य राज्यों की तुलना में कम है।

लोगों को आज पहले की अपेक्षा अधिक स्वास्थ्य सुविधाएें प्राप्त हैं, पीने का पानी और अनेक प्रकार के सुरक्षात्मक तरीके जिसके कारण ग्रामीण क्षेत्रों में रहने वाले लोगों में खाद्य सामग्री की कमी अधिक लम्बे समय तक नहीं होती है। भारत में रहने वाली ग्रामीण जनसंख्या का मृत्यु दर 2000 में 9.3 हो गया है और शहरी क्षेत्रों में 6.3 है।

आयु और लिंग के आधार पर भारत में मृत्यु दर

सारणी 1.6: सन् 1998 की जनगणना के अनुसार आयु विशिष्ट मृत्यु दर

आयु समूह	*भारत 1998*			
	ग्रामीण		*नगरीय*	
	पुरुष	*स्त्री*	*पुरुष*	*स्त्री*
0	80.1	81.9	43.2	50.2
1–4	6.8	10.6	4.0	4.4
5–9	2.1	2.6	1.8	1.8
10–14	1.1	1.4	0.6	0.6
15–19	1.8	2.3	1.4	1.3
20–24	2.5	3.0	1.4	1.8
25–29	2.8	2.8	2.2	1.8

30–34	3.2	3.2	3.0	1.5
35–39	4.5	3.2	3.6	2.2
40–45	6.0	4.1	4.5	2.9
45–49	8.0	5.5	5.9	4.0
50–54	13.9	9.5	9.8	6.5
55–59	19.9	14.2	15.7	12.3
60–64	34.2	24.5	27.6	20.6
65–69	50.7	37.4	37.0	30.4
70–74	72.3	63.0	53.6	42.3
75–79	98.6	81.6	80.6	68.1
80–84	131.2	129.3	122.6	97.3
85–89	214.8	212.7	201.0	165.5

Source: UN Demographic Year Book 1998, New York, United Nations, 2001.
Premi, Social Demogaphic: A Systematic Exposition (p. 191)

उपर्युक्त आँकड़ों के आधार पर 30–40 वर्ष तक आयु की स्त्रियों में मृत्यु दर पुरुषों से कम है। पुरुषों में आयु के बढ़ने के साथ ही साथ मृत्यु दर में भी वृद्धि होती जाती है। 35–39 वर्ष आयु के बाद पुरुषों की स्त्रियों से अधिक मृत्यु हुई है। लिंग-आयु विशिष्ट मृत्यु दर से यह निर्धारित होता है कि जैसे-जैसे भारतीय स्त्रियाँ युवा या पोढ़ होती जाती है वैसे-वैसे उनमें पुरुषों की अपेक्षा मृत्यु दर कम होती जाती है। सामान्यत: जैविक आधार पर स्त्रियों में प्रतिरोधक क्षमता पुरुषों से अधिक पायी जाती है इसलिए आयु के साथ स्त्रियों में मृत्यु दर कम होती है।

सामाजिक आर्थिक भिन्नता

मृत्यु दर को विभिन्न वर्गों में बांट कर व्यक्तिगत अध्ययन किया जा सकता है। भारत में क्षेत्रीय आधार पर मृत्यु दर को ग्रामीण नगरीय

आयु-लिंग संरचना के आधार पर देखा जा सकता है। सामाजिक-आर्थिक कारणों में क्षेत्रीय एवं सजातीय, परम्परागत व्यवसाय और आमदनी, शिक्षा का स्तर, परिवार की भूमिका और वैवाहिक स्तर में बदलाव से भी मृत्यु दर में अन्तर होता जा रहा है।

धर्म के आधार पर बदलाव

सारणी 1.7 : धर्म के आधार पर भारत में ग्रामीण एवं नगरीय क्षेत्रों में वार्षिक मृत्यु दर (1984)

धर्म	*ग्रामीण*	*नगरीय*
हिन्दू	14.1	8.4
इस्लाम	13.4	10.0
ईसाई	9.2	7.0
सिक्ख	7.8	6.0
अन्य	13.9	8.6

Source: Office of the Registrar General, India, Vital Statistics Division Mortality Differentials in India 1984, New Delhi: Office of the Registrar General, India 1989 (p.164)

इस सारणी में मृत्यु दर 1984 का दिया गया है। मृत्यु दर ग्रामीण क्षेत्रों में हिन्दुओं में अधिक और सिक्खों में कम है इसी प्रकार शहरी क्षेत्रों में मृत्यु दर मुसलमानों में हिन्दुओं की अपेक्षा अधिक है। जब व्यक्ति अपने शिक्षा का स्तर जैसे-जैसे बढ़ाता जाता है। वैसे-वैसे मृत्यु दर भी कम हो जाती है। विशिष्ट मृत्यु दर में कमी का स्तर शिक्षा में परिवर्तन के आधार पर निरक्षर और साक्षर में महत्वपूर्ण भूमिका निभाता है।

उत्तर प्रदेश की जनसंख्या

वर्ष 2001 के जनगणना में भी उत्तर प्रदेश 16.61 करोड़ कुल जनसंख्या के साथ सर्वाधिक जनसंख्या वाला राज्य है। चीन, संयुक्त राज्य अमेरिका, इण्डोनेशिया एवं ब्राजील को छोड़कर किसी भी देश की

जनसंख्या उत्तर प्रदेश से अधिक नहीं है। उत्तर प्रदेश की कुल 16,61,97,921 जनसंख्या है। जिसेमें 8,75,65,369 पुरुष एवं 7,86,32,552 महिलायें शमिल हैं। देश की कुल जनसंख्या में 16.61 प्रतिशत की भागीदारी उत्तर प्रदेश का है।

उत्तर प्रदेश के विभिन्न जिलों की कुल जनसंख्या, जनसंख्या घनत्व, लिंगानुपात, साक्षरता दर तथा दशकीय वृद्धि दर का विवरण निम्न सारणी में दिया है–

सारणी 1.8 : उत्तर प्रदेश के विभिन्न जिलों की कुल जनसंख्या, जनसंख्या घनत्व, लिंगानुपात, साक्षरता दर तथा दशकीय वृद्धि दर

क्रम सं.	जिले	जनसंख्या (लाखों में)	जनसंख्या घनत्व	लिंगानुपात	साक्षरता दर (प्रतिशत में)			दशकीय वृद्धि
					कुल	पुरूष	स्त्री	
1.	इलाहाबाद	49.36	900	879	62.10	77.13	46.61	26.69
2.	कानपुर नगर	41.67	1321	855	74.40	82.08	72.49	27.18
3.	आजमगढ़	39.39	972	1020	57.00	70.70	42.48	26.20
4.	जौनपुर	39.11	969	1014	59.80	77.15	43.51	21.67
5.	मुरादाबाद	38.10	1025	875	44.70	56.50	33.29	26.52
6.	गोरखपुर	37.69	1135	960	58.50	75.90	44.43	23.39
7.	लखनऊ	36.47	1443	888	68.70	76.53	61.22	33.13
8.	आगरा	36.20	899	846	62.21	78.10	47.15	31.35
9.	सीतापुर	36.19	630	864	48.32	60.90	35.00	26.59
10.	बरेली	36.18	878	871	47.18	59.30	35.13	26.96
11.	मुजफ्फरनगर	35.43	884	871	60.73	72.80	48.53	24.62
12.	हरदोई	33.98	568	844	51.90	64.53	37.49	23.68
13.	गाजियाबाद	32.90	1683	860	69.70	80.03	58.93	47.47
14.	सुलतानपुर	32.14	725	980	55.81	71.73	41.47	24.27
15.	ख़ीरी	32.07	418	871	48.40	59.51	36.45	32.47
16.	वाराणसी	31.38	1989	903	66.10	83.49	48.59	25.47
17.	बिजनौर	31.31	687	896	58.10	70.18	47.28	27.16
18.	बदायूँ	30.69	594	842	38.20	49.85	25.53	25.36
19.	गाजीपुर	30.37	899	976	59.61	75.35	44.30	25.70
20.	मेरठ	29.97	1157	872	64.80	75.45	54.12	24.01
21.	अलीगढ़	29.92	820	862	58.50	72.22	43.71	22.08

क्रम सं.	जिले	जनसंख्या (लाखों में)	जनसंख्या घनत्व	लिंगानुपात	साक्षरता दर (प्रतिशत में) कुल	पुरूष	स्त्री	दशकीय वृद्धि
22.	बुलंदशहर	29.13	669	879	59.40	74.90	42.72	22.13
23.	सहारनपुर	28.96	785	865	61.20	53.45	51.21	25.46
24.	कुशीनगर	28.93	996	963	46.90	63.31	30.71	28.23
25.	रायबरेली	28.72	623	951	53.80	67.03	39.92	23.66
26.	एटा	27.90	828	849	54.60	68.13	40.35	24.30
27.	गोंडा	27.65	691	906	42.60	56.73	27.21	25.67
28.	बलिया	27.61	926	953	57.90	72.35	43.20	25.34
29.	प्रतापगढ़	27.31	735	1004	57.60	72.32	42.42	23.26
30.	देवरिया	27.12	1070	1002	58.60	72.73	43.43	25.03
31.	उन्नाव	27.00	592	898	54.60	66.43	42.12	22.72
32.	बाराबंकी	26.73	699	887	47.40	59.70	34.91	26.40
33.	शाहाजहाँपुर	25.47	557	842	49.10	61.03	34.93	28.19
34.	बहराइच	23.81	539	867	35.20	45.93	23.53	29.51
35.	फतेहपुर	23.08	556	893	56.30	71.07	44.62	21.41
36.	महाराजगंज	21.73	736	934	46.60	64.40	28.41	29.23
37.	मिर्जापुर	21.16	468	897	55.30	69.53	39.49	27.54
38.	फैजाबाद	20.88	892	939	56.30	70.53	43.14	23.87
39.	बस्ती	20.84	776	938	52.51	67.84	38.79	22.41
40.	मथुरा	20.74	621	840	61.53	76.93	43.35	27.00
41.	फिरोजाबाद	20.52	870	852	64.50	75.81	52.83	33.21
42.	सिद्धार्थनगर	20.40	705	948	42.31	57.63	27.31	22.65
43.	अंबेडकरनगर	20.26	863	978	58.42	71.21	45.37	24.29
44.	रामपुर	19.23	813	879	38.80	48.52	27.81	27.98
45.	मऊ	18.53	1082	986	62.21	77.03	50.21	27.95
46.	झाँसी	17.44	347	871	65.50	79.92	50.23	23.47
47.	बलरामपुर	16.82	502	895	34.60	46.20	21.48	23.08
48.	पीलीभीत	16.45	470	853	49.80	62.82	35.14	28.18
49.	चंदौली	16.43	647	922	59.72	74.05	44.27	28.73
50.	मैनपुरी	15.96	579	857	65.10	77.17	51.67	21.65
51.	फर्रूखाबाद	15.70	720	848	60.92	71.40	50.13	22.48

क्रम सं.	जिले	जनसंख्या (लाखों में)	जनसंख्या घनत्व	लिंगानुपात	साक्षरता दर (प्रतिशत में) कुल	पुरूष	स्त्री	दशकीय वृद्धि
52.	कानपुर देहात	15.63	517	852	66.41	76.46	53.92	21.32
53.	बांदा	15.37	345	860	54.40	69.63	37.10	18.57
54.	ज्योतिबाफूले नगर	14.99	667	885	49.50	63.21	35.07	29.72
55.	सोनभद्र	14.63	216	898	49.23	63.52	34.15	26.13
56.	जालौन	15.54	319	849	64.51	77.14	50.23	18.87
57.	संत कबीर नगर	14.20	863	974	50.90	66.81	34.45	23.64
58.	कन्नौज	13.88	664	866	61.92	72.93	49.18	19.78
59.	इटावा	13.38	579	858	69.60	80.15	58.31	21.69
60.	हाथरस	13.36	726	858	62.51	76.13	46.54	18.39
61.	कौशाम्बी	12.93	726	895	46.90	61.53	30.18	26.63
62.	गौतमबुद्ध नगर	12.02	834	841	68.71	81.43	53.52	35.73
63.	अरैया	11.79	586	856	70.50	80.18	60.08	14.70
64.	श्रावस्ती	11.76	645	862	33.80	46.27	18.67	27.31
65.	बागपत	11.63	881	847	64.20	77.63	49.59	13.00
66.	हमीरपुर	10.43	244	851	57.40	71.67	40.32	17.86
67.	ललितपुर	09.77	194	882	49.51	64.37	33.21	29.98
68.	चित्रकूट	07.66	242	873	65.00	77.82	50.17	34.22
69.	महोबा	07.08	250	866	53.30	65.73	39.27	21.78
सम्पूर्ण उत्तर प्रदेश		16.61	690	898	56.30	68.80	42.20	25.85

स्रोत : जनसंख्या एवं नगरीकरण, प्रभात कुमार सिंह, कॉम्पिटीशन स्पेक्ट्रम, पृ. 69–71.

उत्तर प्रदेश के विभिन्न जिलों के जनसंख्या सम्बन्धी आँकड़ों के अवलोकन से यह यह स्पष्ट है कि जनसंख्या की दृष्टि से उत्तर प्रदेश के सबसे बड़े चार जिले इलाहाबाद, कानपुर, आजमगढ़, और जोनपुर। न्यूनतम जनसंख्या वाले उत्तर प्रदेश चार जिले महोबा, चित्रकूट, ललितपुर और हमीरपुर। उत्तर प्रदेश के सर्वाधिक जनघनत्व वाले चार

जिले वाराणसी (1989), गाजियाबाद (1683), लखनऊ (1443), और संत रविदास नगर (1410)। कानपुर नगर उत्तर प्रदेश का सर्वाधिक साक्षर जिला है, जबकि श्रावस्ती प्रदेश का न्यूनतम साक्षर जिला है। सर्वाधिक महिला साक्षारता दर भी कानपुर नगर की है तथा न्यूनतम महिला साक्षरता दर श्रावस्ती का ही है।

जनांकिकीय प्रवृत्तियाँ

विगत एक शताब्दी में उत्तर प्रदेश में जनसंख्या के बदलते स्वरूप का विवरण अग्रलिखित सारणी में दिया गया है।

सारणी 1.9 : उत्तर प्रदेश में जनसंख्या के बदलते स्वरूप का विवरण

जनगणना वर्ष	कुल जनसंख्या (करोड़ में)	जनसंख्या घनत्व (प्रति वर्ग किमी.)	दशकीय वृद्धि दर (प्रतिशत में)	वार्षिक वृद्धि दर (प्रतिशत में)	लिंगानुपात	साक्षरता दर	पुरुष साक्षरता दर	महिला साक्षरता दर
1901	4.86	165	–	–	994	–	–	–
1911	4.82	164	–1.55	–0.15	915	–	–	–
1921	4.66	159	–3.16	–0.30	909	–	–	–
1931	4.98	169	6.56	0.62	804	–	–	–
,1941	5.65	192	13.57	1.27	907	–	–	–
1951	6.32	215	11.78	1.11	910	12.02	19.17	4.07
1961	7.38	251	16.38	1.48	909	20.87	32.08	8.36
1971	8.83	300	19.54	1.73	879	23.99	35.01	11.23
1981	11.09	377	25.39	2.8	885	32.65	46.65	46.74
1991	13.07	548	25.55	2.29	879	40.71	54.82	26.31
2000	16.16	690	25.85	2.30	898	56.30	68.80	42.20

स्रोत: जनसंख्या एवं नगरीकरण, प्रभात कुमार सिंह, कॉम्पिटीशन स्पेक्ट्रम, पृ. 72.

जनांकिकीय प्रवृत्ति के सारणी के अवलोकन से यह स्पष्ट है कि वर्ष 1901 में उत्तर प्रदेश की कुल जनसंख्या 4.86 करोड़ थी, जो 1911 से 4 लाख कम होकर 4 करोड़ 82 लाख रह गयी थी। 1911 से 1921 के दशक में इसमें 15 लाख की और कमी आई लेकिन उसके बाद से उत्तर प्रदेश की जनसंख्या में निरन्तर वृद्धि जारी

है। 1991–2001 के दशक में उत्तर प्रदेश की दशकीय जनसंख्या वृद्धि उच्चतम थी। इस दशक में प्रदेश की जनसंख्या में सर्वाधिक 2.69 करोड़ की वृद्धि हुई। उत्तर प्रदेश की जनसंख्या में 1991–2001 के दौरान दशकीय वृद्धि दर 25.85 प्रतिशत है जो राष्ट्रीय औसत 21.54 प्रतिशत से बहुत अधिक है। 2001 में उत्तर प्रदेश का जनसंख्या घनत्व 690 व्यक्ति प्रति वर्ग कि.मी. है। जबकि राष्ट्रीय स्तर पर जनसंख्या घनत्व 325 व्यक्ति प्रति वर्ग कि. मी. है। वर्ष 2001 के जनगणना के अनुसार उत्तर प्रदेश का वार्षिक दर 2.30 प्रतिशत है जबकि राष्ट्रीय स्तर पर वार्षिक वृद्धि दर 1.95 प्रतिशत ही है। उत्त प्रदेश में साक्षरता दर 56.30 प्रतिशत है जबकि राष्ट्रीय स्तर पर साक्षरता दर 64.80 प्रतिशत है। उत्तर प्रदेश का लिंगानुपात 2001 में प्रति हजार पुरुष पर 898 महिलाओं का है जबकि राष्ट्रीय स्तर पर यह 933 महिलाओं का है।

जन्म-दर, मृत्यु-दर एवं शिशु मृत्यु-दर

उत्तर प्रदेश में 1991–2001 के दशक में 32.8 प्रति हजार दर्ज की गई, जिसमें से ग्रामीण जन्म दर 33.01 तथा शहरी जन्म दर 26.7 प्रति हजार है। 1991–2001 के दशक में उत्तर प्रदेश में ग्रामीण मृत्यु-दर 11.0 तथा शहरी मृत्यु दर 7.7 प्रति हजार है। उत्तर प्रदेश में 1991–2001 के दशक में जन्म-दर, मृत्यु-दर तथा शिशु मृत्यु दर के आँकड़ें निम्न सारणी में दिया गया है:

सारणी 1.10 : उत्तर प्रदेश में जन्म-दर, मृत्यु-दर एवं शिशु मृत्यु-दर (1991–2001)

दर	*ग्रामीण*	*शहरी*	*सम्पूर्ण उ.प्र.*
जन्म दर (प्रति हजार)	33.01	26.1	32.8
मृत्यु दर (प्रति हजार)	11.0	7.7	10.5
शिशु मृत्यु दर(प्रति हजार)	87.0	64.0	84.0

स्रोत: जनसंख्या एवं नगरीकरण, प्रभात कुमार सिंह, कॉम्टीयान स्पेक्ट्रम, पृ.73.

धर्म के अनुसार (2001 जनगणना)

6 सितम्बर, 2004 को जारी धर्म पर आधारित 2001 की जनगणना रिपोर्ट में देश की कुल जनसंख्या का 80.6 प्रतिशत (13.39 करोड़) हिन्दू, 18.5 प्रतिशत (3.07 करोड़) मुसलमान, 0.1 प्रतिशत (2.12 करोड़) ईसाई, 0.4 प्रतिशत (6.78 करोड़) सिक्ख, 0.2 बौद्ध, 0.1 प्रतिशत जैन तथा 0.1 प्रतिशत अन्य सम्प्रदाय के व्यक्ति हैं। देश में सबसे कम जनसंख्या पारसी समुदाय की है।

सारणी 1.11 : 2001 की जनगणना रिपोर्ट में उत्तर प्रदेश की कुल जनसंख्या का धर्म के आधार पर विवरण

धर्म/सम्प्रदाय	*जनसंख्या*	*सारक्षता दर*	*कुल जनसंख्या का प्रतिशत*
हिन्दू	13,39,79,263	58.0	80.6
मुस्लिम	3,07,40,158	47.8	18.5
सिक्ख	6,78,059	71.9	0.4
बौद्ध	3,02,031	56.2	0.2
ईसाई	2,12,578	72.8	0.1
जैन	2.07,111	72.8	0.1
अन्य	2,13,204	–	0.1

स्रोत : जनसंख्या एंव नगरीकरण, प्रभात कुमार सिंह, कॉम्पिटीशन स्पेक्ट्रम, पृ. 73–74.

शिशुओं की संख्या

उत्तर प्रदेश में 0–6 वर्ष आयु वर्ग के शिशुओं की जनसंख्या कुल 3.06 करोड़ है जिसमें से बालक शिशुओं की संख्या 1.59 करोड़ तथा बालिका शिशुओं की संख्या 1.46 करोड़ है इस प्रकार प्रदेश कुल जनसंख्या में शिशुओं का प्रतिशत 18.35 है जबकि वर्ष 1991 में यह 20.38 प्रतिशत था। इससे स्पष्ट है कि प्रदेश में प्रजनन दर में गिरावट आ रही है। बाल शिशुओं के संदर्भ में यह गिरावट 1.66 प्रतिशत दर्ज की गई है जबकि बालिका शिशुओं के संदर्भ में यह 2.45 प्रतिशत है।

इस प्रकार गत दशक में प्रदेश में बालिका शिशुओं को प्रतिशत काफी कम है।

विश्व का प्रत्येक देश आज अपनी जन-स्वास्थ्य सेवाओं एवं औषधि सुलभताओं के द्वारा व्यक्तियों की औसत आयु में वृद्धि लाने का प्रत्यन्न कर रहा है। मृत्यु-दर के अनुमान द्वारा किसी भी जन-स्वास्थ्य सेवाओं में हुई प्रगति को जाना जा सकता है।

मृत्यु से आशय उस शरीर का उस शरीर का अन्त है, जिसका जीवित जन्म हुआ था, किन्तु जनांकिकी दृष्टि से मृत्यु जीवन की ऐसी प्रमुख घटना है जो जनसंख्या के आकार, गठन एवं वितरण में कमी लाती है। मृत्यु का पूर्व निश्चित समय नहीं होता किन्तु मृत्यु सत्य और अवश्यम्भावी है इस पर मनुष्य का नियंत्रण नहीं रहता है। ऊंची मृत्यु दर अर्द्धविकसित अर्थ व्यवस्था का संकेतक है। मृत्यु की सम्भावना प्रत्येक आयु वर्ग में सदैव बनी रहती है।

मनुष्य मृत्यु दर पर तो विजय नहीं प्राप्त कर सका है, परन्तु वह जीवनावधि का विस्तार करने में अवश्य सफल हो गया है। इसके अन्तर्गत मृत्यु के केवल उन्हीं कारणों की व्याख्या हो पाती है। जिनके सम्बन्ध में आँकड़ें उपलब्ध होते है। जनांकिकी के लिए मृत्यु की उन घटनाओं का अध्ययन एवं व्याख्या करना कठिन है जिनके कारण अनिश्चत हो अथवा ज्ञात न हों।

कुपोषण, गरीबी, भोजन सम्बन्धी आदतों, सामाजिक एवं धार्मिक रूढ़िवादिता, अज्ञानता, दुर्व्यसन तथा प्रदूषण के फलस्वरूप होने वाला मनुष्य कृत रोग, संक्रामक रोग या बीमारियाँ, सक्रामक, पराश्रभीत या श्वास सम्बन्धी बीमारियाँ, कैन्सर परिवहन तंत्रीय बीमारियाँ हिंसा से मृत्यु उदर सम्बन्धी बीमारियाँ, चिकित्सीय सुविधाओं का आभाव, दुर्घटना, व्यापक निर्धनता, प्राकृतिक प्रकोप, अशिक्षा, बाल विवाह एवं अधिक संतानोत्पत्ति, प्रजनन आयु व प्रसव काल में स्त्रियों की अत्यधिक मौतें, शुद्ध पेयजल की समस्या, शिशु कल्याण केन्द्रों की कमी के कारण मृत्यु अधिक होती है।

चीन, संयुक्त राज्य अमेरिका, इण्डोनेशिया एवं ब्राजील को छोड़कर किसी भी देश की जनसंख्या उत्तर प्रदेश से अधिक नहीं है। उत्तर प्रदेश की कुल 16,61,97,921 जनसंख्या है। जिसमें 8,75,65,369 पुरुष एवं 7,86,32,552 महिलायें शमिल हैं। देश की कुल जनसंख्या में 16.61 प्रतिशत की भागीदारी उत्तर प्रदेश का है।

शिशु मृत्यु दर अविकसित देशों में अधिक पायी जाती हैं। विकसित देशों शिशु मृत्यु दर यु. एस. ए. (1998) में 7.2 प्रतिशत, यूनाईटेड किंगडम (1997) में 5.9 प्रतिशत हैं जबकि अविकसित देशों में सबसे अधिक शिशु मृत्यु दर जाम्बिया (1955-2000) में 82.2 प्रतिशत पाकिस्तान (1995-2000) में 74 प्रतिशत तथा भारत (1995-2000) में 72.3 प्रतिशत है जोकि तुलनात्मक आधार पर विकसित देशों की तुलना में अविकसित देशों में शिशु मृत्यु दर अधिक पायी जाती हैं।

भारत में मृत्यु दर में कमी के साथ-साथ जीवन प्रत्याशा में भी वृद्धि हुई है। 1951 में कुल जीवन प्रत्याशा 42.10 प्रतिशत, 1961 में 46.52 प्रतिशत, 1971 में 48.52 प्रतिशत, 1981 में 54.00 प्रतिशत, 1991 में 56.00 प्रतिशत तथा 1995-2000 में 63.3 प्रतिशत हो गयी है जिसमें 2000 में जीवन प्रत्याशा पुरुषों की 64.20 प्रतिशत तथा स्त्रियों की 62.9 प्रतिशत हो गयी है।

भारत में मातृत्व मृत्यु दर के आँकड़े जल्दी प्राप्त नहीं होते हैं। प्रसव के दौरान महिला की मृत्यु केवल स्वास्थ्य हानि का नहीं अपितु सामाजिक न्याय का भी सवाल है। विकसित देशों की अपेक्षा जर्मनी (1998) में जन्म दर 9.7 प्रतिशत और मृत्यु दर 10.4 प्रतिशत तथा यूनाईटेड किंगडम (1997) में जन्मदर 12.3 प्रतिशत और मृत्यु दर 10.7 प्रतिशत है। जबकि यह दर विकाशील देशों में 1995-2000 में जाम्बिया में मृत्यु दर 20.1 प्रतिशत थी, और अन्य देशों में 10 प्रतिशत से कम पाया गया है। भारत (2001) मं जन्मदर 25.8 और मृत्यु दर 8.5 प्रतिशत, पाकिस्तान (1995-2000) में जन्मदर 36.1 और मृत्यु दर 7.8 प्रतिशत, इण्डोनेशिया (1995-2000) में जन्मदर 22.7 और

मृत्यु दर 7.6 प्रतिशत है इन देशों में तुलानात्मक रूप से अधिक है। वर्ष 1951 में भारत में मृत्यु दर 22.8 प्रतिशत, 1961 में 18.8 प्रतिशत, 1971 में 14.8 प्रतिशत, 1981 में 11.4 प्रतिशत, 1991 में 09.2 प्रतिशत तथा 2001 में 08.5 प्रतिशत हो गयी है।

भारत के विभिन्न राज्यों की मृत्यु दरों में समानता देखने को नहीं मिलती है क्योंकि न तो सभी राज्यों कि सामाजिक एवं आर्थिक दशायें समान है और न ही उनमें चिकित्सा स्वास्थ्य की सुविधाएं समान रूप से उपलब्ध है। सन् 2000 के अनुसार कुछ मुख्य राज्यों मध्य प्रदेश (10.2 प्रतिशत), उड़ीसा (10.5 प्रतिशत), राजस्थान (8.4 प्रतिशत), और उत्तर प्रदेश (10.3 प्रतिशत), में मृत्यु दर राष्ट्रीय मृत्यु दर के औसत से अधिक है। केरल, महाराष्ट्र, पंजाब, तामिलनाडू और पश्चिम बंगाल में तुलना के आधार पर मृत्यु दर कम है। संघ राज्यों चंडीगढ़ में मृत्यु दर सबसे कम (3.9 प्रतिशत) है। भारत में रहने वाली ग्रामीण जनसंख्या का मृत्यु दर 2000 में 9.3 और शहरी क्षेत्रों में 6.3 है।

सन् 1998 के आँकड़ों के आधार पर 30-40 तक आयु की स्त्रियों में मृत्यु दर पुरुषों से कम है। पुरुषों में आयु के बढ़ने के साथ मृत्यु दर में भी वृद्धि होती जाती है। 35-39 वर्ष आयु के बाद पुरुषों की स्त्रियों से अधिक मृत्यु हुई है।

उत्तर प्रदेश में 1991-2001 के दशक में 32.8 प्रति हजार दर्ज की गई, जिसमें से ग्रामीण जन्म दर 33.01 तथा शहरी जन्म दर 26.7 प्रति हजार है। 1991-2001 के दशक में उत्तर प्रदेश में ग्रामीण मृत्यु-दर 11.0 तथा शहरी मृत्यु दर 7.7 प्रति हजार है।

1. Census of India 1961, Vol. XV,(U.P) Part 1-B "Report on Vital Statistics", p.1 (P.P Bhatnagar)
2. (अ) महाभारत हिन्दुओं की एक धार्मिक ऐतिहासिक पुस्तक है जिसमें कौरव व पाण्डवों की लड़ाई का वर्णन है। इसमें सेना सम्बन्धी सुचनाओं का विस्तृत उल्लेख है जो जनसंख्या

के गुणात्मक एवं परिणात्मक दोनों ही पहलुओं का विस्तृत बोध कराती हैं।

(ब) कौटिल्य का अर्थशास्त्र – महामंत्री चाणक्य द्वारा लिखित इस पुस्तक में राजाओं के राजनीतिक दृष्टिकोण, नीतियों आदि के अलावा करारोपण, व्यय एवं आय सम्बन्धी तमाम नियमों का उल्लेख मिलता है जो कि जनसंख्या में राजाओं की रूचि घोतक है।

(स) आइने-अकबरी इसे आमीर खुसरों ने अकबर की नीतियों को लिखते हुए सेना के स्वरूप एवं जनसंख्या के बारे में लिखा है।

3. Census of India 1961, Vol. XV, (U.P.) Part 1-B "Report on Vital Statistics", p.1 (P.P. Bhatnagar)
4. "Encyclopaedia of the Social Science", Vol. V (Danton- Exille) p. 85. AB Wolfe.
5. Census of India 1961, Vol. XV, (U.P.) Part 1-B "Report on Vital Statistics", p.1 (P.P. Bhatnagar).
6. डॉ. राधा कमल मुखर्जी
7. 'जनांकिकी के सिद्धान्त', पृ. 9, एस. के. अग्रवाल
8. G.W. Barcley, Technique of Population Analysis. p. 93.
9. Thompson and Lewis, " Population Problem" p. 11.
10. Registrar General, India Sample Registration Bulletin, October 2001.
11. Premi, Social Demography : A systematic Exposition (p. 155, p. 159, p. 144, p. 192-197).
12. Premi, Changing, Population Profile of India and Policy issues (pp. 405-408).

द्वितीय अध्याय

शोध संरचना

जनसंख्या शास्त्र में जनसख्ंया गति के निर्धारण में जन्म, मृत्यु तथा देशान्तरण का महत्वपूर्ण स्थान है। जन्म तथा मृत्यु की घटनाएँ एक जैविक प्रक्रिया है जो जनसंख्या को क्रमशः सकारात्मक एवं नकारात्मक रूप से प्रभावित करती हैं अर्थात् जन्म की घटनाएँ जनसंख्या वृद्धि को तथा मृत्यु की घटनाएँ जनसंख्या ह्रास को सूचित करती हैं। देशान्तरण जनसंख्या वृद्धि एवं ह्रास दोनो को सूचित करता है। मृत्यु एक जैविक घटना है जिसके अन्तर्गत जन्में व्यक्ति में निहित जीवशास्त्रीय शक्ति का अन्त हो जाता है। मृत्यु एक दीर्घकालीन जीवन व्यतीत करने के बाद व्यक्ति विशेष में निहित जैविकीय शक्ति की समाप्ति का सूचक है। इसमें निरन्तर कार्यरत शरीर के आवश्यक अवयव कार्य करना बन्द कर देते हैं। मृत्यु निश्चित है, स्वास्थ्य सेवाओं एवं जीवन स्तर, विज्ञान एवं तकनीक में कितनी ही प्रगति क्यों न हो मृत्यु दर कभी शून्य नही हो सकती। जनांकिकीय दृष्टि से मृत्यु जनसंख्या के आकार में होने वाली कमी को प्रदर्शित करती है। जनसंख्या के आकार में वृद्धि, मात्र जन्म दर में वृद्धि होने से नही बल्कि मृत्यु दर में कमी होने से भी होती है। मृत्यु की सम्भावना प्रत्येक आयु वर्ग में सदैव बनी रहती है। सामान्यतया एक निश्चित आयु तक जीवित रहने की सम्भावना भिन्न-भिन्न देशों एवं समाजों में भिन्न-भिन्न होती है। यह सम्बन्धित देशो की

आर्थिक-सामाजिक परिस्थितियों एवं जलवायु पर निर्भर करती है। इसके अतिरिक्त मृत्युक्रम सामाजिक परिवर्तनों तथा जनसंख्या के गठन पर भी महत्वपूर्ण प्रभाव डालती है। मृत्यु के बिना किसी समाज व व्यवस्था में परिवर्तन होना सम्भव नही होता क्योंकि यह पीढ़ियों को परिवर्तित करती रहती है जो अपने अनुसार परिवर्तन लाते है। इस प्रकार बीमारी, दैवीय प्रकोप इत्यादि के कारण मृत्यु दर बहुत अधिक थी, लेकिन बीसवीं शताब्दी में विज्ञान के अत्यन्त विकास के कारण मृत्यु दर में कमी हुई है। भारत जैसे विकासशील देश में जनसंख्या वृद्धि का एक महत्वपूर्ण कारण मृत्यु दर में निरन्तर कमी का होना है।

इस प्रकार यह स्पष्ट है कि समाज के सभी वर्ग मृत्युक्रम से समान रूप से प्रभावित नही होते है। यदि आयु वर्ग की भिन्नता के आधार पर देखा जाए तो यह स्पष्ट होता है कि किसी आयु वर्ग में मृत्यु का दबाव अधिक होता है। तथा जैसे-जैसे आयु में वृद्धि होती जाती है वैसे-वैसे मृत्यु दर में भी वृद्धि होती जाती है। जीवन के प्रथम वर्ष में होने वाली मृत्यु को शिशु मृत्यु की संज्ञा दी जाती है। सामान्य तथा जीवन के प्रथम एक वर्ष तक मृत्यु की सम्भावना अधिाक होती है। शिशु मृत्यु दर को समाज की सामान्य स्वास्थ्यप्रद दशाओं का सर्वश्रेष्ठ सूचकांक माना जाता है। शिशु मृत्यु दर जितनी कम होगी जीवन स्तर एवं जन स्वास्थ्य उतना ही अच्छा होगा। मृत्यु सम्बन्धी आँकड़ो के संकलन एवं पंजीकरण की परम्परा बहुत प्राचीन है। किन्तु विश्व के अधिकांश देशों के आँकड़े विश्वसनीय नही कहे जा सकते हैं। मृत्यु समंक उन देशों की दृष्टि से सर्वाधिक महत्वपूर्ण है जिनमें मृत्यु दर अधिक है। मृत्यु सम्बन्धी वही आँकड़े महत्वपूर्ण होते है जिनमे मृत्यु की घटना के साथ-साथ मृत्यु का कारण, मृतक की आयु, जाति, धर्म, व्यवसाय एवं शैक्षिक योग्यता, आर्थिक स्थिति इत्यादि का उल्लेख किया गया हो। इन सूचनाओं के आधार पर ही इन आँकड़ों का तुलनात्मक अध्ययन किया जा सकता है। इन कमियों के बावजूद मृत्यु सम्बन्धी सूचनाओ का जनांकिकी विश्लेषण

में अत्यधिक महत्व है। जनसंख्या सम्बन्धी नीतियों तथा चिकित्सकीय योजनाओं के निर्माण में मृत्यु क्रम सम्बन्धी सूचनाऐं अत्यन्त उपयोगी हैं।

जनांकिकी में जनगणना के अतिरिक्त आँकड़ों को एकत्रित करने की महत्वपूर्ण प्रविधि पंजीकरण विधि है जिसका अनुसरण प्रत्येक राष्ट्र जनांकिकी घटनाओं के पंजीकरण के लिए कर रहा है। जनांकिकी घटनाओं से तात्पर्य जन्म, मृत्यु, विवाह, तलाक, पृथक्करण, गर्भपात इत्यादि से है। सरल शब्दों में ये समस्त घटनाऐं जो जन्म-मृत्यु से सम्बन्धित हैं तथा जो जनसंख्या में परिवर्तन करती हैं, जनांकिकीय घटनाऐं कहलाती हैं। यद्यपि इन सभी घटनाओं को जनगणना में भी सम्मिलित किया जाता है। पंजीकृत करने की परम्परा पंजीकरण प्रविधि द्वारा सम्पादित होती है। सामान्यतया जनांकिकी घटनाओं का पंजीकरण कराना परिवार के सदस्यों के लिए अनिवार्य होता है। इसलिए इन्हें पंजीकृत समंक भी कहा जाता है। मृत्यु सम्बन्धी घटनाओं के पंजीकरण में मृत्यु की तिथि, माह व वर्ष, लिंग, मृत्यु का कारण, मृत्यु सम्बन्धी स्थान, मृत्यु के समय आयु, मृतक का वास्तविक निवास स्थान, मृत्यु सम्बन्धी प्रमाण पत्र का किस्म, यदि बाल मृत्यु है तो माँ का निवास स्थान, बालक की आयु, लिंग तथा मृत्यु का कारण इत्यादि का विशेष ध्यान दिया जाता है।

प्रस्तुत अध्ययन वाराणसी नगर में जन्म-मृत्यु कार्यालय में पंजीकृत मृत्यु की घटनाओं से सम्बन्धित है। ज्ञातव्य है कि मृत्युदरों का प्रयोग मृत्यु का जनसंख्या पर दबाव मापने के लिए जाता है। वाराणसी नगर की मृत्यु दर की प्रवृत्ति को जानने के उद्देश्य से प्रस्तुत अध्ययन में जनवरी 2001 से दिसम्बर 2005 तक पंजीकृत मृत्यु की घटनाओं को सम्मिलित किया गया हैं।

अध्ययन क्षेत्र : वाराणसी

प्रस्तुत अध्ययन वाराणसी नगर पर आधारित है। वाराणसी को भारत की सांस्कृतिक राजधानी भी कहा जाता है। वाराणसी को अध्ययन के

सन्दर्भ के रूप में चुनने का प्रधान कारण यह है कि पूर्वांचल में चिकित्सा की अधिकतम सुविधाऐं वाराणसी में उपलब्ध है अध्ययन में उन सभी मृत्यु की घटनाओं को सम्मिलित किया गया है जो वाराणसी नगर महापालिका के जन्म-मृत्यु कार्यालय में पंजीकृत है। इस तरह अध्ययन समग्र रूप से वाराणसी नगर महापालिका के जन्म-मृत्यु कार्यालय में पंजीकृत मृत्यु की घटनाएं हैं।

किसी भी क्षेत्र के इतिहास को जानने व समझने के पहले उसकी प्राकृतिक संरचना के बारे में जानना अत्यन्त आवश्यक होता है। इतिहास के भौगोलिक आधारो को ठीक-ठीक समझने के बाद हम उस स्थान अथवा भू-भाग से संबंधित बहुत से जटिल प्रश्नों पर अपनी स्पष्ट धारणा व्यक्त कर सकते है। कुछ ऐसा ही तथ्य वाराणसी जनपद की ऐतिहासिक पृष्ठभूमि में मौजूद है। "सुदूर प्राचीन काल में वाराणसी की स्थापना का आधार धार्मिक नही था। हिन्दू धर्म से बनारस का संबंध बहुत बाद की घटना है, क्योंकि मनुस्मृति आदि ग्रन्थों में तो इसकी साधारण सी चर्चा है। बौद्ध जातको में इस संदर्भ में विस्तार से प्रकाश डाला गया है। प्राचीन युग में वाराणसी को काशी के नाम से जाना जाता था। इसमें कोई संदेह नही है कि काशीवासी तमाम प्रचलित धार्मिक मान्यताओं के बावजूद भी कट्रता के पक्षपाती न होकर स्वतन्त्र विचारों के अधिक पक्षधर थें" (विकास पुस्तिका वाराणसी, 2005)।

वाराणसी विश्व के उन प्राचीन नगरो में से एक है, जिसकी अखण्डता, प्रचीनता एवं धार्मिक सहिष्णुता त्रिहस्त्राधिक वर्षो से अक्षुण्ण है।[1] वर्तमान वाराणसी नगर अर्द्धचन्दाकार स्वरूप मूं गंगा नदी के बाएं किनारे पर अवस्थित है जिसकी भौगोलिक स्थिति 25^0 - 18^0 आक्षांस है।[2] वाराणसी जनपद गंगा के दोनो किनारों पर 24^0 - 43^0 आक्षांस और 25^0 - 35^0 आक्षांस पूर्वी देशान्तर के मध्य अवस्थित है, इस प्रकार जनपद की लम्बाई पूर्व से पश्चिम तक 82 मील एवं चौड़ाई उत्तर से दक्षिण तक 58 मील है।[3] वाराणसी जनपद के उत्तर में जौनपुर,

उत्तरपूर्व में गाजीपुर, दक्षिण में मिर्जापुर तथा दक्षिणपूर्व में बिहार का रोहतास जिला स्थित है, जिसे कर्मनाशा नदी वाराणसी से पृथक करती है।[4]

वाराणसी के नामकरण के सन्दर्भ में इतिहासकारों में मतभेद रहा है। शेयरिंग[5], भरदोच[6] और पारकर[7] प्राय: एक मत है। इनके अनुसार प्राचीन नगर वर्तमान नगर के उत्तर के समीप अवस्थित था, इसी समय में इसकी स्थिति वरूणा नदी के दक्षिण भाग में भी रही, लेकिन वर्तमान नगर की स्थिति इससे पूर्णतया भिन्न है। बुद्ध के अविर्भाव से पूर्व आधुनिक सारनाथ को हैवेल महोदय एक घने जंगल के रूप में स्वीकार करते हैं जिसका उपयोग विभिन्न धर्मो के अनुयायियों द्वारा एक कामनस्ट्री के रूप में होता था।[8] बुद्ध पूर्व महाजनपद युग में वाराणसी काशी जनपद की राजधानी थी। यह कहना कठिन है कि प्राचीन काशी जनपद का विस्तार कहाँ तक था। डॉ. अल्टेकर के मतानुसार काशी जनपद का विस्तार उत्तर-पश्चिम की ओर दो सौ पचास मील था, क्योकि इसका पूर्व का पड़ोस जनपद मगध और उत्तर-पश्चिम का पड़ोसी जनपद उत्तर पंचाल था। एक जातक (151) के अनुसार काशी और कौशल की सीमाऐं मिली हुई थीं। काशी के दक्षिणी सीमा का पता नही है पर वह सम्भवत: विंध्य श्रृंखला से घिरी थी। डॉ. अल्टेकर जातकों के आधार पर इस निष्कर्ष पर पहुँचे हैं कि काशी का विस्तार सम्भवत: बलिया से कानपुर तक रहा होगा।[9]

जातको से हमें ज्ञात होता है कि बनारस के आस-पास घने जंगल थे। काशी जनपद के जिन ग्रामों आदि के वर्णन हमें मिलते हैं उनमें अधिकतर आधुनिक बनारस तहसील के अथवा जौनपुर के थे जो प्राचीन काशी जनपद का अंग था। मृगदाव और श्रृषिपन्तन जिसे आज हम सारनाथ कहते हैं बनारस तहसील में है।[10] काशी अथवा वाराणसी कब से पवित्र क्षेत्र मानी गई है इसका ठीक-ठीक पता नही चलता है क्योंकि बौद्ध साहित्य में इसके राजनीतिक और व्यापारिक पहलुओं पर तथा काशी प्रदेश में प्रचलित यक्ष और नागपूजा का ही विशेष उल्लेख

हैं। काशी की व्युतपत्ति मनु के पौत्र पुरूरवा से सातवीं पीढ़ी से उत्पन्न कश से मानी जाती है।[11] सारनाथ से एक पत्थर के छत्र के टुकड़े पर भगवान बुद्ध द्वारा धर्म चक्रप्रर्वन के समय के उपदेश उत्कीर्ण है, इसमें बौद्ध धर्म के चारों आर्य-सत्य आये हैं। लेख की लिपी अन्तिम कुषाण काल की है। स्टेनकोनों का कहना है कि उत्तर भारत से प्राप्त पालि त्रिपिटक का उस समय अस्तित्व था तथा बनारस में लोग उसे जानते थे और पढ़ते थे।[12]

प्राचीन काल से ही काशी के राजनीतिक इतिहास का क्रमिक उल्लेख एक अत्यन्त कठिन कार्य रहा है, क्योंकि काशी के सन्दर्भ में जो भी सामग्री उपलब्ध है उसका प्रमुख आधार पुराण है जिसे महाभारत, जैन एवं बौद्ध ग्रन्थों तथा प्राचीन संस्कृत ग्रन्थों द्वारा परिष्कृत किया गया है।[13] अधिकांश पौराणिक ग्रन्थों से ज्ञात होता है कि मनु के पौत्र पुरूरवा व इला तथा उसके पौत्र क्षात्रवृद्ध वाराणसी के प्रथम राजा थे। वंश के सातवें प्रमुख राजा कश या काश्य थे जिनके नाम पर समग्र राज्य का नाम काशी पड़ा।[14] राजा कश ने अपनी अद्भूत शक्ति और शौर्य से काशी का नाम उज्जवल किया।

समय के बदलते चक्र का स्पष्ट प्रभाव वाराणसी के इतिहास पर भी पड़ा परन्तु वाराणसी की संस्कृति का नक्शा जो बहुत प्राचीन काल में बना था, वह अनेक भौगोलिक परिवतनों के बावजूद भी मूल में जैसा का तैसा बना रहा। यह नगरी हिन्दू विचार धारा की प्रगतिशील केन्द्र स्थली तो थी ही पर इसमें बुद्ध के पहले भी यह ज्ञान का प्रधान केन्द्र रही है। अशोक के युग में यहाँ बौद्ध धर्म फूलाफला। तीर्थकर पार्श्वनाथ की जन्म स्थल होने के कारण जैन भी इस नगरी पर अपना अधिकार रखते थे। इस तरह धर्मों एवं संस्कृतियों का पवित्र संगम बन जाने पर वाराणसी भारत के कोने-कोने बसने वालों का पवित्र स्थल बन गयी, यदि एक सीमित स्थल में सारे भारत की झांकी लेनी हो तो बनारस ऐसा ही शहर मिलेगा। विभिन्न भाषाओं के बोलने वाले, नाना वेष-भूषाओं से

सुसज्जित तथा तरह-तरह के भोजन करने वाले तथा रीति-रिवाज मानने वाले वाराणसी में केवल एक ध्येय यानि तीर्थ यात्रा के उद्देश्य से अनगिनत लोग प्राचीन काल से यहाँ आते रहे है।

वाराणसी केवल तीर्थ स्थान न होकर संस्कृत शिक्षा का एक प्रधान केन्द्र भी रहा है। जातको में यहां की शिक्षा प्रणाली का विशेष उल्लेख है। गुप्त युग में यह नगर वैदिक शिक्षा का केन्द्र बन गया तथा गहड़वाल युग में यहां के विद्वान विद्यार्थियों को अपने यहां रखकर संस्कृत की शिक्षा देते थे। अकबर के युग से आज तक यहां संस्कृत की शिक्षा अबाध गति से चल रही है। यहां के संस्कृत विद्वानों ने अधिकतर प्राचीन ग्रन्थों पर अपनी टीकायें लिखी है। इसमें संदेह नही है कि संस्कृत भाषा की रक्षा और प्रचार में यहां विद्वानों का बड़ा हाथ रहा है। इसका प्रमाण है कि देश कोने-कोने से विद्यार्थी यहां आकर ज्ञानार्जन करने में अपना गौरव समझते रहे। आज भी बनारस संस्कृत एवं आधुनिक शिक्षा का केन्द्र है। काशी हिन्दू विश्वविद्यालय, महात्मा गांधी काशी विद्यापीठ, सम्पूर्णानन्द संस्कृत विश्वविद्यालय उदय प्रताप कॉलेज, तिब्बती उच्च संस्थान आदि विश्वविद्यालयों के अतिरिक्त कई महाविद्यालय, कन्या विद्यालय और संस्कृत विद्यालय वाराणसी में आज भी है। इसमें देश-विदेश के छात्र-छात्राएं विद्याध्ययन के लिए आते है। आज भी यह नगरी शिक्षा का प्रमुख केन्द्र बनी हुई है।

वाराणसी प्रकाश का शहर भी कहा जाता है क्योंकि बारह ज्योतिलिंगों में से एक ज्योतिलिंग यहीं पर स्थापित है।[15] अमेंरिकन लेखक मार्क टुविन ने लिखा है कि ''बनारस इतिहास से पुराना है परम्परा से पुराना है यहाँ तक पौराणिक कथा से भी पुराना है एवं इन सबको मिलाकर भी दुगना पुराना है।'' पिछले पचास वर्षो में शहर की जनसंख्या बेहिसाब बढ़ी है। यहाँ कृषि उत्पादों व कृषि कामगारो की संख्या में कमी आयी है। बढ़ती आबादी के कारण यहाँ कृषि योग्य भूमि की कमी होने लगी है।

वर्तमान भौगोलिक स्थिति

वाराणसी जनपद उत्तर प्रदेश के पूर्वांचल जनपदों मे से एक है। 2001 की जनगणना के अनुसार जनपद का कुल क्षेत्रफल 1550.20 वर्ग कि. मी. है तथा कुल आबादी 31,47,927 जिनमें 16,50,138 पुरुष तथा 14,97,789 स्त्रियां है, जबकि 1991 की जनगणना के अनुसार जनपद का कुल क्षेत्रफल 1646.45 वर्ग कि.मी. तथा कुल आबादी 25,08,110 जिसमें 13,26,761 पुरुष तथा 11,81,349 स्त्रियां रहीं। इस प्रकार जनसख्या में दशकीय वृद्धि दर 25.51 प्रतिशत रही स्त्री–पुरूष अनुपात 908–1000, तथा जनसंख्या में दशकीय वृद्धि दर 2029 रहा। पूर्व में जनपद–चंदौली, पश्चिम में संत रविदास नगर (भदोही), उत्तर में जौनपुर एवं आजमगढ़, दक्षिण में मिर्जापुर तथा जनपद चंदौली के कुछ भाग की सीमाऐं लगी हुई है।

जनपद के बीचों-बीच गंगा तथा वरूणा नदी बहती है। जनपद की भूमि अत्यन्त उपजाऊ है। जनपद का ठंडक के दिनों में तापमान लगभग 4 डिग्री से लेकर 18 डिग्री तक तथा गर्मी के दिनों में 24 डिग्री से लेकर सामान्यत: 42 डिग्री तक बना रहता है। प्राय: जून माह में तापमान बढ़कर अधिकतम 45–47 डिग्री तक तथा जनवरी माह में तापमान घटकर 4 से 8 डिग्री सेल्सियस तक भी पहुँच जाता है।

भाषा : जनपद में 92.68 हिन्दी, 6.53 उर्दू, 0.09 पंजाबी, 0.40 बंगाली तथा 0.30 प्रतिशत अन्य भाषा बोलने वाले लोग रहते हैं।

धर्म : जनपद से विभिन्न धर्मों को मानने वालों का प्रतिशत निम्न रहा: हिन्दू 86.35, मुस्लिम 13.39, इसाई 0.14, सिक्ख 0.14, सिक्ख 0.41, बौद्ध 0.06, जैन 0.04 तथा 0.01 अन्य धर्म।

साक्षरता : जनपद में 2001 की जनगणना के अनुसार साक्षरता दर 67.09 रही जबकि 1991 की जनगणना के अनुसार जनपद की कुल साक्षरता का प्रतिशत 52.4 रहा है।

अध्ययन पद्धति

यद्यपि प्रस्तुत अध्ययन पूर्णतः द्वितीयक आँकड़ों पर आधारित है। जनसंख्या सम्बन्धी अध्ययनों में सामान्यतया द्वितीयक आँकड़ें, जनगणना प्रतिवेदन एवं सरकारी आँकड़ों से प्राप्त किये जाते हैं। ज्ञातव्य है कि जनसंख्या गति का निर्धारण जन्म, मृत्यु एवं देशान्तरण की घटनाओं के आधार पर होता है। जहाँ जन्म की घटनाये जनसंख्या वृद्धि को सूचित करती है वही मृत्यु की घटनायें जनसंख्या ह्रास को सूचित करती है। देशान्तरण की घटनायें जनसंख्या वृद्धि एवं ह्रास दोनों से सम्बन्धित होती है। मृत्यु सम्बन्धी घटनाओं के अध्ययन के लिए जन्म-मृत्यु कार्यालय में पंजीकृत मृत्यु सम्बन्धी घटनाओं के अध्ययन के आधार के रूप में स्वीकार किया जाता है। प्रस्तुत अध्ययन वाराणसी नगर से सम्बन्धित है, अतः पाँच वर्षीय अवधी में वाराणसी नगर महापालिका के जन्म-मृत्यु कार्यालय में पंजीकृत जनवरी 2001 से दिसम्बर 2005 की कालावधि में हुई मृत्यु की समस्त घटनाओं को सम्मिलित किया गया है। इस प्रकार प्रस्तुत अध्ययन का समग्र वाराणसी नगर है और आँकड़ों का स्त्रोत पंजीकृत मृत्यु की घटनायें है। सर्वप्रथम जनवरी 2001 से दिसम्बर 2005 के मध्य सम्पूर्ण मृत्यु सम्बन्धी घटनाओं को जन्म-मृत्यु कार्यालय से प्राप्त किया गया। घटनाओं के संकलन के दौरान मृत्यु की घटनाओं के साथ-साथ मृत्यु के कारणों एवं उनके सम्पूर्ण विवरण को भी ध्यान में रखा गया है।

अध्ययन के उद्देश्य

किसी भी शोधकर्त्ता के लिए अध्ययन का उद्देश्य महत्वपूर्ण होता है ताकि यह स्पष्ट हो सके कि वह किस समस्या के उद्देश्य को हल कर रहा है। प्रस्तुत अध्ययन के निम्न उद्देश्य हैं:

1. प्रस्तुत अध्ययन का प्रधान उद्देश्य वाराणसी नगर में विभिन्न वर्षों की मृत्यु दर की तुलनात्मक व्याख्या करना है।

2. यह पता लगाना कि मृत्यु की घटनायें किस आयु-समुह में अधिक होता है और वर्ष अन्तराल पर इनमें किस प्रकार के परिवर्तन आ रहें है।
3. लैंगिक संयोजन के आधार पर मृत्यु की घटनाओं का तुलनात्मक विवरण प्रस्तुत करना भी इस अध्ययन का एक महत्वपूर्ण उद्देश्य है।
4. यह ज्ञात करना कि मृत्यु की घटनायें और वैवाहिक स्तर में किस प्रकार के सम्बन्ध है।
5. इस अध्ययन का एक उद्देश्य विभिन्न धार्मिक समूहों में मृत्यु स्वरूप का तुलनात्मक विवरण प्रस्तुत करना है।
6. विभिन्न बीमारियों के कारण होने वाली मृत्यु की घटनाओं का तुलनात्मक विश्लेषण करना भी इस अध्ययन का उद्देश्य हैं।

उपकल्पना

उपकल्पना अध्ययन-विषय से सम्बन्धित वह काल्पलिक एवं अस्थायी निष्कर्ष है जिसकी सत्यता को केवल वास्तविक तथ्य ही प्रकट कर सकते है। किसी भी शोध को केन्द्रित करने के लिए उपकल्पनाओं का सहारा लेना आवश्यक है, जिससे शोध को दिशा निर्देशित किया जा सके। प्रस्तुत अध्ययन में निम्नलिखित उपकल्पनाओं का परीक्षण किया गया है:

1. मृत्यु की घटनायें अल्पायु अर्थात 5 वर्ष से कम तथा दीर्घायु अर्थात 60 वर्ष के आयु समुह में अधिक घटित होती हैं।
2. मृत्यु की घटनायें पुरूषों की अपेक्षा स्त्रियों में अधिक होती हैं।
3. हिन्दुओं में मृत्यु की घटनायें अपेक्षाकृत अधिक होती हैं।
4. अविवाहितों की अपेक्षा विवाहितों में मृत्यु की घटनायें अधिक होती हैं।
5. मृत्यु की घटनायें वृद्धावस्था के कारण अपेक्षाकृत अधिक होती हैं।

6. ग्रामीण पृष्ठभूमि के लोगों में नगरीय पृष्ठभूमि के लोगों की अपेक्षा मृत्यु की घटनायें अधिक होती हैं।

अध्ययन का महत्व

जनसंख्या वृद्धि जन्मदर के अधिक होने के कारण ही नही होती बल्कि मृत्यु दर में कमी होने से भी होता है। आज के वैज्ञानिक एवं प्रगतिशील युग में मृत्यु दर पर नियन्त्रण प्राप्त करना अपेक्षाकृत आसान है। यद्यपि मृत्यु दर की कमी जनसंख्या वृद्धि का सूचक है किन्तु फिर भी प्रत्येक राष्ट्र जनस्वास्थ्य सेवाओं के माध्यम से व्यक्तियों की औसत आयु में वृद्धि करने का प्रयास कर रहा है। मृत्यु दर का कम होना आज किसी देश की उन्नति का प्रतिक समझा जाता है। व्यवहारिक दृष्टि से बीमा कम्पनियों, सार्वजनिक स्वास्थ्य-नीतियों एवं जनसंख्या वृद्धि में मृत्यु दर की बड़ी ही क्रियात्मक एवं सक्रिय भूमिका होती है। किसी भी राष्ट्र की स्वास्थ्य दशाओं का मूल्याकंन वहाँ की मृत्यु की घटनाओं के आधार पर होती है । मृत्यु दर के दो जन्म-सम्बन्धी कारकों तथा बाह्य कारकों का प्रभाव स्पष्ट पड़ता है। जन्म सम्बन्धी कारकों में अपरिक्व जन्म, भ्रष्टरचना, दम घुटना, जन्म का घाव, प्रसूत ज्वरए अकुशल नर्स तथा समय पर चिकित्सकीय सुविधा का न होना इत्यादि प्रमुख है। बाह्य कारकों में माता-पिता का अशिक्षित होना, गरीबी, प्रदूषित वातावरण, संक्रामक रोग, पीलिया, बुखार, दुर्घटना तथा कुपोषण इत्यादि प्रमुख है। उक्त सन्दर्भ में प्रस्तुत अध्ययन का अपना विशिष्ट महत्त्व है। प्रस्तुत अध्ययन वाराणसी नगर महापलिका में पंजीकृत मृत्यु की घटनाओं पर आधारित है। अतः इस अध्ययन द्वारा सम्बन्धित क्षेत्र की स्वास्थ्य की दशाओं का मूत्यांकन किया जा सकता है।

अध्ययन विधि

अध्ययन विधि के तहत तथ्यों के संकलन का कार्य प्रारम्भ किया जाता है। क्योंकि किसी अध्ययन के लिए तथ्य संकलन अनिवार्य है।

तथ्य संकलन शोध-प्रकिया का एक महत्वपूर्ण चरण है जिस प्रकार किसी भवन या मकान के निर्माण हेतु ईट, चूना, सूर्खी, लोहा, सीमेन्ट इत्यादि की आवश्यकता होती है उसी प्रकार शोध कार्य को सम्पन्न करने हेतु तथ्यों या सामग्री की आवश्यकता पड़ती हैं।

शोध हेतु विश्वसनीय तथ्यों या सामग्री का होना अत्यन्त आवश्यक है। अध्ययन के विषय वस्तु से सम्बद्ध एवं विविध पहलुओं से सम्बन्धित आँकड़ों का संकलन प्रमुखत: दो विधियों–प्राथमिक आँकड़ें और द्वितीयक आँकड़ें से किया जाता है। प्राथमिक विधि के तहत साक्षात्कार, अनुसूची प्रणाली, अवलोकन पद्धति एवं वैयक्तिक अध्ययन विधि आते हैं। द्वितियक विधि के अन्तर्गत प्रमुख रूप से सम्बन्धित शोध, प्रलेख, शोध से सम्बन्धित पत्र–पत्रिकायें, रिकार्डो, डायरियाँ, न्यूज पेपर इत्यादि आते हैं। अध्ययन क्योंकि द्वितीयक तथ्यों पर आधारित हैं अत: इसमें गवेषणात्मक शोध अभिकल्प का प्रयोग किया जाता है।

प्रस्तुत अध्ययन मुख्यत: द्वितीयक तथ्यों पर आधारित हैं। द्वितीयक तथ्यों के रूप में वाराणसी नगर महापालिका स्थित जन्म–मृत्यु कार्यालय से 1 जनवरी 2001 से 31 दिसम्बर 2005 तक के समस्त पंजीकृत मृत्यु की घटनाओं को लिया गया है। इसमें प्रतिदर्श विधि का प्रयोग नही किया गया है। यहाँ पाचँ वर्षो के अन्दर मृत्यु की सम्पूर्ण घटनाओं को सम्मिलित किया गया है।

पूर्ववर्ती साहित्य सर्वेक्षण

मृत्यु दर से सम्बन्धित अध्ययनों की एक लम्बी श्रंखला है। कुछ महत्वपूर्ण अध्ययन इस प्रकार हैं :

यू.एस. ब्यूरो ऑफ द सेंसस स्टैटिस्टिकल आब्सट्रेक्ट ऑफ यूनाइटेड स्टेट (1966) ने अपने प्रतिवेदन में स्पष्टत: स्वीकार किया है कि द्वितीय विश्वयुद्ध के दौरान 3,00,000 मृत्यु हुई। यू.एस. पब्लिक हेल्थ सर्विस, वाइटल स्टैटिस्टिकल ऑफ द यूनाइटेड स्टेट (1966) में युद्ध के दौरान यूनाइटेड स्टेट में 6 मिलियन मृत्यु की घटनायें हुई।

फ्रेंच जनसंख्या शास्त्री बिरादेन (1958) ने स्पष्टतः लिखा है कि द्वितीय विश्वयुद्ध 1942 में सोवियत यूनियन में अपेक्षाकृत मृत्यु दर 53 प्रति हजार थी। गौरी (1962) के अनुसार 1941-42 की सर्दियों में जर्मनी में 3 मिलियन लोगों की मृत्यु ठण्ड और भूखमरी के कारण हुई थी। 1963 में संयुक्त राष्ट्र के रक्षा सचिव रार्बट मैकनामराने न्यूक्लियर युद्ध की घटनाओं से 100 मिलियन लोग अर्थात् आधी जनसंख्या प्रभावित हुई थी। इवलिन किटागावा (1969 : 980-995) ने सोशल एण्ड इकोनामिक डिफरेन्सियसन इन मारटिलिटि इन द यूनाइटेड स्टेट से सम्बन्धित अपने अध्ययन में यह उल्लेख किया है कि आयु और मृत्यु के मध्य प्रत्यक्ष सम्बन्ध पाया जाता है। बैन मैकमोहन ने अपनी पुस्तक "Infant Mortality Rate : Socio-economic Factor" में बताया है कि शिक्षित माताओं में शिशुओं की मृत्यु की घटनाऐं अपेक्षाकृत कम होती हैं। यू.एस. पब्लिक हेल्थ सर्विस (1969) ने स्पष्ट किया है कि यूनाइटेड स्टेट में 1969 में जीवन प्रत्याशा 71 वर्ष थी और जगहों पर 64 वर्ष थी। मृत्यु की घटनायें अधिकतर 20 से 49 वर्ष में अधिक होती हैं। चासी (1965) ने बताया है कि अन्य जगहों पर 1969 में जन्म के समय जीवन प्रत्याशा यूनाइटेड स्टेट से 10 प्रतिशत कम थी। यूनाइटेड नेशन्स डेमोक्रेटिक ईयर बुक (1971) में बताया गया है कि नाँरवे, नीदरलैण्ड और स्वीडन में जन्म के समय जीवन प्रत्याशा पुरूषों में 71 वर्ष थी जो यूनाइटेड स्टेट से चार वर्ष अधिक है और महिलाओं में 76 वर्ष थी जो यूनाइटेड स्टेट से दो वर्ष अधिक है। चासी के अनुसार यूनाइटेड स्टेट में मृत्यु दर घटी है जो 1900 में 159 प्रति हजार थी जो 1969 में 19 प्रति हजार हो गयी थी और दूसरी तरफ 85 वर्ष के लोगों में मृत्यु दर कम अर्थात् 19 प्रतिशत हो गयी थी। रिसेन्ट मॉरटिलिटी ट्रेन्ड इन चिली, नेशनल सेन्टर फॉर हेल्थ स्टेटिस्टिक्स (1964) ने अपने प्रतिवेदन में स्पष्ट किया है कि शिशु एवं युवा प्रौढ़ों में मृत्यु दर का ह्रास हुआ है जबकि 1945 में 1000 जन्म पर 150 शिशु मृत्यु दर

थी जो 1950 में 100 हो गयी थी। पापुलेशन बुलेटिन ऑफ द यूनाइटेड नेशन्स (1962) में उल्लेख है कि भारत में अपरिष्कृत मृत्यु दर में ह्रास दृष्टिगोचर होता है जो 1941-44 में 20 प्रति हजार थी और 1958 में 10 प्रति हजार तक पहुँच गयी थी। यू.एस. पब्लिक हेल्थ सर्विस ने अपने लाइफ टेबल में बताया है कि 1954 यूनाइटेड स्टेट में जन्म के समय जीवन प्रत्याशा अन्य देशों के समान ही थी। रिसेन्ट मॉरटिलिटी ट्रेन्ड इन चिली, नेशनल सेन्टर फॉर हेल्थ स्टेटिस्टिक्स (1964) में अपने प्रतिवेदन में स्पष्ट किया है कि1953 में चिली में आयु विशिष्ट मृत्यु दर में कम ह्रास हुआ था। सेक्रिम्स्वाह (Scrimshaw) (1966) ने बताया है कि मृत्यु दर के निर्धारक कारकों में पोषण आहार की मात्रा का महत्वपूर्ण स्थान को स्पष्ट किया है। ब्रोकिंग्टन (1965) ने बताया है कि मनुष्यों के स्वास्थ्य को सुरक्षित बनाने में पर्यायवरण संरक्षण का महत्वपूर्ण योगदान होता है। हम स्वच्छ पानी का प्रयोग करें तो हमारी कुछ बीमारियों का निदान स्वयं ही हो जाता है। चैडविक के प्रयत्नस्वरूप 1948 में पब्लिक हेल्थ ऐक्ट पास हुआ था जिसमें स्वास्थ्य कर्मचारियों और सुरक्षा अधिकारियों की नियुक्ति की गयी थी। चार्ली विल्कोक्स (1965) ने स्पष्ट किया है कि लन्दन फिजीसियन ने कौलरा का अध्ययन करने के पश्चात् बताया कि 1948 में महामारी इसी से फैली थी क्योंकि उन क्षेत्रों में पीने का पानी साफ नही था। इसी प्रकार अंग्रेज फिजीसियन विलियम बर्ड ने टाइफाइड ज्वर के बारे में अध्ययन किया था। जॉफरी गोरे, सेचनीदर तथा डोर्नमुसच और स्टेफेन इत्यादि के अध्ययन विशेष रूप से उल्लेखनीय है।

जनांकिकीय घटनाओं का पंजीकरण कराना परिवार के सदस्यों के लिए अनिवार्य होता है। इसलिए इन्हें पंजीकृत समंक भी कहा जाता है। मृत्यु सम्बन्धी घटनाओं के पंजीकरण में मृत्यु की तिथि, माह व वर्ष, लिंग, मृत्यु का कारण, मृत्यु सम्बन्धी स्थान, मृत्यु के समय आयु, मृतक का वास्तविक निवास स्थान, मृत्यु सम्बन्धी प्रमाण पत्र का किस्म, यदि

बाल मृत्यु है तो माँ का निवास स्थान, बालक की आयु, लिंग तथा मृत्यु का कारण इत्यादि का विशेष ध्यान दिया जाता है। मृत्यु का मापन स्वास्थ्य की दशाओं को जानने के लिए किया जाता हैं।

वाराणसी को अध्ययन के सन्दर्भ के रूप में चुनने का प्रधान कारण यह है कि पूर्वाचल में चिकित्सा की अधिकतम सुविधाऐं वाराणसी में उपलब्ध हैं अध्ययन में उन सभी मृत्यु की घटनाओं को सम्मिलित किया गया है जो वाराणसी नगर महापालिका के जन्म-मृत्यु कार्यालय में पंजीकृत हैं।

आज भी बनारस, संस्कृत एवं आधुनिक शिक्षा का केन्द्र है। वाराणसी जनपद उत्तर प्रदेश के पूर्वांचल जनपदों में से एक है। 2001 की जनगणना के अनुसार जनपद का कुल क्षेत्रफल 1550.20 वर्ग कि.मी. है तथा कुल आबादी 31,47,927 जिनमें 16,50,138 पुरूष तथा 14,97,789 स्त्रियां हैं। 2001 की जनगणना के अनुसार साक्षरता दर 67.09 रही जबकि 1991 में 52.4 रहा है।

यद्यपि प्रस्तुत अध्ययन द्वितीयक आँकड़ों पर आधारित है। जनसंख्या अध्ययनों में सामान्यतया द्वितीयक आँकड़ें, जनगणना प्रतिवेदन एवं सरकारी आँकड़ों से प्राप्त किये जाते हैं। प्रस्तुत अध्ययन वाराणसी नगर सम्बन्धित है, अतः पाँच वर्षीय अवधी में वाराणसी नगर महापालिका के जन्म-मृत्यु कार्यालय में पंजीकृत जनवरी 2001 से दिसम्बर 2005 की कालावधि में हुई मृत्यु की समस्त घटनाओं को सम्मिलित किया गया है। इस प्रकार प्रस्तुत अध्ययन का समग्र वाराणसी नगर है और आँकड़ों का स्त्रोत पंजीकृत मृत्यु की घटनायें हैं। विभिन्न वर्षों, आयु-समहु, वर्ष अन्तराल, लैंगिक संयोजन, वैवाहिक स्तर, धार्मिक समूहों तथा विभिन्न बीमारियों के कारण होने वाली मृत्यु की घटनाओं का तुलनात्मक विश्लेषण किया गया है। इस अध्ययन द्वारा सम्बन्धित क्षेत्र की स्वास्थ्य की दशाओं का मूल्यांकन किया गया है।

सन्दर्भ ग्रन्थ सूची

1. काणें, पी. वी, धर्मशास्त्र का इतिहास, एन्सिएन्ट एण्ड मेडिवल रिलिजियस एण्ड सिविल लॉ इन इण्डिया, खण्ड चार, अध्याय तेरह, पृ. 618
2. सिंह, रामलोचन, ए स्टडी इन अरबन जाग्रफी, नन्द किशोर एण्ड सन्स वाराणसी, 1955, पृ. 14
3. यू. पी. डिस्ट्रिक्ट गजेटियर, वाराणसी, 1965, पृ. 2
4. सिंह, रामलोंचन, पूर्वोक्त, पृ. 14-15
5. शेयरिंग, एम. ए., द सेक्रेड सिटी आफ द हिन्दूज देलही, बी. आर. पब्लिकेशिंग कारपोरेशन, 1975, पृ. 19-34
6. भरदोज, जे., काशी और बनारस, 1894, पृ. 5
7. पारकर, ए. ए., हैण्ड बुक आफ बनारस, 1985, पृ. 2
8. हैवल, ई.वी., बनारस द सेक्रेडसिटी, विश्वविद्यालय प्रकाशन वाराणसी, 1990, पृ. 41-50
9. अल्टेकर, ए. एस., हिस्ट्री आफ बनारस, बनारस जर्नल ऑफ बनारस हिन्दू यूनिवर्सिटी, 1937, पृ. 12
10. लोहा, बी. सी., इण्डिया एज डिस्क्राइब्ड इन अर्ली टेक्सट्स ऑफ बुधिज्म एण्ड जैनिज्म, पृ. 42
11. मोतिचन्द, काशी का इतिहास, विश्वविद्यालय प्रकाशन, वाराणसी, 1985, पृ. 160
12. केटलाग ऑफ दि म्यूजियम ऑफ आर्कियोलाजी सारनाथ, पृ. 230
13. जाशी, इंश बसन्ती, स्टेट सम्पादक, यू.पी. गजेटियर वाराणसी, 1965, पृ. 26
14. हरिमानसा, पृ. 29, यद्यपि स्कन्द पुराण के काशी खण्ड में राजा कश के जन्म को काल्पनिक बताया गया है।

15. शिवपुराण, इस पुराण में सभी 12 ज्योतिलिंगों के स्थानों को दर्शाया गया है। सातवें ज्योतिलिंग को बनारस में दिखाया गया है।
16. विकास पुस्तिका (वाराणसी), सूचना एवं जनसंपर्क विभाग उ.प्र., 2005.

तृतीय अध्याय

मृत्यु के कारक एवं निर्धारक

आदि काल से ही मानव मृत्यु की घटनाओं को रोकने एवं उस पर विजय प्राप्त करने के लिए प्रयासरत रहे हैं। पुरा काल से चले आ रहे इसी प्रयास ने औषधि विज्ञान अन्वेषणों के द्वारा विभिन्न प्रकार के जटिल रोगों के कारणों का पता लगाकर एवं चिकित्साशास्त्र को जन्म दिया। आज नए-नए अनुसन्धानों एवं उनके उपचार का प्रयास जारी है। यह सत्य है कि मनुष्य मृत्यु पर तो विजय नहीं प्राप्त कर सका है, परन्तु वह जीवनावधि का विस्तार करने में अवश्य सफल हो गया है। इस तरह, मृत्यु सम्बन्धी घटनाओं के कारणों की खोज का अध्ययन करना महत्वपूर्ण होता है।

अन्य अर्द्धविकसित देशों की भाँति भारत में भी मृत्यु दर ऊँची है। मृत्यु दर को किसी देश की सामाजिक परिस्थितियों तथा अर्थिक विकास के अभिसूचक के रूप में देखा जा सकता है। जनसंख्या में समान्य वृद्धि या तो सामान्य जन्म दर व सामान्य मृत्यु दर के द्वारा हो सकती है अथवा अत्यधिक मृत्यु दर के कारण। यदि किसी देश की जनसंख्या में समान वृद्धि 'अत्यधिक जन्म-दर व अत्यधिक मृत्यु-दर' द्वारा होती है, तो यह उस देश के आर्थिक पिछड़ेपन का परिचायक है। इसके विपरित कम जन्म-दर तथा मृत्यु-दर राष्ट्रीय समृद्धि का अभिसूचक है।

एस.एन. अग्रवाल (1985 : 130) ने मृत्यु क्रम के सम्बन्ध में कहा है कि, "मृत्यु दर को किसी राष्ट्र की सम्पन्नता का सूचक माना जाता

है, जो देश आर्थिक दृष्टि से उन्नत है तथा जहाँ लोगों के रहन-सहन का स्तर ऊँचा होता है, वहीं मृत्यु दर उन देशों की तुलना में जो, आर्थिक दृष्टि से पिछड़े हैं, कम होती है।'' आज जो देश विकशित है; उनकी मृत्युदर लगभग 150 वर्षों पूर्व 35-40 प्रति हजार थी। इन देशों को अपनी मृत्यु दर 10 प्रति हजार से भी कम घटाने में सफलता प्राप्त हुई। विक्टर पैट्रोव (1985 : 145) ने कहा है कि, ''लोगों ने सदैव मृत्यु के कारणों से संघर्ष करने की आवश्यकता का अनुभव किया है, तथा वे एक लम्बे समय तक इस आवश्यकता की पूर्ति की दिशा में कोई प्रगति नहीं कर सके हैं। किन्तु सामाजिक तथा वैज्ञानिक प्रगति के कारण मृत्यु से संघर्ष तथा जीवन को दीर्घायु प्रदान करने में अप्रत्याशित सफलता प्राप्त की है।

जनांकिकी मानव जीवन का संख्यात्मक विश्लेषण है। इसके अर्न्तगत मृत्यु के केवल उन्हीं कारणों की व्याख्या हो पाती है। जिनके सम्बन्ध में आँकड़ें उपलब्ध होते हैं। जनांकिकी के लिए मृत्यु की उन घटनाओं का अध्ययन एवं व्याख्या करना कठिन है जिनके कारण अनिश्चित हो अथवा ज्ञात न हो। मृत्यु के लिए अनेक कारण उत्तरदायी होते हैं। जैसे बीमार, शक्ति क्षीणता, दुर्घटना आदि। इन कारकों के ऊपर नियंत्रण करने से जीवन काल की वृद्धि होती है। संयुक्त राष्ट्र संघ ने मृत्यु के विभिन्न कारणों को अनेक को अनेक श्रेणियों में विभाजित किया है। इनमें से कुछ प्रमुख प्रकार निम्न हैं:

1. प्रथम वर्ग : संक्रामक, पराश्रयी और संबंधी बीमारियाँ
2. द्वितीय वर्ग : कैन्सर
3. तृतीय वर्ग : परिसंचार प्रणाली की बीमारियाँ
4. चतुर्थ समूह : हिंसा से मृत्यु
5. पंचम समूह : अन्य बीमारियाँ – मधुमेह, जन्म के प्रथम सप्ताह में होने वाली बीमारियाँ।

प्रथम वर्ग में संक्रामक, पराश्रयी और श्वास सम्बन्धी बीमारियाँ सम्मिलत की जाती हैं। विश्व के विकसित देशों ने संक्रामक रोग जैसे–मलेरियाँ, चेचक, हैजा, टाइफाइड, टी.बी. आदि में प्राय: विजय पा

ली है। परन्तु विकासशील देशों में इस सम्बन्ध में स्थिति अभी संतोषजनक नहीं है।

मृत्युक्रम को प्रभावित करने वाले कारक

मृत्युक्रम को प्रभावित करने वाले बहुत से घटक हैं, जिनको मोटे तौर पर तीन भागों में बांटा जा सकतर है, जैसा कि चार्ट में दर्शाया गया है:

मृत्युक्रम को प्रभावित करने वाले घटक

1. मृत्युक्रम में अधिकता लाने वाले घटक
   - सामाजिक व आर्थिक पिछाड़पन
   - प्राकृतिक कारक
   - महामारी
   - शहरों की दशा
2. मृत्युक्रम को नियंत्रित करने वाले घटक
   - आर्थिक विकास एवं आय में वृद्धि
   - सामाजिक सुधारों का प्रभाव
   - स्वयं की स्वच्छता एवं वातावरण का प्रभाव
   - जनस्वास्थ्य कार्यक्रमों का विकास
3. मृत्युक्रम में विभिन्नता के कारण
   - भौगोलिक भिन्नता
   - नगरीय-ग्रामीण भिन्नता
   - औद्योगिक वातावरण
   - आय
   - व्यवसाय
   - आनुवंशिकता
   - वैवाहिक स्तर

मृत्युक्रम में अधिकता लाने वाले घटक:

अधिकतम मृत्यु दर एशिया एवं अफ्रीका के विकासशील देशों की विशेषता रही है। मृत्युक्रम को बढ़ाने में योगदान करने वाले कुछ प्रमुख घटक हैं।

शिक्षा एवं स्वास्थ्य सुविधाओं का अभाव, रहन-सहन का निम्न स्तर (प्रति व्यक्ति आय का कम होना), पुरुषों के बड़े भाग का कृषि

व्यवसाय में लगे रहना, कुछ ऐसे घटक हैं जिनसे मृत्यु दर में अधिकता का सम्बन्ध पाया जाता है। इस प्रकार के निष्कर्ष व्यावहारिक आँकड़ों पर आधारित हैं। अर्द्धविकसित देशों में अधिक मृत्यु दर होने का कारण यही पाया गया है कि यहाँ आवास की व्यवस्था अपर्याप्त है, गंदगी एवं संक्रामक रोगों की रोकथाम के लिए पर्याप्त सुविधाएं नहीं हैं, लोगों को पौष्टिक भोजन नहीं मिलता है।

प्राकृतिक कारणों, जैसे – अकाल, बाढ, भूकम्प, युद्ध से भी मृत्यु दर में वृद्धि होती है। उन्नीसवीं शताब्दी के मध्य में यूरोपीय जनसंख्या को लगातार कई अकालों का समाना करना पड़ा था। सन् 1000 से 1855 के बीच पश्चिमी यूरोप में 450 से भी अधिक अकाल पड़े थे। सन् 1740 से 1800 के बीच 60 वर्षो में स्कैन्डिनेवियन देशों में 9 बार फसलों को भीषण क्षति पहुँची। नार्वे में 1941 के आसपास प्रत्येक 15 व्यक्तियों में से 1 की मृत्यु होने लगी थी, जिसका मुख्य कारण फसलों की क्षति थी।

भारत के भूज क्षेत्र में आये भूकम्प से भी काफी लोगों की मृत्यु हुई थी, सुमात्रा तथा सुनामी से तो विश्व के मानचित्र में भी परिवर्तन देखने को मिलता है। प्राकृतिक कारणों से तो लोगों को मृत्यु से बचने के लिए प्रयास तो किया जा रहा है लेकिन उसमें पूर्ण सफलता प्राप्त नहीं हो सकी है। अकाल और बाढ, जनसंख्या के सभी वर्गो को प्रभावित करती है, जबकि युद्ध के कारण सामान्यतया वयस्क पुरुषों में मृत्यु संख्या की वृद्धि होती है।

मानव जाति महामारी से भी निरंतर पीड़ित होती रही है, यद्यपि इस पर काफी नियंत्रण कर लिया गया है। कुछ समय पहले तक प्लेग, हैजा, चेचक, टाइफाइड आदि के कारण मृतकों की संख्या में काफी वृद्धि हो जाती थी। उदाहरण के लिए यूरोप की जनसंख्या का चौथाई भाग भीषण प्लेग में समाप्त हो गया था। उन्नसवीं शताब्दी के आरम्भ में स्कैन्डिनेवियन देशों में कुल मृत्यु में से 10 प्रतिशत चेचक एवं टाइफाइड के कारण हुआ करती थी। टाइफाइड एक प्रकार का

संक्रामक ज्वर होता है, जो कि यूरोप में सत्रहवीं शताब्दी से लेकर उन्नीसवीं शताब्दी के अन्त तक मृत्युक्रम में योगदान देता रहा।

बीसवीं शताब्दी के पहले तक यूरोप में गाँवों की अपेक्षा शहरों में मृत्यु दर अधिक थी। शहरों में मृत्यु दर की अधिकता कुछ देशों में 19वीं शताब्दी के अन्त तक पाई गयी थी। इसका कारण यह था कि उस समय के शहरों में गन्दगी, घुटन काम करने के स्थान का दूषित वातावरण अपनी चरम सीमा पर था। जिसके कारण शहरों में गाँवों की अपेक्षा बीमारियाँ शीघ्र फैल जाती थीं, साथ ही कारखानों का वातावरण अपर्याप्त रोशनी और अधिक तापमान के कारण उपयुक्त भी नहीं था, जिसके कारण दुर्घटनाएं अधिक हुआ करती थीं। लेकिन शहरीकरण के बढ़ने के साथ-साथ मृत्युक्रम में कमी आयी है, क्योंकि सार्वजनिक स्वास्थ्य सेवाओं पर पर्याप्त ध्यान दिया जाने लगा है।

मृत्युक्रम को नियंत्रित करने वाले घटकः

उपर्युक्त घटकों से मृत्यु दर बढ़ती है। वर्तमान समय में अधिकतर देशों में मृत्यु दर घट रही है। पिछली शताब्दी में बढती हुई मृत्यु दर को नियंत्रित करके उसको बहुत कम कर देना एक अविश्सनीय उपलब्धि रही है। अतः हमें उन कारकों को समझना चाहिए, जो मृत्युक्रम में गिरावट लाते हैं। जनांकिकी अध्ययनों के आधार पर मृत्युक्रम में गिरावट आने के निम्नलिखित कारण हैं।

यूरोपीय देशों में 18वीं शताब्दी से मृत्युक्रम में गिरावट लोगों की आर्थिक स्थिति सुदृढ़ होने के फलस्वरूप हुई है। यूरोपीय देशों के तीव्र औद्योगिकरण के कारण वहाँ के निवासियों की आर्थिक स्थिति काफी सुदृढ़ हो गयी। स्वास्थ्य की दृष्टि से इस प्रकार के विकास का विशेष महत्व है। आय बढ़ने के कारण लोगों के जीवन स्तर में सुधार हुआ, जिससे उनका स्वास्थ्य सुधारा और आय बढ़ने के कारण सार्वजनिक स्वास्थ्य सेवाओं में सुधार हुआ तथा महामारियों पर भी नियंत्रण कर लिया गया, जिसके कारण मृत्यु दर में काफी कमी आयी। इस प्रकार

विकाशील देशों में भी 1920 के बाद आर्थिक विकास से अप्रत्यक्ष अथवा प्रत्यक्ष रूप से मृत्यु दर को नियंत्रित करने में सफलता मिली।

19वीं शताब्दी के मध्य में शहरों के पर्यावरण में काफी सुधार किया गया तथा कार्य की दशाओं में बड़े क्रांतिकारी परिवर्तन किए गये, जिसका अच्छा प्रभाव लोगों के स्वास्थ्य पर पड़ा। इंग्लैण्ड एवं संयुक्त राज्य अमेरिका में अनेकों सरकारी आयोग बनाए गये, जिन्होंने स्वास्थ्य एवं सफाई सुविधा के सर्वेक्षण किए। इन सर्वेक्षणों के परिणामों के आधार ही अनेकों स्वास्थ्य एवं सफाई संबंधी कानून बनाए गये थे और बहुत सी स्वास्थ्य सेवा इकाइयों की स्थापना की गयी थी। कल-कारखानों के भौतिक वातावरण में सुधार किए गये।

19वीं शताब्दी से ही स्वयं की स्वच्छता और वातावरण को स्वच्छ रखने वाली संस्थाओं का उपयोग शुरू हो गया था। पानी में क्लोरीन मिलाने का प्रयत्न 19 वीं शताब्दी के अंत तक हो गया था। पानी के शुद्धिकरण के उद्देश्य से वाटर-फिल्टर का प्रयोग प्रारम्भ हो गया था। पानी में शुद्धता और सफाई के फलस्वरूप पेचिस, प्लेग, हैजा, पीलिया जैसे रोगों से होने वाली मृत्युओं पर नियंत्रण किया जा सका। 19 वीं शताब्दी के पहले तक साबुन को विलासिता की वस्तु माना जाता था, लेकिन स्वयं की स्वच्छता रखने के उद्देश्य से साबुन का प्रयोग सामान्य हो गया था। इसी प्रकार से वातावरण की स्वच्छता पर भी ध्यान दिया जाने लगा। उदाहरण के लिए कूड़ा एवं गंदगी साफ करने के लिए सरकारी संस्थाओं की स्थापना की गयी थी। शिविर आदि के निर्माण में खुली तथ गंदी नालियाँ साफ कर दी गयी थीं। इस प्रकार स्वयं की एवं वातावरण की स्वच्छता का मृत्यु दर को घटाने में काफी प्रभाव पड़ा।

19वीं शताब्दी के बाद से मृत्यु दर में जो उल्लेखनीय कमी आयी है, उसका प्रमुख कारण चिकित्सा विज्ञान का विकास और सार्वजनिक स्वास्थ्य सेवाओं में पर्याप्त सुधार है। जिसके कारण एक ओर तो संक्रामक रोगों से होने वाली मृत्यु को नियंत्रित कर लिया गया और दूसरी ओर लोगों के स्वास्थ्य में सुधार हुआ।

मृत्युक्रम के विभिन्न कारण:

जिस प्रकार से विभिन्न देशों की मृत्युक्रम अलग-अलग होती है, उसी प्रकार से देश के अन्दर की जनसंख्या के विभिन्न वर्गो में मृत्यु दर अलग-अलग होती है। यह भिन्नता भौगोलिक, व्यावसायिक एवं आय की विभिन्नताओं के कारण हो सकती है। मृत्युक्रम में भिन्नता के प्रमुख कारण निम्नलिखित हैं:

किरिक एवं डब्लिन आदि के अध्ययनों से स्पष्ट होता है कि एक ही देश अथवा प्रदेश के विभिन्न क्षेत्रों की मृत्यु दर एक समान नहीं होती। मृत्यु दर में भौगोलिक भिन्नता, जलवायु, शहरीकरण, आय, व्यावसयिक ढाँचा एवं अन्य सामाजिक एवं आर्थक भिन्नताओं के कारण होती है।

इतिहास इस बात का साक्षी है कि प्राचीन समय में ग्रामीण मृत्यु दर नगरीय मृत्यु दर की अपेक्षा नीची रही है। परन्तु विगत वर्षो में विकसित देशों में नगरीय-ग्रामीण मृत्यु दर का अन्तर कम होता जा रहा है। परन्तु प्रो. डार्न का यह मत है कि मृत्यु दर को ग्रामीण और नगरीय वर्गों में वर्गीकृत करना एक क्लिष्ट कार्य है। क्योंकि अधिकांश ग्रामीण स्वास्थ्य बहुत खराब होने पर नगरों के अस्पताल में चले जाते हैं और वहाँ उनकी मृत्यु होती है। इस प्रकार वे ग्रामीण मृत्यु दर को तो खत्म कर देते हैं, परन्तु नगरीय मृत्यु दर को बढ़ा देते हैं।

प्रो. गुराल्निक ने उद्योग के अनुसार मृत्यु दरों की भी गणना की है। प्रो. गुराल्निक के अध्ययन के अनुसार व्यापार में आत्महत्याओं की घटनाऐ अधिक होती हैं, खनिज उद्योग में टी.बी. का दबाव अधिक होता है, निर्माण व यातायात आदि में दुर्घटनाएँ अधिक होती हैं, यातायात में लीवर का दोष अधिक पाया जाता है। प्रो. गुराल्निक द्वारा उद्योग के अनुसार जो प्रमाणिता मृत्यु दरें निकाली गयी हैं, वे इस प्रकार हैं:

सारणी 3.1: औद्योगिक वातावरण में प्रमापित मृत्यु दरें

उद्योग	*प्रमापित मृत्यु दर*
कृषि, वन एवं मत्स्य पालन	97
खनिज	125
निर्माण	119
वस्तु निर्माण	92
यातायात एवं संवाद वाहन	124
थोक एवं खुदरा व्यापार	99
वित्त, बीमा एवं सम्पदा उद्योग	94
व्यापार एवं मरम्मत उद्योग	110
वैयक्ति सेवाएँ	122
मनोरंजन सेवाएँ	135
व्यवसायी (सेवा निर्माण कर्ता)	83
नागरिक प्रशासन	93

स्रोत: जनांकिकीय अध्ययन के प्रारूप, हिमालय पब्लिशिंग हाऊस, मुम्बई, 1999

मृत्यु दर को प्रभावित करने वाला सबसे महत्वपूर्ण चर आय है। विभिन्न अध्ययनों से यह स्पष्ट होता है कि विभिन्न वर्गों में मृत्यु दर का अन्तर उनकी कुल आर्थिक स्थिति के अन्तर का ही परिणाम है। और यह उन समुदायों के प्रति व्यक्ति आय और उपयोग के स्तरों में प्रतिबिम्बित होता है। ऐसा पाया गया है कि जब उपभोग और आय का एक न्यूनतम स्तर प्राप्त हो जाता है, तो उसके पश्चात् मृत्यु दर पर आय के अन्तर का अधिक प्रभाव नहीं पड़ता है।

कुशल श्रमिकों और विभिन्न व्यवसायों में लगे हुए लोगों की अपेक्षा अकुशल श्रमिकों और गैर-कृषि श्रमिकों में मृत्यु दर ऊँची होती है। लिलयन गुराल्निक ने 25-51 वर्ष की आयु के मृतकों का व्यवसायवार वर्गीकरण कर प्रमापित मृत्यु दर निकाली, जो निम्न प्रकार थी।

सारणी 3.2: व्यवसाय के आधार पर प्रभावित मृत्यु दर की गणना

व्यवसाय	*प्रमापित मृत्युदर*
कुल व्यवसाय	100
व्यवसायी व्यक्ति	79
तकनीकी प्रशानिक एवं प्रबन्धक वर्ग	83
क्लर्क आदि कुशल श्रमिक	94
अर्द्ध-कुशल व्यक्ति	101
गैर-कृषि श्रमिक	167
कृषि श्रमिक	96

स्रोत : जनांकिकीय अध्ययन के प्रारूप, हिमालय पब्लिशिंग हाऊस, मुम्बई, 1999

पश्चिमी देशों में मृत्यु क्रम में व्यावसायिक अन्तर अब घट रहा है। यह कहा जाता है कि मृत्युक्रम में व्यावसयिक अन्तर मृख्यत: व्यवयसाय के कारण नहीं, बल्कि उन व्यवसायों से संबधित विभिन्न जीवन स्तरों के कारण है। इसके समर्थन में यह तथ्य प्रस्तुत किया जाता है कि पति और पत्नी की मृत्यु दर का अनुपात समान है।

मरणांक या मृत्युक्रम पर आनुवंशिकता का भी प्रभाव पड़ता है। बीटोन्स, पियर्सन, होल्मस, बेल विल्सन और डोइरिंग ने यह परिणाम प्राप्त किया है कि माता-पिता और बच्चों की उत्तरजीविता में धनात्मक सह-संबंध है। रेमण्ड पर्ल का यह मानना है कि यही चर सर्वाधिक महत्वपूर्ण है।

प्राय: यह देखने में आता है कि अविवाहित, विधुर, विधवा अथवा तलाकशुदा व्यक्तियों में विवाहित व्यक्तियों की तुलना में मृत्यु दर अधिक होती है। यह अन्तर सभी आयु वर्गों में पाया जाता है। प्रो. शर्टलैफ ने पुरुष एवं स्त्रियों की मृत्यु दरों का अलग-अलग अध्ययन कर यह निष्कर्ष निकाला है कि विवाहितों की अपेक्षा

अविवाहितों में मृत्यु दर प्रत्येक आयु वर्ग में अधिक है, किन्तु विवाहित एवं अविवाहितों के बीच मृत्यु दर का अन्तर स्त्रियों में कम और पुरुषों में अधिक है।

विवाहितों में मृत्यु दर अविवाहितों की तुलना में कम होने के कारण यह है कि सामान्यतया विवाहित जीवन व्यतीत करने में स्वास्थ्य की देखभाल अच्छी होने लगती है। भोजन की व्यवस्था सुधर जाती है और परस्पर कर्त्तव्य एवं दायित्व की भावना प्रत्येक को स्वास्थ्य के प्रति जागरूक बना देती है। इसके विपरित अकेले रहने वाला व्यक्ति लापरवाह, व्यसनी आदि हो जाता है। फलतः मृत्यु की संभावना अधिक हो जाती है।

विकसित राष्ट्रों में प्रायः पुरुषों में मृत्यु दर स्त्रियों की अपेक्षा ऊँची है। संभवतः इसका एक कारण यह हो सकता है कि पुरुषों को व्यावसायिक और औद्योगिक जोखिम वहन करना पड़ता है। पश्चिमी देशों में स्त्रियों देशों में स्त्रियों और पुरुषों के जीवन मूल्यों और जीवन के तरीकों में भी काफी अन्तर है, जिसके कारण भी पुरुषों में मृत्यु दर अधिक हो सकती है।

भारत में मृत्यु के कारण

भारतवर्ष में मृत्यु के कारणों सम्बन्धी आँकड़ों के विश्वनीय होने पर यह आवश्यक नहीं है कि उनसे अस्वस्थता सम्बन्धी दशाओं का ज्ञान भी ठीक-ठीक हो सके। क्योंकि विभिन्न बीमारियों में मरने वालों की संख्या में भी भिन्नता पाई जाती है। भारत में कुछ नगरों को छोड़कर, जहाँ मृत्यु के कारणों का डाक्टरी प्रमाण-पत्र आवश्यकता होता है, वहाँ मृत्यु लेखन की दशा सन्तोषजनक नहीं है। पंजीकरण समंकों के आधार पर मृत्यु के आँकड़े सारणी में दर्शाये गये हैं।

सारणी 3.3 कुल मृत्युओं के प्रतिशत के रूप में कारणनुसार मृत्यु (1921-73)

कारण	*1921-31*	*1931-41*	*1941-51*	*1960*	*1962*	*1964*	*1973*
मलेरिया	59.1	58.4	58.1	58.1	38.4	37.7	32.4
कालरा	3.6	2.4	1.1	1.8	0.3	0.8	0.3
चेचक	1.2	1.1	4.0	0.9	1.0	0.9	0.6
प्लेग	2.6	–	0.3	–	–	–	–
डीसेन्ट्री/डायरिया	3.6	4.2	4.4	0.5	5.1	4.8	4.4
श्वास संबंधी रोग	–	8.3	8.2	4.1	8.8	8.9	9.4
अन्य सभी कारण	–	25.8	23.9	34.6	46.4	46.9	52.9

स्रोत: मृत्यु के कारण पर सर्वेक्षण, 1989 नयी दिल्ली

भारत में विभिन्न कारणों से मृत्यु की घटनाओं पर बहुत कम विश्वस्त सूचनाएं प्राप्त हैं फिर भी हमारे देश में मृत्यु दर ऊँची रहने के कुछ सामान्य कारण इस प्रकार हैं:

कुपोषण प्राय: गरीबी, भोजन सम्बन्धी आदतों, सामाजिक एवं धार्मिक रुढ़िवादिता, अज्ञानता, दुर्व्यसन तथा प्रदूषण आदि के फलस्वरूप होने वाला मनुष्य कृत रोग होता है।

संक्रामक रोग के फैलने के प्रमुख कारण है। सामाजिक, आर्थिक, पर्यावरण जलवायु, संक्रामक बीमारियाँ आदि। संयुक्त राष्ट्र संघ ने मृत्यु के समस्त कारकों को पाँच समूहों में विभाजित किया है।

1. संक्रामक, पराश्रयी तथा श्वास सम्बन्धी बीमारियाँ
2. कैंसर
3. परिवहन तंत्रीय बीमारियाँ
4. हिंसा से मृत्यु
5. उदर सम्बन्धी बीमारियाँ

भारत में ऊँची मृत्यु-दर का कारण तरह-तरह की बीमारियाँ, जैसे–हैजा, प्लेग, क्षय, मलेरिया, इन्फ्लुएन्जा, चेचक, फाइलेरिया व कोढ़ आदि की प्रधानता है। विश्व में 600 मिलियन लोग मलेरिया से

पीड़ित होते हैं। जिनमें 1.3 भारत के हैं। केवल 1911 से 18 के मध्य भारत में प्लेग से 42 लाख लोग मरे। डॉ. यूकिल के अनुसार क्षय रोग से औसतन 10000 के पीछे 171 से 290 तक मृत्यु भारत में होती है। इसी प्रकार विभिन्न बीमारियों से भी मृत्यु-दर होती है।

भारत वर्ष के विस्तृत क्षेत्र एवं यहाँ की जनसंख्या के आकार तथा उनकी निर्धनता को देखते हुए हमारे देश में स्वास्थ्य एवं चिकित्सा सम्बन्धी सुविधाओं का अभाव है। हमारे देश में प्रतिवर्ष प्रतिव्यक्ति के पीछे लगभग 2 रुपये सार्वजनिक स्वास्थ्य सुविधाओ पर व्यय किए जाते हैं, जबकि स्वीडन में यही राशि 190 रुपये और अमेरिका में 140 रुपये है। एक रिपोर्ट के अनुसार हमारे देश में औसतन 7 हजार व्यक्ति के पीछे केवल एक ही डॉक्टर है। 1990 में भारत में प्रति एक लाख व्यक्तियों में डॉक्टरों की संख्या 41 है, जबकि सं. रा. अमेरिका में 238, जर्मनी में 270. कनाडा में 222, आस्ट्रेलिया में 229, ब्रिटेन में 164, रूस में 476 तथा चीन में 99 है। यहाँ दवाइयों की भी कमी है तथा इलाज इतना मँहगा है कि साधारण व्यक्ति सामान्यतया डॉक्टर की फीस एवं दवाइयों का व्यय वहन करने में अपने-आपको असमर्थ पाता है। सुविधाओं के अभाव कारण मृत्यु-दर ऊँची होना स्वाभाविक है। हमारे देश में बहुत से नीम-हकीम डॉक्टर व वैद्य का कार्य करते हैं जिनकी दोषपूर्ण चिकित्सा भी मृत्यु-दर की वृद्धि में सहायक होती है। हमारे देश में कहीं न कहीं दुर्घटना अक्सर होती है। जिसमें रेल, बस, सड़क, दुर्घटना, विस्फोट तथा प्राकृतिक दुर्घटनाओं से भी मृत्यु दर में भी वृद्धि होती है।

भारत का सबसे बड़ा अभिशाप निर्धनता है, जिसके कारण हमारे देश में अधिकांश व्यक्तियों की कुछ न्यूनततम आवश्यकताएं जैसे- भोजन, वस्त्र तथा आवास भी अपूर्ण रह जाती हैं। इन साधनों के अभाव में भारतीयों की जीवन शक्ति कम हो जाती है और वे शीघ्र ही अनेक प्रकार की बीमारियों के शिकार हो जाते हैं। साधनों के अभाव में उनके

लिए बीमारियों से मुक्ति प्राप्त करने के लिए चिकित्सा कराना सम्भव नहीं हो पाता। जिसके फलस्वरूप अधिकांश भारतीय असामायिक मृत्यु के शिकार हो जाता है। यही कारण है कि भारत में मृत्यु-दर ऊँची है।

भारत में ऊँची मृत्यु दर का कारण यहाँ समय-समय पर आने वाली प्राकृतिक आपदाएं भी हैं। बाढ़, सूखा, आकाल, भूकम्प, तूफान आदि प्राकृतिक विपतियाँ समय-समय पर आती हैं जिससे प्रति वर्ष हजारों व्यक्ति मारे जाते हैं। भारत एक ऐसा देश है, जो अभी भी अपनी आवश्यकताओं के लिए प्रकृति पर आधारित है। साथ ही उसवे पास इतने वैज्ञानिक साधन भी नहीं हैं, जिनकी सहायता से प्राकृतिक विपदाओं को कम किया जा सके। अभी हाल के वर्षो में बाढ़ के कारण कई हजार लोग मृत्यु के शिकार हो गए थे।

हमारे देश में आज भी अशिक्षितों का प्रतिशत बहुत अधिक है। शिक्षा के आभाव में लोग अस्वस्थ्यकर, बुरी आदतों के शिकार हैं और स्वास्थ्य के नियमों को नहीं जानते हैं। उन्हें बीमारियों, अनेक कारणों एवं उपचार सम्बन्धी सामान्य बातों का ज्ञान नहीं होता। भोजन में विटामिन व प्रोटीन आदि के महत्व को नहीं समझते फलतः तरह-तरह की बीमारियों से ग्रस्त होकर मृत्यु को प्राप्त होते हैं।

हमारे देश में बहुत कम उम्र में विवाह करने की प्रथा पाई जाती है, जिसके कारण लगभग 12 वर्ष की उम्र के लड़के-लड़कियों (विशेषकर ग्रामों में) की शादी कर जाती है। अपरिपक्व अवस्था में विवाह हो जाने तथा कम उम्र में ही यौन सम्बन्धों में रत हो जाने व मातृत्व धारण कर लेने के कारण लोग एक तो स्वयं रोगी हो जाते हैं दूसरे दुर्बल, रोगी व अल्पायु सन्तानों को जन्म देते हैं। जिससे भी देश की मृत्यु-दर बढ़ती है। चूंकि छोटी आयु में विवाह हो जाने के कारण सन्तानोत्पति ही अधिक नहीं होती, बल्कि बच्चों के जन्म में अन्तर भी कम होता है, फलतः माता का स्वास्थ्य स्तर गिर जाता है, व दुर्बल होकर बीमारियों का शिकार हो जाती है और उनमें से अधिकांश मृत्यु को प्राप्त होती है।

भारतवर्ष में मृत्यु दर के अधिक होने का एक मुख्य कारण बच्चा पैदा होने के समय बहुत सी माताओं की असामायिक मृत्यु का होना है। यहां पर मृत्यु दर ऊँची होने के मुख्य कारण-निर्धनता, कम उम्र में शादी होना, प्रसव से संबद्ध असुविधाएँ आवश्यक ज्ञान का अभाव बार-बार बच्चे पैदा होना, असंतुलित आहार, स्त्रियों के प्रति उपेक्षित दृष्टिकोण, चिकित्सा की सुविधाओं का अभाव इत्यादि।

हमारे देश में आज भी अधिकांश जनता अज्ञानी, अंधविश्वासी तथा अनेक प्रकार की अस्वास्थ्यकर सामाजिक आदतों का शिकार है जिनके कारण भी मृत्यु दर अधिक है। बच्चों के पालन-पोषण के उचित ज्ञान के अभाव में शिशु मृत्यु दर अधिक है। बिमारियों को भूत-प्रेतों व देवी-देवताओं के प्रकोप का कारण मानते हुए उनकी उचित चिकित्सा न कराकर जादू-टोना व झाँड़-फूँक का सहारा लेते हैं जिससे लोगों की मृत्यु तक हो जाती है। बाल-विवाह व पर्दा-प्रथा तथा सामाजिक प्रचलनों के कारण स्त्रियाँ शीघ्र ही तरह-तरह की बीमारियों का शिकार हो जाती हो जाती हैं। और चिकित्सा के अभाव में मृत्यु हो जाती है।

सारणी 3.4: भारत में शिशु मृत्यु दर

अवधि	*शिशु मृत्यु दर (प्रति हजार)*		
	लड़का	*लड़की*	*संयुक्त*
1881-1891	272.60	239.6	257
1891-1901	285.4	258.8	272
1901-1911	290.0	284.6	287
1911-1921	302.0	279.0	291
1921-1931	248.0	232.3	241
1931-1941	218.0	204.0	211
1941-1951	190.0	175.0	183
1951-1961	153.2	138.3	146

1961–1971	130.1	128.4	129
1971–1981	86.0	82.0	84
1981–1991	74.0	79.0	77
1999	71.0	70.0	70

Source: Registrar of India, Sample Registration system, Statistical Report.
स्रोत: सिन्हा एण्ड सिन्हा, जनांकिकी के सिद्धान्त, 2005, पृ. 359.

यदि विश्व के विकसित देशों में भारत की शिशु मृत्यु की तुलना की जाये तो आज भी भारत की शिशु मृत्यु दर बहुत अधिक है विश्व के प्रमुख विकसित देशों में शिशु मृत्यु दर निम्न है:

सारणी 3.5 विश्व के प्रमुख देशों में शिशु मृत्यु दरें (1999)

विकसित देश	*शिशु मृत्यु दरें (प्रति हजार)*	*विकाशील देश*	*शिशु मृत्यु दरें (प्रति हजार)*
आस्ट्रेलिया	5	इराक	103
इंग्लैण्ड	6	भारत	70
स्वीडन	3	चीन	33
स्पेन	6	बांग्लादेश	58
जर्मनी	5	नेपाल	75
नीदरलैण्ड	5	पाकिस्तान	84
स्विट्जरलैण्ड	3	कम्बोडिया	86
अमेरिका	7	इथोपोपिया	118
कनाडा	6	मलावी	132
फ्रांस	5	युगांडा	83
बेल्जियम	6	दक्षिण अफ्रीका	54
जापान	4	ईरान	37

Source: Human Development Report - 2001, pp. 166-169.
स्रोत–सिन्हा एण्ड सिन्हा, जनांकिकी के सिद्धान्त, 2005, पृ. 360.

भारत में ऊँची मृत्यु-दर का एक कारण शिशु मृत्यु-दर का ऊँचा होना भी है। हमारे देश में प्रति हजार शिशु मृत्यु-दर 1971 में 129 थी, जो अन्य देशों की तुलना में बहुत अधिक है। शिशुओं की ऊँची मृत्यु-दर के लिए निम्न कारण उत्तदायी कहे जा सकते हैं– बाल-विवाह, व्यापक निर्धनता, प्रसव सम्बन्धी सुविधाओं का आभाव, अज्ञानता, पौष्टिक व संतुलित आहार की कमी कुशल दाईयों का अभाव, माँ और जीवन-शक्ति में कमी तथा रूढ़ियाँ एवं अंधविश्वास आदि हैं।

शुद्ध पेयजल की समस्या तथा गंदे पानी के निकास की उचित व्यवस्था का अभाव शिशु कल्याण केन्द्रों की कमी, शिशु मृत्युओं के कारण– इसे दो वर्गों में विभाजित किया जाता है।

1. अन्तर्जात कारण-पूर्व परिपक्वता, जन्म के समय ही कु-रचित, जन्म की चोटें, जन्म के बाद दम घुटना, जीवन के प्रारम्भिक दिनों में ही कुव्यवस्थित पालन-पोषण।
2. बहिर्जात कारण-निमोनिया, संग्रहणी, आन्त्र-प्रदाह, अतिसार, गैस्ट्रिक, दुर्घटना, संक्रामित पराश्रयी रोग।

इन उपर्युक्त कारणों से भारत में मृत्यु दर आज भी विकसित देशों से अधिक बनी हुई है। कुछ वर्षो से स्वास्थ्य, सफाई, शिक्षा व चिकित्सा सेवाओं में वृद्धि व प्रसार तथा महामारियों पर नियंत्रण आदि के कारण मृत्यु दर में निरन्तर ह्रास हो रहा है।

मृत्यु के कारणों का चिकित्सकीय प्रमाणिकता में राज्यों/केन्द्र शासित राज्यों का क्रम

2001 के दौरान मृत्यु के कारणों का चिकित्सकीय प्रमाणिकता में त्रिपुरा पहले क्रम पर, गोवा दूसरे क्रम पर और अण्डमान एवं निकोबार तीसरे क्रम पर आता है। बड़े राज्यों में महाराष्ट्र में मृत्यु के कारण की चिकित्सकीय प्रमाणिकता का स्तर सबसे अधिक देखा गया जो कि मृत्यु के कारणों की प्रमाणिकता में नवें क्रम पर आता है। सारणी 3.6 राज्यों/केन्द्र शक्ति राज्यों का चिकित्सकीय प्रमाणिक्ता का क्रम दिखाया गया

है। जांचित सभी 24 राज्यों केन्द्र शसित राज्यों के मृत्यु के कारण की चिकित्सकीय प्रमाणिकता इस प्रकार है:

Chart 1: Ranking of stateèkuts in percentage of Medically Certified Deaths-2001

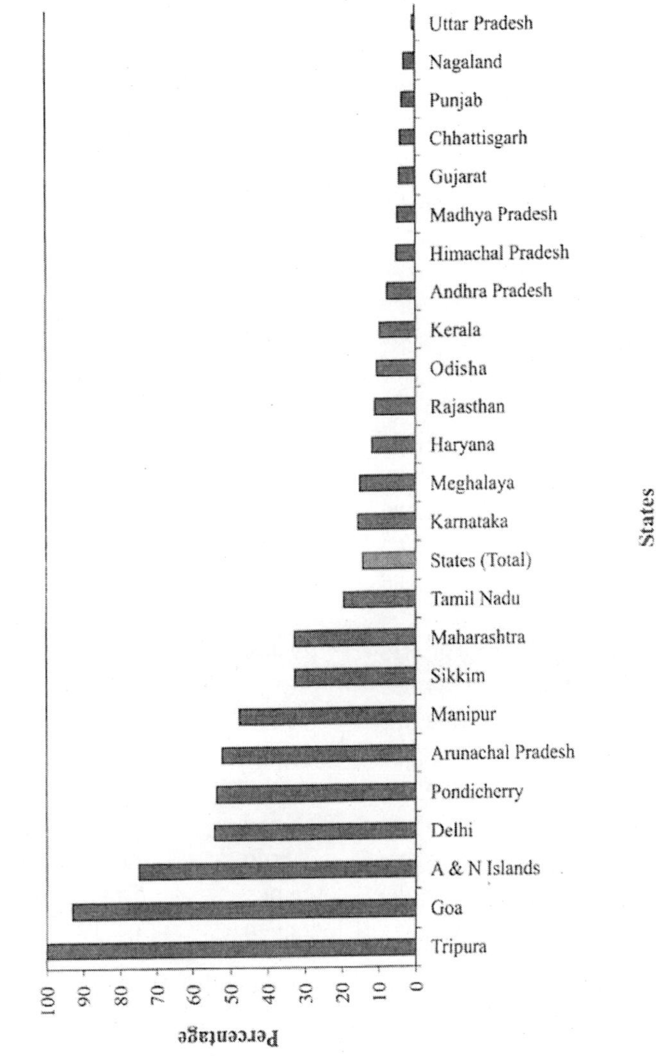

Table 3.6: Ranking of States/UTs in the medical certification of cause of death during 2001

States / UTs	*Total Registered Deaths*	*Medically Certified Certified Deaths*	*Percentage of Medically Deaths*	*Rank of States / UTs*
Tripura	13,439	13,439	100.0	**1**
Goa	11,235	10,460	93.1	**2**
A & N Islands	1,233	924	74.9	**3**
Delhi	81,100	43,911	54.1	**4**
Pondicherry	9,119	4,885	53.6	**5**
Arunachal Pradesh	1,792	937	52.3	**6**
Manipur	2,880	1,367	47.5	**7**
Sikkim	1,532	503	32.8	**8**
Maharashtra	528,808	173,026	32.7	**9**
Tamil Nadu	387,451	75,140	19.4	**10**
Karnataka	365,181	57,475	15.7	**11**
Meghalaya	8,093	1,211	15.0	**12**
Haryana	114,136	13,513	11.8	**13**
Rajasthan	250,985	27,434	10.9	**14**
Odisha	236,198	24,450	10.4	**15**
Kerala	182,059	17,901	9.8	**16**
Andhra Pradesh	359, 615	27,449	7.6	**17**
Himachal Pradesh	34,980	1,814	5.2	**18**
Madhya Pradesh	293,927	14,446	4.9	**19**
Gujarat	250,017	10,961	4.4	**20**
Chhattisgarh	122,332	4,86	4.0	**21**
Punjab	152,666	5,597	3.7	**22**
Nagaland	5,614	169	3.0	**23**
Uttar Pradesh	293,623	2,062	0.7	**24**
Total	**3,708,015**	**533,920**	**14.4**	

Source: Medical Certification of Cause of Death 2001.

मृत्यु के कारण की चिकित्सकीय प्रमाणिकता में विकास

वर्ष 1986 से 2001 के लिए मृत्यु के कारण की चिकित्सकीय प्रमाणिकता पर केसों के निश्चित संख्या में एक महत्वपूर्ण दीर्घ–कालिक विकास दर्शाता है। इस प्रकार चिकित्सकीय प्रमाणिकता के तहत राज्यों की संख्या में महत्वपूर्ण बढोतरी हुई है। चिकित्सकीय प्रमाणित मृत्यु की सहभागिता कुल पंजीकृत मृत्यु में इन वर्षो के दौरान लगभग 15 प्रतिशत है। पिछले 16 वर्षो के दौरान मृत्यु के कारण की चिकित्सकीय प्रमाणिकता में विकास नीचे दिया गया है।

Table 3.7 : Growth in the Medical Certification of Cause of Death

Year	*No. of States / UTs Impleme-nted MCCD Scheme*	*Total Number of Registered Deaths*	*No. of Medically Certified Deaths*	*Percentage of Medically Certified Deaths to Total Registered Deaths*
1	*2*	*3*	*4*	*5*
1986	15	1,964,467	265,328	13.5
1987	15	1,991,910	324,132	16.3
1988	17	2,449,411	351,782	14.4
1989	16	2,107,814	332,440	15.8
1990	16	2,369,727	346,285	14.6
1991	16	2,619,218	384,292	14.7
1992	16	2,744,664	376,512	13.7
1993	16	2,862,545	364,103	12.7
1994	16	2,792,399	374,141	13.4
1995	17	2,736,387	388,201	14.2
1996	20	3,153,217	416,048	13.2
1997	22	3,250,850	421,130	13.0

1998	23	3,353,703	498,586	14.9
1999	23	3,603,741	488,619	13.6
2000	23	3,528,338	510,580	14.5
2001	24	3,708,015	533,920	14.4

Source: Medical Certification of Cause of Death 2001

रोगों के अन्तर्राष्ट्रीय विभाजन के आधार पर मृत्यु के कारणों की चिकित्यकीय प्रमाणिकता के आँकड़ों प्रस्तृत किया गया है–10वीं पुनर्वेक्षण जो कि तुलनात्मक और चित्रित ठोस निष्कर्ष के लिए इसे अत्यधिक अर्थपूर्ण बनाता है। आयु और लिंग के द्वारा विभाजित बड़े कारण समूह के लिए चिकित्सकीय प्रमाणित मृत्यु के कारण के आँकड़ों का विश्लेषण किया गया है।

वर्ष 2001 के दौरान चिकित्सकीय प्रमाणिकता मृत्यु का कुल 533,920 में 334,061 पुरुषों और 199,859 स्त्रियों की गणना की गई है। चार्ट 2 में 2001 के प्रमुख मृत्यु के कारणों का प्रतिशत विवरण दिया गया है। सात प्रमुख कारणों में चिकित्सकीय प्रमाणित मृत्यु को विभाजित किया गया है, जो इस प्रकार है–

- सर्कुलेटरी सिस्टम (IX) - 27.5 प्रतिशत
- इन्फेक्शन पैरासाइटिस रोग (I) - 14.6 प्रतिशत
- इन्जरी एण्ड प्वाइजन (XIX) - 11.6 प्रतिशत
- सिम्पटम, साईन एण्ड ऐबनॉरमल क्लिनीकल एण्ड लेबोरेटरी फाइन्डिंग (XVIII) - 10.8 प्रतिशत
- रिस्परेटरी सिस्टम (X) - 8.9 प्रतिशत
- ओररिजनोटिव इन पेरिनेटिव (XVI) - 6.9 प्रतिशत और
- डाईजोस्टिव सिस्टम (XI) - 4.3 प्रतिशत

इन सातों समूहों को मिलाकर कुल चिकित्सकीय प्रमाणित मृत्यु का 85 प्रतिशत हैं 2001 का भारतीय स्तर पर इन सात प्रमुख मृत्यु के कारणों को घटते हुए क्रम में राज्यों का स्थान नीचे सारणी में दिखाया गया है:

Chart 2: Distribution of Leading major Cause-groups of Deaths During 2001

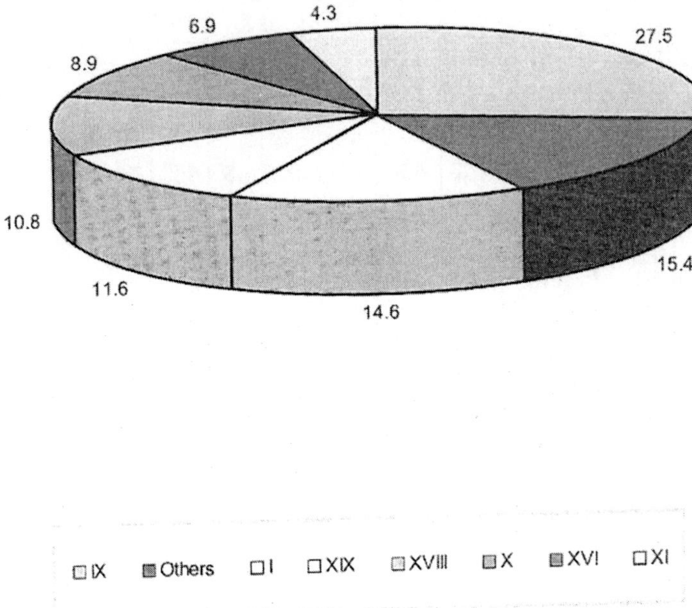

Table 3.8 : Cause of Death 2001

StateèkUT	Casuse Group							TOTAL
	IX	I	XIX	XVII	X	XVI	XI	
Andhara Pradesh	38.1	12.9	9.9	2.4	6.1	4.4	4.2	78.0
Arunachal Pradesh	13.9	18.1	0.6	45.9	6.5	1.8	6.3	93.1
Chhattisgarh	25.3	20.2	9.2	3.3	8.8	8.7	4.6	80.1
Goa	37.3	8.0	0.8	19.2	8.3	4.2	7.1	84.9
Gujarat	17.9	15.4	25.6	3.5	6.2	12.6	5.4	86.6
Haryana	27.6	11.3	15.3	11.5	8.9	7.5	3.8	85.9
Himachal Pradesh	12.1	13.3	9.2	42.4	7.8	2.0	3.9	90.7
Karnataka	25.0	13.1	15.0	5.0	5.0	10.5	6.2	79.8
Kerala	38.7	7.2	5.9	10.4	7.2	5.3	4.1	78.8
Madhya Pradesh	19.7	18.5	12.4	5.2	7.9	13.3	4.1	81.1
Maharashtra	29.9	14.9	11.1	9.9	13.2	4.7	3.6	87.3
Manipur	20.8	17.7	8.7	13.8	4.9	8.6	10.1	84.6
Meghalaya	9.3	34.7	4.6	6.2	7.8	11.6	7.9	82.1
Nagaland	7.7	27.8	14.8	2.4	20.7	0.0	7.7	81.1
Orissa	19.7	20.7	9.7	5.1	6.2	12.1	5.1	78.6'
Punjab	33.2	12.2	18.2	9.8	7.8	2.4	4.1	87.7
Rajasthan	20.5	16.8	15.3	7.2	8.3	11.5	5.0	84.6
Sikkim	22.1	15.9	7.0	8.3	6.8	2.6	15.5	78.2
Tamil Nadu	36.7	6.4	15.8	9.1	5.4	8.0	2.7	84.1
Tripura	4.7	57.3	2.9	0.0	14.4	0.0	15.0	94.3
Uttar Pradesh	9.8	45.2	9.9	3.6	5.6	1.1	2.9	78.1
A & N Island	16.0	19.1	13.0	0.7	12.5	8.1	7.2	76.6
Delhi	15.9	13.6	4.4	41.0	7.4	4.5	2.0	88.8
Pondicherry	24.2	21.9	16.0	0.1	9.3	10.9	3.6	86.0
States Total	27.5	14.6	11.6	10.8	8.9	6.9	4.3	84.6

Source: Medical Certification of Cause of Death 2001.

1985 से 2001 तक के पास प्रमुख मृत्यु के कारणों का प्रतिशत वितरण नीचे सारणी में दिया है। आँकड़ें दिखाते हैं कि वर्ष 1985 के दौरान सबसे अधिक मृत्यु की संख्या इन्फेक्शन पैरासाइटिस उसके बाद

सर्कुलेटरी सिस्टम रोग और इन्जरी एण्ड प्वाइजन व अन्य रोग के रोग कारण हैं। तब से और 1986 से और इसके आगे प्रवृति परिवर्तित हो चुका है। सर्कुलेटरी सिस्टम रोग केवल इन्फेक्शन पैरासाइटिस रोग से ही बढोतरी नहीं हुई है लेकिन इसका प्रतिशत सहभागिता भी बढ़ते हुए क्रम में पंजीकृत किया गया हैं। कुछ वर्षों को छोड़कर इन वर्षों के दौरान यह देखा गया है कि सिम्पटम, साईन एण्ड ऐबनॉरमल क्लिनीकल एण्ड लेबोरेटरी फाइन्डिंग जो कि रोग नहीं है के कारण मृत्यु के विभाजन के अनुपात में महत्ववपूर्ण बढ़ोतरी हुई है।

Chart 3: Trends of Major cause-groups of death from 1985-2001

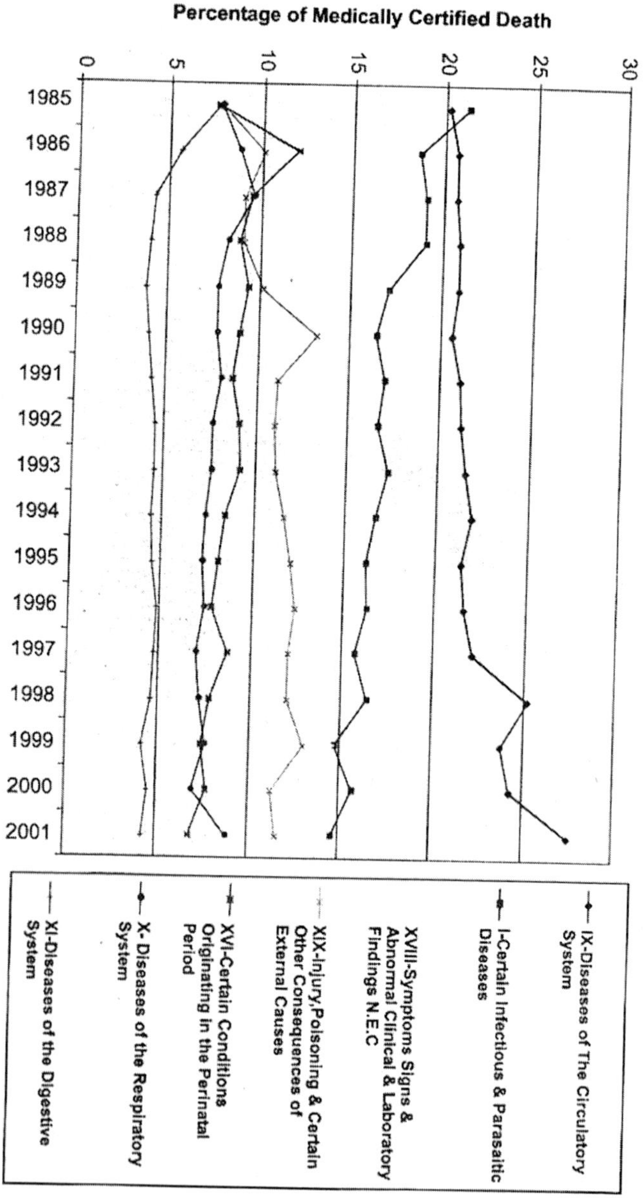

Table 3.9 : Percentage distribution of leading major cause-groups of deaths during 1985 to 2001

Year	Leading major Cause Groups of Deaths								
	IX	I	XIX	XVII	X	XVI	XI	Others	TOTAL
1985	20-2	21.2	7.9	5.9	7.8	7.6	7.7	21.7	100.0
1986	20.7	18.6	10.1	5.2	8.8	12.0	5.7	18.9	100.0
1987	20.7	19.0	9.1	11.6	9.6	9.5	4.3	16.2	100.0
1988	20.9	19.0	9.1	14.3	8.3	8.9	4.1	15.4	100.0
1989	20.9	17.1	10.2	15.7	7.8	9.4	3.9	15.0	100.0
1990	20.6	16.5	13.2	14.4	7.8	9.0	4.1	14.4	100.0
1991	21.1	17.0	11.2	14.5	8.1	8.7	4.3	15.1	100.0
1992	21.2	16.7	11.1	14.2	7.7	9.1	4.6	15.4	100.0
1993	21.5	17.3	11.2	12.6	7.7	9.2	4.6	15.9	100.0
1994	21.9	16.7	11.7	13.4	7.4	8.5	4.5	15.9	100.0
1995	21.4	16.2	12.1	14.6	7.3	8.2	4.6	15.6	100.0
1996	21.6	16.3	12.4	14.3	7.5	7.9	4.9	15.1	100.0
1997	22.1	15.7	12.1	14.4	7.1	8.8	4.8	15.0	100.0
1998	25.2	16.4	12.1	12.3	7.3	7.9	4.7	14.1	100.0
1999	23.8	14.7`	13.0	14.6	7.7	7.5	4.2	14.5	100.0
2000	24.3	15.7	11.3	14.2	7.0	7.8	4.6	15.1	100.0
2001	27.5	14.6	11.6	10.8	8.9	6.9	4.3	15.4	100.0

Note : Other include the remanining major cause groups
Sorce : Medical Certification of Cause of Death 2001

मृत्यु के प्रमुख कारण

सर्कुलेटरी सिस्टम के रोग (IX):- यह घातकता का प्रथम प्रमुख कारण समूह अस्पताल से सांख्यिकीय द्वारा ज्ञात है। यह पुरुषों के लिए 28.0 प्रतिशत और स्त्रियों के लिए 26.9 प्रतिशत मृत्यु ज्ञात है। कुल मृत्यु का 93,410 पुरुष और 53,665 स्त्रियों, इस कारण समूह की घटना सबसे अधिक आयु समूह '70+' वर्ष में ज्ञात है (28.5 प्रतिशत पुरुष और 37.1 प्रतिशत स्त्रियां), उसके बाद आयु समूह '55-64' वर्ष (21.2 प्रतिशत पुरुष और 17.6 प्रतिशत स्त्रियां), पल्मोनरी सर्कुलेशन

के रोग और अन्य हर्ट डिजीट से सबसे अधिक मृत्यु (37.8 प्रतिशत पुरुष और 39.3 प्रतिशत स्त्रियां), उसके बाद स्किमिक हर्ट डिजीज (38.3 प्रतिशत पुरुष और 30.1 प्रतिशत स्त्रियां), इसके बाद सेरेब्रोवस्कुलर डिजीज (16.3 प्रतिशत पुरुष और 16.5 प्रतिशत स्त्रियां) से मृत्यु होती है। एक्यूट मायो कार्डियल इनफॉक्सन से केवल 25.0 प्रतिशत पुरुषों का और 20.8 प्रतिशत स्त्रियों का मृत्यु होता है। आंध्र प्रदेश, छत्तीसगढ़, गोवा, हरियाणा, कर्नाटक, केरल, मध्य प्रदेश, महाराष्ट्र, मणिपुर, पाण्डिचेरी, पंजाब, राजस्थान, सिक्किम और तमिलनाडू में मृत्यु के प्रमुख कारण को ज्ञात किया गया है। गुजरात और उड़ीसा में यह दूसरा मृत्यु का प्रमुख कारण है।

इन्फैक्शन पैरासाइटिस रोग (I) – यह रोग के समूह का दूसरा प्रमुख कारण है जिससे की 15.2 प्रतिशत पुरुष और 13.7 स्त्रियों की मृत्यु होती है। कुल जाँचीत मृत्यु का 50,646 पुरुष और 27,433 स्त्रियां, इस कारण समूह की घटना सबसे अधिक आयु समूह '35–44' वर्ष (16.2 प्रतिशत पुरुष और 11.4 प्रतिशत स्त्रियां), उसके बाद आयु समूह '45–54' वर्ष (14.9 प्रतिशत पुरुष और 10.5 प्रतिशत स्त्रियां), मृत्यु का सबसे बड़ा कारण ट्यूबरकूलोसिस (43.6 प्रतिशत पुरुष और 33.9 प्रतिशत स्त्रियां), उसके बाद बैक्टीरियल डिजीज (22.7 प्रतिशत पुरुष और 27.2 प्रतिशत स्त्रियां), इसके बाद इन्टेस्टाईनल इन्फेक्सियस डिजीज (14.7 प्रतिशत पुरुष और 20.0 प्रतिशत स्त्रियां), रिस्परेटरी ट्यूबरकूलोसिस से केवल (36.4 प्रतिशत पुरुष और 26.2 प्रतिशत स्त्रियां), उसके बाद सेप्टीसीमिया से (18.7 प्रतिशत पुरुष और 23.4 प्रतिशत स्त्रियां), उसके बाद मलेरिया से (5.8 प्रतिशत पुरुष और 7.0 प्रतिशत स्त्रियां) से मृत्यु होती है। अण्डमान और निकोबार द्वीप समूह, मेघालय, नागालैण्ड, उड़ीसा, त्रिपुरा और उत्तर प्रदेश, में मृत्यु का सबसे अधिक कारण जांच किया गया है। छत्तीसगढ़, हिमाचल प्रदेश, महाराष्ट्र, मध्य प्रदेश, मणिपुर, पाण्डिचेरी, राजस्थान और सिक्किम में मृत्यु का यह दूसरा प्रमुख कारण है।

इन्जरी एण्ड प्वाइजन (XIX) – यह प्रमुख तीसरा कारण है जिसके द्वारा 11.4 प्रतिशत पुरुष और 12.1 प्रतिशत स्त्रियों की मृत्यु होती है। ज्ञात किए गये कुल मृत्यु का 37,980 पुरुष और 24,096 स्त्रियां, इस कारण समूह के द्वारा घटना सबसे अधिक आयु समूह '25-34' वर्ष (21.8 प्रतिशत पुरुष और 24.0 प्रतिशत स्त्रियां), उसके बाद आयु समूह '15-24' वर्ष (16.5 प्रतिशत पुरुष और 24.0 प्रतिशत स्त्रियां) में मृत्यु होती है। जलने के कारण 17.0 प्रतिशत पुरुष और 52.7 प्रतिशत स्त्रियां, उसके बाद दवाओं और जैविक द्रव्य एवं विषैला प्रभाव के विषता के कारण 20.8 प्रतिशत पुरुष और 17.8 प्रतिशत स्त्रियों की मृत्यु होती है। इन्ट्राक्रैनियल एण्ड इन्टर्नल इन्जरी और नर्व के कारण 5.8 प्रतिशत पुरुष और 2.5 प्रतिशत स्त्रियों में मृत्यु होती है। गुजरात में यह मृत्यु का प्रमुख कारण है। हरियाणा, पंजाब और तमिलानाडू में यह मृत्यु का दूसरा प्रमुख कारण है।

सिम्पटम, साईन एण्ड ऐबनॉरमल क्लिनीकल एण्ड लेबोरेटरी फाइन्डिंग (XVIII) – यह चौथा प्रमुख कारण है जिसके द्वारा 10.7 प्रतिशत पुरुष और 11.0 प्रतिशत स्त्रियों की मृत्यु होती है। ज्ञात किए गये कुल मृत्यु का 35,771 पुरुष और 21.967 स्त्रियां, इस कारण समूह के द्वारा घटना सबसे अधिक आयु समूह '70+' वर्ष (24.3 प्रतिशत पुरुष और 35.2 प्रतिशत स्त्रियां) उसके बाद आयु '55-64' वर्ष (12.5 प्रतिशत पुरुष और 8.6 प्रतिशत स्त्रियां) में मृत्यु होती है। सेनिलिटी के कारण 15.0 प्रतिशत पुरुष और 24.5 प्रतिशत स्त्रियों की मृत्यु होती है। अरुणाँचल प्रदेश, दिल्ली और हिमांचल प्रदेश में मृत्यु का सबसे महत्वपूर्ण कारण है।

रिस्परेटरी सिस्टम (X) – यह प्रमुख पाँचवा कारण है जिसके द्वारा 8.9 प्रतिशत पुरुष और 8.9 प्रतिशत स्त्रियों की मृत्यु होती है। ज्ञात किए गये कुल मृत्यु का 29,784 पुरुष और 17,755 स्त्रियां, इस कारण समूह के द्वारा घटना सबसे अधिक आयु समूह '70+' वर्ष (22.0 प्रतिशत पुरुष और 29.1 प्रतिशत स्त्रियां), उसके बाद आयु

समूह '55-64' वर्ष (15.7 प्रतिशत पुरुष और 12.1 प्रतिशत स्त्रिया) की मृत्यु होती है। नियोनिया के कारण 27.7 प्रतिशत पुरुष और 27.3 प्रतिशत स्त्रियां, उसके बाद अस्थमा के कारण (15.2 प्रतिशत पुरुष और 15.7 प्रतिशत स्त्रियों) की मृत्यु होती है। सबसे अधिक होती है। नागालैण्डं यह मृत्यु का दूसरा प्रमुख कारण है।

ओरिनेटिव इन पेरिनेटिव (XVI)–यह छठाँ प्रमुख कारण है जिसके द्वारा 6.6 प्रतिशत पुरुष और 7.3 प्रतिशत स्त्रियों की मृत्यु होती है। मन्द शिशु (Fetal) विकास, शिशु (Fetal) कुपोषण और अपरिपक्वता, से केवल 39.5 प्रतिशत पुरुष और 41.4 प्रतिशत स्त्रियां, उसके बाद हाईपोक्सिया, बर्थ एस्फिक्सिया और अन्य रिस्परेटरी कन्डीसन (38.6 प्रतिशत पुरुष और 369 प्रतिशत स्त्रियां), की मृत्यु होती है। मेघालय में यह मृत्यु का दूसरा कारण है।

डाईजेस्टिव सिस्टम (XI)–यह सातवां प्रमुख कारण है जिसके द्वारा 5.2 प्रतिशत पुरुष और 2.8 प्रतिशत स्त्रियों की मृत्यु होती है। ज्ञात किए गये कुल मृत्यु का 17,276 पुरुष और 5,534 स्त्रियां की घटना सबसे अधिक आयु समूह '45-54' वर्ष (23.4 प्रतिशत पुरुष और 16.9 प्रतिशत स्त्रियां) उसके बाद आयु समूह '35-44' वर्ष (19.9 प्रतिशत पुरुष और 14.3 प्रतिशत स्त्रियों), की मृत्यु होती है। लीवर डिजीज से सबसे अधिक (63.7 प्रतिशत पुरुष और 52.1 प्रतिशत स्त्रियां) उसके बाद गैस्ट्रिक और ड्यूडनल अल्सर (6.5 प्रतिशत पुरुष और 8.4 प्रतिशत स्त्रियां) की बीमारी से मृत्यु होती है। त्रिपुरा में यह मृत्यु का दूसरी प्रमुख कारण है।

मृत्यु के अन्य कारण

निओप्लाज्मा (II) – वर्ष 2001 में निओप्लाज्मा के कारण 3.5 प्रतिशत पुरुष तथा 4.0 प्रतिशत स्त्रियों की मृत्यु हुई है। कुल मृत्यु का 11,530 पुरुष और 8,047 स्त्रियाँ है। 55-64 वर्ष की आयु समूह में सबसे अधिक (23.0 प्रतिशत पुरुष और 20.5 प्रतिशत स्त्रियां),

45-54 वर्ष में 17.9 प्रतिशत पुरुष और 21.6 प्रतिशत स्त्रियों में मृत्यु की घटना हुई है। पाचन तंत्र के कैंसर से सबसे अधिक मृत्यु 28.2 प्रतिशत पुरुष तथा 20.5 प्रतिशत स्त्रियों की हुई है, इसके बाद अन्य अनिश्चित स्थान के कैंसर से 14.3 प्रतिशत पुरुष तथा 13.7 प्रतिशत स्त्रियां, इसके बाद श्वसन तंत्र के कैंसर से 12.5 प्रतिशत पुरुष तथा 5.5 प्रतिशत स्त्रियों की मृत्यु हुई है। जबकि ल्यूकेमिया (ब्लड कैसर) से 8.8 प्रतिशत पुरुष तथा 6.5 प्रतिशत स्त्रियों की मृत्यु हुई है।

ब्लड डिजीज तथा रक्त संचार के रोग (III) – वर्ष 2001 में इस रोग से मरने वालों में 1.3 प्रतिशत पुरुष तथा 2.0 प्रतिशत स्त्रियां हैं। कुल मृत्यु का 4473 पुरुष और 3925 स्त्रियां है। इस रोग से सबसे अधिक मृत्यु 70 वर्ष से अधिक आयु समूह में (13.8 प्रतिशत पुरुष और 17.4 प्रतिशत स्त्रियां), उसके बाद 15-24 वर्ष आयु समूह में (11.0 प्रतिशत पुरुष और 14.1 प्रतिशत स्त्रियां), हुई है। एनीमिया से 91.9 प्रतिशत पुरुष और 93.6 प्रतिशत स्त्रियों की मृत्यु हुई है।

इन्डोक्राइन, न्यूट्रीशनल एण्ड मेटाबोलिक डिजीज (IV) – वर्ष 2001 में इस रोग से मरने वालों में 2.8 प्रतिशत पुरुष और 3.1 प्रतिशत स्त्रियां है। कुल पंजीकृत मृत्यु का 9426 पुरुष और 6178 स्त्रियां है। इस रोग से सबसे अधिक मृत्यु 70 वर्ष से अधिक आयु समूह में (26.3 प्रतिशत पुरुष और 29.3 प्रतिशत स्त्रियां), उसके बाद 55-64 वर्ष आयु समूह में (25.2 प्रतिशत पुरुष और 22.3 प्रतिशत स्त्रियां) हुई है। डाईबीटीज मेलीटस से अधिक 85.1 प्रतिशत पुरुष और 83.7 प्रतिशत स्त्रियों की मृत्यु हुई है।

मेन्टल एण्ड बीहैविअरल डिस्आर्डर (V) – वर्ष 2001 में इस रोग से मरने वालों में 0.2 प्रतिशत पुरुष और 0.1 प्रतिशत स्त्रियां हैं। कुल पंजीकृत मृत्यु का 530 पुरुष और 158 स्त्रियां है। इस रोग से सबसे अधिक मृत्यु 45-54 वर्ष आयु समूह में (25.3 प्रतिशत पुरुष

और 19.0 प्रतिशत स्त्रियां), उसके बाद 35-44 वर्ष आयु समूह में (24.0 प्रतिशत पुरुष और 19.0 प्रतिशत स्त्रियां) हुई है।

नर्वस सिस्टम के रोग से (VI) – वर्ष 2001 में इस रोग से मरने वालों में 3.2 प्रतिशत पुरुष और 3.3 प्रतिशत स्त्रियां है। कुल पंजीकृत मृत्यु का 10777 पुरुष और 6658 स्त्रियां है। इस रोग से सबसे अधिक मृत्यु 70 वर्ष से अधिक आयु समूह में (11.3 प्रतिशत पुरुष और 12.6 प्रतिशत स्त्रियां), उसके बाद 35-44 वर्ष और 55-64 वर्ष आयु समूह में (11.4 प्रतिशत पुरुष और 9.2 प्रतिशत स्त्रियां) हुई है। मेनिन्जाइटिस के कारण सबसे अधिक 29.7 प्रतिशत पुरुष और 29.1 प्रतिशत स्त्रियों की मृत्यु हुई है।

आई एण्ड एडनेक्सा के रोग से (VII) – वर्ष 2001 में इस रोग के कारण सिग्नीफिकैन्ट मृत्यु नहीं होती है। इसलिए कुल पंजीकृत मृत्यु का 10 पुरुष और 5 स्त्रियां है। इस रोग से सबसे अधिक मृत्यु 15-24 वर्ष आयु समूह में (40.0 प्रतिशत पुरुष और 20.0 प्रतिशत स्त्रियां), उसके बाद 45-54 वर्ष आयु समूह में (20.0 प्रतिशत पुरुष और 20.0 प्रतिशत स्त्रियां) हुई है।

ईयर एण्ड मैस्टॉयड प्रोसेस के रोग (VIII) – वर्ष 2001 में इस रोग के कारण सिग्नीफिकैन्ट मृत्यु नहीं होती है। इसलिए कुल पंजीकृत मृत्यु का 26 पुरुष और 7 स्त्रियां है। इस रोग से सबसे अधिक मृत्यु 15-24 वर्ष आयु समूह में (26.9 प्रतिशत पुरुष और 14.3 प्रतिशत स्त्रियां), उसके बाद 70 वर्ष से अधिक आयु समूह में (11.5 प्रतिशत पुरुष और 28.6 प्रतिशत स्त्रियां) हुई है।

स्कीन एण्ड सबक्यूटैनियस टिसू के रोग से (XII) – वर्ष 2001 में इस रोग के कारण 0.1 प्रतिशत पुरुष और स्त्रियों दोनों में मृत्यु हुई है। कुल पंजीकृत मृत्यु का 448 पुरुष और 278 स्त्रियां है। इस रोग से सबसे अधिक मृत्यु 70 वर्ष से अधिक आयु समूह में (22.1 प्रतिशत पुरुष और 17.6 प्रतिशत स्त्रियां), उसके बाद 55-64 वर्ष आयु समूह

में (20.1 प्रतिशत पुरुष और 17.6 प्रतिशत स्त्रियां), उसके बाद 55-64 वर्ष आयु समूह में (20.1 प्रतिशत पुरुष और 16.2 प्रतिशत स्त्रियां) हुई है।

मस्कुलोस्केलिटल सिस्टम एण्ड कनेक्टिव टिसू के रोग से (XIII) – वर्ष 2001 में इस रोग के कारण 0.1 प्रतिशत स्त्रियों की मृत्यु हुई है, और पुरुषों सिग्नीफिकैन्ट मृत्यु नहीं हुई है। कुल पंजीकृत मृत्यु का 141 पुरुष और 188 स्त्रियां है। इस रोग से सबसे अधिक मृत्यु 70 वर्ष से अधिक आयु समूह में (22.0 प्रतिशत पुरुष और 16.5 प्रतिशत स्त्रियां), उसके बाद 45-54 वर्ष आयु समूह में (18.4 प्रतिशत पुरुष और 14.4 प्रतिशत स्त्रियां) हुई है।

जेनाइटोयूटीनरी सिस्टम के रोग से (XIV) – वर्ष 2001 में इस रोग के कारण 2.2 प्रतिशत पुरुष और 2.1 प्रतिशत स्त्रियों की मृत्यु हुई है। कुल पंजीकृत मृत्यु का 7467 पुरुष और 4156 स्त्रियां है। इस रोग से सबसे अधिक मृत्यु 70 वर्ष से अधिक आयु समूह में (21.4 प्रतिशत पुरुष और 24.9 प्रतिशत स्त्रियां), उसके बाद 55-64 वर्ष आयु समूह में (18.1 प्रतिशत पुरुष और 16.9 प्रतिशत स्त्रियां) हुई है।

प्रिग्नैन्सी, चाईल्डबर्थ के रोग से (XV) – वर्ष 2001 में इस रोग के कारण 1.7 प्रतिशत स्त्रियों की मृत्यु हुई है। कुल पंजीकृत मृत्यु का 3401 स्त्रियां है। इससे सबसे अधिक मृत्यु 25-34 वर्ष आयु समूह में (43.3 प्रतिशत स्त्रियां), उसके बाद 15-24 वर्ष आयु समूह में (36.8 प्रतिशत स्त्रियां) हुई है।

कन्जेनाईटल मालफॉर्मेशन्स, डिफार्मेशन्स एण्ड क्रोमोसोमल ऐबनार्मैलिटि के रोग से (XVII) – वर्ष 2001 में इस रोग के कारण 0.7 प्रतिशत पुरुष और 0.9 प्रतिशत स्त्रियों की मृत्यु हुई है। कुल पंजीकृत मृत्यु का 2373 पुरुष और 1730 स्त्रियां है। इस रोग से सबसे अधिक मृत्यु 1 वर्ष से कम आयु समूह में (86.9 प्रतिशत लड़कों और 80.8 प्रतिशत लड़कियों), उसके बाद 1-4 वर्ष आयु समूह में (5.8 प्रतिशत लड़कों और 9.0 प्रतिशत लड़कियों) हुई है।

Table 3.10 : Percentage distribution of Medically Certified Death by Sex and State/Union Territories over major cause Groups, 2001

MAJOR CAUSE OF DEATH GROUP No		*SEX*	*All States (Total)*	*Andhra Pradesh*	*Arunachal Pradesh*	*Chattisgarh*	*Goa*	*Gujarat*	*Haryana*	*H.P.*	*Karnataka*	*Kerala*	*Madhya Pradesh*	*Maharashtra*	*Manipur*
1	2	3	4	5	6	7	8	9	10	11	12	13	14	15	16
I	CERTAIN INFECTIONS AND PAR ASITIC DISEASES	M	15.2	13.1	19.1	20.8	9.0	16.1	11.6	12.9	13.6	7.0	19.4	16.3	17.9
	(A00-B99)	F	13.7	12.5	60.4	9.1	6.6	14.5	10.8	13.9	12.3	7.4	17.0	12.6	17.2
II	NEOPLASMS	M	3.5	3.8	0.0	2.8	6.3	2.6	3.0	3.7	4.7	9.3	2.6	3.2	2.8
	(C00-D48)	F	4.0	5.4	0.6	3.3	7.7	2.0	3.3	3.5	5.3	8.6	2.5	4.2	4.0
III	DISEASES OF THE	M	1.3	1.1	2.5	4.7	0.2	0.7	1.0	1.3	1.1	0.4	4.4	1.0	1.0
	BLOOD & FORMING ORGANS AND CERTAIN DISORDERS INVOLVING THE IMMUNE NESHANISM (D50-E89)	F	2.0	2.2	1.5	7.1	0.6	0.9	1.8	1.2	2.5	0.5	5.7	1.6	2.1
IV	ENDOCRINE NUTRITION AND	M	2.8	4.6	0.8	1.4	2.9	1.8	2.9	2.4	4.9	6.0	1.1	1.7	2.8
	METABOLIC DISEASES (E00-E89)	F	3.1	5.3	0.9	2.0	3.0	2.0	4.3	2.4	5.3	7.0	1.2	2.2	4.7
V	MENTAL AND BEHAVIOURAL	M	0.2	0.0	0.0	0.1	0.2	0.1	0.1	0.0	0.5	0.0	0.0	0.0	0.0
	DISORDERS (F01-F99)	F	0.1	0.1	0.0	0.1	0.1	0.1	0.0	0.0	0.1	0.1	0.1	0.0	0.0

VI	DISEASES OF THE NERVOUS SYSTEM (G00-G98)	M	3.2	7.4	1.3	4.3	1.4	3.3	3.2	1.3	3.7	2.1	4.1	1.9	2.8
		F	3.3	7.4	1.2	5.5	1.6	3.8	3.6	1.2	3.8	2.5	4.3	1.9	2.6
VII	DISEASES OF THE EAE AND ADNEXA (H00-H95)	M	0.0	0.0	0.0	0.0	0.0	0.0	0.0	0.0	0.0	0.0	0.0	0.0	0.0
		F	0.0	0.0	0.0	0.0	0.0	0.0	0.0	0.0	0.0	0.0	0.0	0.0	0.0
VIII	DISEASES OF THE EAR AND MASTOID PROCESS (H60-H95)	M	0.0	0.0	0.0	0.0	0.0	0.0	0.0	0.0	0.0	0.0	0.0	0.0	0.0
		F	0.0	0.0	0.0	0.0	0.0	0.0	0.0	0.0	0.0	0.0	0.0	0.0	0.0
IX	DISEASES OF THE CIRCULATORY SYSTEM (I00-I99)	M	28.0	40.4	14.6	27.4	35.5	18.9	28.4	12.0	26.0	39.1	21.8	29.4	20.3
		F	26.9	34.1	12.6	21.9	39.9	16.4	26.1	12.3	23.3	37.9	16.3	30.8	21.7
X	DISEASES OF THE RESPIRATORY SYSTEM (J00-J98)	M	8.9	7.0	5.7	9.4	7.9	6.6	9.3	8.6	5.1	6.9	8.4	12.5	4.8
		F	8.9	4.5	7.9	7.7	8.8	5.6	8.2	6.8	4.9	7.7	7.1	14.2	5.1
XI	DISEASES OF THE DIGEISTIVE SYSTEM (K00-K92)	M	5.2	5.0	5.7	5.2	10.6	6.0	4.2	4.5	7.5	4.7	4.9	4.6	12.4
		F	2.8	2.8	7.3	3.6	2.1	4.6	3.2	3.0	3.8	3.2	2.9	1.8	5.7
XII	DISEASES OF THE SKIN AND SUBCUTANEOUS TISSUE (L00-L98)	M	0.1	0.1	0.0	0.0	0.0	0.4	0.0	0.0	0.5	0.0	0.0	0.1	0.1
		F	0.1	0.0	0.0	0.0	0.0	0.5	0.0	0.0	0.5	0.0	0.0	0.1	0.2
XIII	DISEASES OF THE MUSCULOSKELETAL SYSTEM AND CONNECTIVE TISSUE (M00-M99)	M	0.0	0.0	0.0	0.1	0.1	0.1	0.0	0.0	0.1	0.0	0.1	0.0	0.3
		F	0.1	0.1	0.0	0.1	0.1	0.1	0.0	0.0	0.3	0.0	0.2	0.1	0.2
XIV	DISEASES OF THE GENITOURINARY SYSTEM (N00-N99)	M	2.2	3.2	0.8	2.8	2.1	2.4	2.3	0.7	2.4	3.2	1.5	1.8	2.8
		F	2.1	2.6	1.8	2.5	2.8	1.8	2.1	0.0	2.2	2.9	1.4	2.0	5.1
XV	PREGNANCY, CHILDBIRTH AND THE PUERPERIUM (O00-O99)	F	1.7	1.3	3.2	5.0	0.5	1.6	1.5	0.2	2.4	0.1	11.8	0.8	1.3
XVI	CERTAIN CONDITIONS ORIGINATING IN THE PERINATAL PERIOD (P00-P96)	M	6.6	4.0	0.5	8.8	3.8	12.0	7.3	2.1	10.3	4.6	14.9	4.4	7.1
		F	7.3	5.1	4.1	8.5	4.7	13.5	8.0	2.0	10.8	6.2	10.7	5.1	11.5
XVII	CONGENITAL MALFORMATIONS, DEFORMATIONS AND CHROMOSOMAL ABNORMALITIES (Q00-Q99)	M	0.7	0.2	0.0	0.0	0.5	1.4	0.0	0.2	0.4	0.1	0.0	0.6	0.2
		F	0.9	0.4	0.0	0.0	0.7	1.3	0.0	0.1	0.6	0.1	0.2	1.9	0.0

XVIII	SYMPTOMS, SIGNS AND ABNORMAL CLINICAL AND LABORATORY FINDINGS NOT ELSEWHERE CLASSIFIED (R00-R99)	M	10.7	2.3	48.2	3.6	18.6	4.0	10.9	40.9	5.1	10.6	5.3	9.4	13.9
		F	11.0	2.5	41.9	2.9	20.1	2.8	12.8	44.3	5.0	9.9	5.1	10.8	13.6
XIX	INJURY, POISIONING AND CERTAIN OTHER CONSEQUENCES OF EXTERNAL CAUSES (S00-S98)	M	11.4	7.7	0.7	8.4	0.8	23.6	15.9	9.4	14.0	5.9	11.5	11.8	10.7
		F	12.1	13.7	0.6	10.6	0.7	28.4	14.2	8.9	16.9	5.9	13.7	9.9	4.9
	ALL CAUSES	M	100.0	100.0	100.0	100.0	100.0	100.0	100.0	100.0	100.0	100.0	100.0	100.0	100.0
		F	100.0	100.0	100.0	100.0	100.0	100.0	100.0	100.0	100.0	100.0	100.0	100.0	100.0

MAJOR GROUP No	*CAUSE OF DEATH*	*SEX*	*Meghalaya*	*Nagaland*	*Orissa*	*Punjab*	*Rajasthan*	*Sikkim*	*Tamil-Nadu*	*Tripura*	*Uttar Pradesh*	*A&N Islands*	*Delhi*	*Pondicherry*
1	2	3	17	18	19	20	21	22	23	24	25	26	27	28
I	CERTAIN INFECTIONS AND PARASITIC DISEASES (A00-B99)	M	35.0	21.7	21.2	12.2	16.8	14.2	6.8	53.6	44.9	21.8	13.2	23.7
		F	34.1	38.1	20.0	12.4	16.8	18.1	5.7	63.4	45.5	15.2	14.2	19.2
II	NEOPLASMS (C00-D48)	M	5.6	2.8	2.4	1.8	2.5	5.6	3.7	0.0	1.1	5.6	2.2	1.4
		F	3.0	0.0	2.2	3.3	1.8	2.3	4.8	0.0	1.3	7.1	2.2	1.3
III	DISEASES OF THE BLOOD & FORMING ORGANS AND CERTAIN DISORDERS INVOLVING THE IMMUNE NESHANISM (D50-E89)	M	2.2	2.8	2.6	0.9	3.6	4.2	0.7	1.3	8.1	3.6	1.2	2.8
		F	1.7	0.0	3.7	1.7	3.1	9.8	1.0	1.4	4.9	4.5	2.1	3.0
IV	ENDOCRINE NUTRITION AND METABOLIC DISEASES (E00-E89)	M	1.4	2.8	3.8	2.3	2.2	4.9	3.8	1.5	0.0	2.0	1.8	2.1
		F	3.5	1.6	3.1	3.2	1.5	3.3	4.1	1.2	0.0	2.1	1.6	1.7
V	MENTAL AND BEHAVIOURAL DISORDERS (F01-F99)	M	0.0	1.9	0.3	0.3	0.0	0.3	0.5	0.2	0.0	0.0	0.0	0.0
		F	0.0	1.6	0.1	0.0	0.0	0.0	0.2	0.2	0.0	0.0	0.0	0.1
VI	DISEASES OF THE NERVOUS SYSTEM (G00-G98)	M	3.6	2.8	7.3	2.8	4.5	3.8	2.6	1.4	8.6	2.7	3.7	4.8
		F	6.0	4.8	7.8	2.6	4.2	2.3	3.2	1.1	5.8	5.7	3.9	4.2

VII	DISEASES OF THE EAR AND ADNEXA (H00-H95)	M	0.0	0.0	0.0	0.0	0.0	0.0	0.0	0.0	0.1	0.0	0.0	0.0
		F	0.0	0.0	0.0	0.0	0.0	0.0	0.0	0.0	0.0	0.0	0.0	0.0
VIII	DISEASES OF THE EAR AND MASTOID PROCESS (H60-H95)	M	0.0	0.0	0.0	0.0	0.0	0.0	0.0	0.0	0.1	0.0	0.0	0.0
		F	0.0	0.0	0.0	0.0	0.0	0.0	0.0	0.0	0.0	0.0	0.0	0.0
IX	DISEASES OF THE CIRCULATORY SYSTEM (I00-I99)	M	9.4	7.5	19.4	33.5	20.0	21.5	38.6	4.2	10.7	22.6	16.1	35.8
		F	9.2	7.9	20.1	32.7	21.6	22.8	33.6	5.6	8.6	13.4	15.5	21.8
X	DISEASES OF THE RESPIRATORY SYSTEM (J00-J98)	M	7.5	17.0	6.6	8.0	8.6	5.9	5.8	16.7	7.5	11.1	7.8	8.0
		F	8.5	27.0	5.7	7.6	7.8	7.9	4.9	10.8	3.0	13.7	6.7	11.1
XI	DISEASES OF THE DIGEISTIVE SYSTEM (K00-K92)	M	9.1	10.4	6.2	4.6	5.2	19.4	3.3	16.1	3.6	7.8	2.5	4.4
		F	5.5	3.2	3.4	3.1	4.5	10.2	1.7	13.2	1.9	4.5	1.3	2.4
XII	DISEASES OF THE SKIN AND SUBCUTANEOUS TISSUE (L00-L98)	M	0.1	0.0	0.3	0.2	0.0	0.0	0.0	0.0	0.0	0.0	0.0	0.0
		F	0.2	0.0	0.3	0.1	0.0	0.0	0.1	0.0	0.0	0.0	0.1	0.1
XIII	DISEASES OF THE MUSCULOS-KELETAL SYSTEM AND CONNE-CTIVE TISSUE (M00-M99)	M	0.1	0.0	0.0	0.1	0.0	0.3	0.0	0.0	0.0	0.2	0.0	0.0
		F	0.0	0.0	0.1	0.4	0.0	0.0	0.0	0.0	0.1	0.0	0.0	0.0
XIV	DISEASES OF THE GENITOURI-NARY SYSTEM (N00-N99)	M	3.5	7.5	1.5	2.4	3.2	2.8	2.9	1.2	0.1	2.0	1.7	2.1
		F	4.0	4.8	0.8	2.1	2.5	1.4	2.8	1.1	0.0	1.2	1.4	1.5
XV	PREGNANCY, CHILDBIRTH AND THE PUERPERIUM (O00-O99)	F	1.0	3.2	7.2	1.0	0.7	1.4	1.2	0.6	14.8	0.3	0.3	1.1
XVI	CERTAIN CONDITIONS ORIGIN-ATING IN THE PERINATAL PERIOD (P00-P96)	M	10.9	0.0	13.0	2.3	9.9	2.4	7.1	0.0	1.0	7.8	4.6	10.8
		F	12.9	0.0	10.8	2.5	14.5	2.8	9.5	0.0	1.1	9.8	4.3	11.2
XVII	CONGENITAL MALFORMATIONS, DEFORMATIONS AND CHROMO-SOMAL ABNORMALITIES (Q00-Q99)	M	0.4	0.0	0.3	0.2	0.0	0.0	0.3	0.0	0.2	0.0	0.1	0.6
		F	0.5	0.0	0.3	0.2	0.0	1.4	0.4	0.0	0.0	0.0	0.2	1.5
XVIII	SYMPTOMS, SIGNS AND ABNOR-MAL CLINICAL AND LABORAT-ORY FINDINGS NOT ELSEWHE-RE CLASSIFIED (R00-R99)	M	5.8	1.9	5.5	9.6	7.7	7.3	9.4	0.0	3.9	1.5	41.2	0.2
		F	7.0	3.2	4.6	10.2	6.3	9.8	8.6	0.0	3.1	1.2	40.7	0.1
XIX	INJURY, POISIONING AND CER-TAIN OTHER CONSEQUENCES OF EXTERNAL CAUSES (S00-S98)	M	5.4	20.8	9.6	18.7	15.6	7.3	14.4	3.8	10.0	11.2	3.7	13.4
		F	3.0	4.8	9.9	17.0	14.7	6.5	18.1	1.3	9.7	21.4	5.6	19.8
	ALL CAUSES	M	100.0	100.0	100.0	100.0	100.0	100.0	100.0	100.0	100.0	100.0	100.0	100.0
		F	100.0	100.0	100.0	100.0	100.0	100.0	100.0	100.0	100.0	100.0	100.0	100.0

Source: Medical Certification of Cause of Death 2001

विभिन्न आयु समूहों में मृत्यु का विशिष्ट कारण

नवजात (Infant): वर्ष 2001 में नवजात मृत्यु 11.2 प्रतिशत हुई है। 10.7 प्रतिशत पुरुष और 12.0 प्रतिशत स्त्रियों की नवजात मृत्यु हुई है। कुल पंजीकृत मृत्यु का 59912 नवजात है। सबसे अधिक मृत्यु पेरिनेटजल पीरियड (प्रसव से पूर्व) (61.2 प्रतिशत नवजात), उसके बाद इन्फेक्सियस एण्ड पैरासिटिक रोग से (9.5 प्रतिशत नवजात) मृत्यु हुई है। रेस्पिटेटरी सिस्टम के रोग से 8.1 प्रतिशत नवजात की मृत्यु हुई है।

बालक आयु 1-4 वर्ष : 2001 में इस आयु समूह के 2.7 प्रतिशत बच्चों की मृत्यु हुई है। जिसमें 2.4 प्रतिशत पुरुष और 3.1 प्रतिशत स्त्रियां है। कुल पंजीकृत मृत्यु का 14206 बच्चे है। इन्फेक्सियस एण्ड पैरासिटिक रोग के कारण 27.3 प्रतिशत मृत्यु 16.3 प्रतिशत रेस्पिटेटरी सिस्टम के रोग के कारण, 12.8 प्रतिशत सिम्पटम, साईन एण्ड एबनार्मल क्लीनिकल एण्ड लेबोरेटरी के कारण और 11.3 प्रतिशत नर्वस सिस्टम के रोग के कारण मृत्यु हुई है।

बालक आयु 5-14 वर्ष : 2001 में इस आयु समूह के 3.3 प्रतिशत बच्चों की मृत्यु हुई है। जिसमें 3.0 प्रतिशत पुरुष और 3.7 प्रतिशत स्त्रियां हैं। कुल पंजीकृत मृत्यु का 17445 है। इस आयु समूह में प्रमुख मृत्यु का कारण इन्फेक्सियस एण्ड पैरासिटिक रोग से 23.1 प्रतिशत इन्जरी एण्ड प्वायजनिंग से (18.3 प्रतिशत), सिम्पटम, साईन एण्ड एबनार्मल क्लीनिकल एण्ड लेबोरेटरी के कारण 12.0 प्रतिशत और सर्कुलेटरी सिस्टम के रोग के कारण (10.9 प्रतिशत) मृत्यु हुई है।

व्यक्ति आयु 15-24 वर्ष : वर्ष 2001 में इस आयु समूह में 7.0 प्रतिशत मृत्यु हुई है। जिसमें 5.8 प्रतिशत पुरुष और 9.1 प्रतिशत स्त्रियां है। कुल पंजीकृत मृत्यु 37585 है। इस आयु समूह में सर्वोपरी मृत्यु का कारण इन्जरी एण्ड प्वायजनिंग (34.3 प्रतिशत), इन्फेक्सियस

एण्ड पैरासिटिक रोग के कारण (18.1 प्रतिशत) और सर्कुलेटरी सिस्टम के रोग के कारण (11.4 प्रतिशत) है।

व्यक्ति आयु 25–34 वर्ष : वर्ष 2001 में इस आयु समूह में 9.4 प्रतिशत मृत्यु हुई है। जिसमें 9.1 प्रतिशत पुरुष और 9.8 प्रतिशत स्त्रियां है। कुल पंजीकृत मृत्यु 50144 है। इस आयु समूह में महत्वपूर्ण मृत्यु का कारण इन्जरी एण्ड प्वायजनिंग (28.0 प्रतिशत), इन्फेक्सियस एण्ड पैरासिटिक रोग के कारण (21.2 प्रतिशत), सर्कुलेटरी सिस्टम के रोग के कारण (14.8 प्रतिशत) और सिम्पटम, साईन एण्ड एबनार्मल क्लीनिकल एण्ड लेबोरेटरी के कारण (10.7 प्रतिशत) मृत्यु हुई है।

व्यक्ति आयु 35–44 वर्ष : वर्ष 2001 में इस आयु समूह में 10.6 प्रतिशत मृत्यु हुई है। जिसमें 11.7 प्रतिशत पुरुष और 8.8 प्रतिशत स्त्रियां है। कुल पंजीकृत मृत्यु 56710 है। इस आयु समूह में मृत्यु का प्रमुख कारण सर्कुलेटरी सिस्टम के रोग के कारण (22.2 प्रतिशत) इन्फेक्सियस एण्ड पैरासिटिक रोग के कारण (20.2 प्रतिशत), इन्जरी एण्ड प्वायजनिंग (18.3 प्रतिशत) और सिम्पटम, साईन एण्ड एबनार्मल क्लीनिकल एण्ड लेबोरेटरी के कारण (10.3 प्रतिशत) मृत्यु हुई है।

व्यक्ति आयु 45–54 वर्ष : वर्ष 2001 में इस आयु समूह में 12.5 प्रतिशत मृत्यु हुई है। जिसमें 14.0 प्रतिशत पुरुष और 9.9 प्रतिशत स्त्रियां है। कुल पंजीकृत मृत्यु 66630 है। इस आयु समूह में मृत्यु का महत्वपूर्ण कारण सर्कुलेटरी सिसटम के रोग (32.1 प्रतिशत), इन्फेक्सियस एण्ड पैरासिटिक रोग के कारण (15.7 प्रतिशत), इन्जरी एण्ड प्वायजनिंग (10.6 प्रतिशत) और सिम्पटम, साईन एण्ड एबनार्मल क्लीनिकल एण्ड लेबोरेटरी के कारण (9.5 प्रतिशत) मृत्यु हुई है।

व्यक्ति आयु 55–64 वर्ष : वर्ष 2001 में इस आयु समूह में 14.0 प्रतिशत मृत्यु हुई है। जिसमें 15.1 प्रतिशत पुरुष और 12.1 प्रतिशत स्त्रियां है। कुल पंजीकृत मृत्यु 74624 है। इस आयु

समूह में मृत्यु का प्रमुख कारण सर्कुलेटरी सिस्टम के रोग के कारण (39.1 प्रतिशत), और इन्फेक्सियस एण्ड पैरासिटिक रोग के कारण (14.0 प्रतिशत) मृत्यु हुई है।

व्यक्ति आयु 65-69 वर्ष : वर्ष 2001 में इस आयु समूह में 7.5 प्रतिशत मृत्यु हुई है। जिसमें 7.6 प्रतिशत पुरुष और 7.4 प्रतिशत स्त्रियां है। कुल पुजीकृत मृत्यु 40231 है। इस आयु समूह में मृत्यु का प्रमुख कारण सर्कुलेटरी सिस्टम के रोग के कारण (41.6 प्रतिशत), इन्फेक्सियस एण्ड पैरासिटिक रोग के कारण (12.9 प्रतिशत) और सिम्पटम साईन एण्ड एबनार्मल क्लीनिक एण्ड लेबोरेटरी के कारण (10.1 प्रतिशत) मृत्यु हुई है।

70 वर्ष तथ उससे अधिक आयु के वृद्ध : वर्ष 2001 में इस आयु समूह में 19.0 प्रतिशत मृत्यु हुई है। जिसमें 17.5 प्रतिशत पुरुष और 21.6 प्रतिशत स्त्रियां है। कुल पंजीकृत मृत्यु 101559 है। इस आयु समूह में मृत्यु का प्रमुख कारण सर्कुलेटरी सिस्टम के रोग के कारण (45.8 प्रतिशत), सिम्पटम साईन एण्ड एबनार्मल क्लीनिकल एण्ड लेबोरेटरी के कारण (16 प्रतिशत) और रेस्पिटेटर्स सिस्टम के रोग के कारण (11.5 प्रतिशत) मृत्यु हुई है।

Table 3.11: Percentage distribution of Medically Certified Deaths over Age groups by Sex and major cause Groups, 2001

MAJOR GROUP NO.	CAUSE OF DEATH	SEX	AGE GROUPS <1	1-4	5-14	15-24	25-34	35-44	45-54	55-64	65-69	70+	N.S	Total
1	2	3	4	5	6	7	8	9	10	11	12	13	14	15
I	CERTAIN INFECTIONS AND	M	6.8	4.2	4.5	7.0	13.8	16.2	14.9	13.6	6.4	9.3	3.1	100.0
	PARASTIC DISEASES (A00-B99)	F	8.1	6.3	6.4	11.8	13.3	11.4	10.5	12.9	7.0	9.4	2.9	100.0
II	NEOPLASMS	M	0.9	1.4	2.9	4.4	6.2	9.7	17.9	23.0	11.3	19.6	2.8	100.0
	(C00-D48)	F	0.7	0.9	2.0	3.6	6.7	14.9	21.5	20.5	10.0	17.2	1.9	100.0
III	DISEASES OF THE	M	4.7	6.8	8.2	11.0	11.0	11.0	11.5	11.3	5.1	13.8	5.6	100.0
	BLOOD & FORMING ORGANS AND CERTAIN DISORDERS INVOLVING THE IMMUNE NESHANISM (D50-E89)	F	3.7	7.2	7.3	14.1	12.8	10.7	8.7	9.0	4.3	17.4	4.8	100.0
IV	ENDOCRINE NUTRITION AND	M	1.7	1.6	1.5	2.3	4.2	7.3	15.7	25.2	11.6	26.3	2.7	100.0
	METABOLIC DISEASES (E00-E89)	F	2.1	2.4	1.6	2.4	3.6	5.9	14.4	22.8	13.1	29.3	2.4	100.0
V	MENTAL AND BEHAVIOURAL	M	0.4	0.0	1.7	5.7	11.5	24.0	25.3	17.2	4.2	7.7	2.5	100.0
	DISORDERS (F01-F99)	F	1.3	3.2	4.4	7.0	15.2	19.0	19.0	14.6	5.7	9.5	1.3	100.0
VI	DISEASES OF THE NERVOUS	M	10.2	8.6	9.7	8.6	9.1	11.4	10.8	11.4	5.5	11.3	3.3	100.0
	SYSTEM (G00-G98)	F	10.2	10.0	11.6	10.2	10.0	9.2	8.1	9.2	5.3	12.6	3.3	100.0
VII	DISEASES OF THE EAE AND	M	20.0	0.0	0.0	40.0	0.0	0.0	20.0	10.0	10.0	0.0	0.0	100.0
	ADNEXA (H00-H95)	F	0.0	20.0	20.0	20.0	0.0	0.0	20.0	0.0	0.0	20.0	0.0	100.0
VIII	DISEASES OF THE EAR AND	M	11.5	3.8	23.1	26.9	3.8	7.7	3.8	7.7	0.0	11.5	0.0	100.0
	MASTOID PROCESS (H60-H95)	F	0.0	26.6	0.0	14.3	14.3	0.0	0.0	14.3	0.0	26.6	0.0	100.0

1	2	3	4	5	6	7	8	9	10	11	12	13	14	15
IX	DISEASES OF THE CIRCULATORY SYSTEM (I00-I99)	M	1.0	0.8	1.2	2.6	5.0	9.3	16.3	21.2	11.2	28.5	3.1	100.0
		F	1.0	0.9	1.5	3.5	5.1	7.3	11.5	17.6	11.8	37.1	2.7	100.0
X	DISEASES OF THE RESPIRATORY SYSTEM (J00-J98)	M	9.4	4.2	3.4	4.6	6.7	9.8	13.0	15.7	8.6	22.0	2.6	100.0
		F	11.5	6.1	4.2	5.1	6.1	6.7	9.2	12.1	7.8	29.1	2.1	100.0
XI	DISEASES OF THE DIGEISTIVE SYSTEM (K00-K92)	M	1.3	1.2	2.5	4.6	10.3	19.9	23.4	17.7	6.8	9.4	3.0	100.0
		F	2.4	2.6	5.0	8.6	10.6	14.3	16.9	15.4	8.8	12.6	3.0	100.0
XII	DISEASES OF THE SKIN AND SUBCUTANEOUS TISSUE (L00-L98)	M	3.1	1.3	3.3	5.8	7.1	14.3	13.4	20.1	5.8	22.1	3.6	100.0
		F	2.9	4.0	3.6	6.1	10.1	10.8	18.7	16.2	4.0	17.6	6.1	100.0
XIII	DISEASES OF THE MUSCULOSKELETAL SYSTEM AND CONNECTIVE TISSUE (M00-M99)	M	1.4	3.5	3.5	8.5	8.5	12.8	18.4	12.8	4.3	22.0	43.	100.0
		F	1.6	2.7	4.3	9.0	10.1	14-9	14.4	17.6	6.4	16.5	2.7	100.0
XIV	DISEASES OF THE GENITOURINARY SYSTEM (N00-N99)	M	2.4	1.9	3.1	5.4	8.5	11.1	15.3	18.1	9.6	21.4	3.4	100.0
		F	2.7	1.6	3.6	6.7	8.2	9.3	13.5	16.9	9.6	24.9	2.8	100.0
XV	PREGNANCY, CHILDBIRTH AND THE PUERPERIUM (O00-O99)	F	0.0	0.0	0.	36.8	43.3	14.6	3.3	0.1	0.0	0.0	0.9	100.0
XVI	CERTAIN CONDITIONS ORIGINATING IN THE PERINATAL PERIOD (P00-P96)	M	100.0	0.0	0.0	0.0	0.0	0.0	0.0	0.0	0.0	0.0	0.0	100.0
		F	100.0	0.0	0.0	0.0	0.0	0.0	0.0	0.0	0.0	0.0	0.0	100.0
XVII	CONGENITAL MALFORMATIONS, DEFORMATIONS AND CHROMOSOMAL ABNORMALITIES (Q00-Q99)	M	86.9	5.8	3.2	0.9	0.6	1.1	0.3	0.6	0.3	0.3	0.2	100.0
		F	80.8	9.0	3.7	1.6	1.0	0.9	1.0	0.9	0.3	0.4	0.4	100.0
XVIII	SYMPTOMS, SIGNS AND ABNORMAL CLINICAL AND LABORATORY FINDINGS NOT ELSEWHERE CLASSIFIED (R00-R99)	M	6.2	2.7	3.4	6.5	9.7	11.9	12.7	12.5	7.5	24.3	2.6	100.0
		F	7.1	3.8	4.0	8.3	8.7	7.3	8.1	8.6	6.2	35.2	2.6	100.0

1	2	3	4	5	6	7	8	9	10	11	12	13	14	15
XIX	INJURY, POISIONING AND CERTAIN OTHER CONSEQUENCES OF EXTERNAL CAUSES (S00-S98)	M	1.3	2.1	4.7	16.5	21.8	18.5	13.4	8.9	3.6	5.0	4.3	100.0
		F	1.4	2.3	5.7	27.5	24.0	13.9	8.3	5.7	2.8	4.8	3.6	100.0
	ALL CAUSES	M	10.7	2.4	3.0	5.8	9.1	11.7	14.0	15.1	7.6	17.5	2.9	100.0
		F	12.0	3.1	3.7	9.1	9.8	8.8	9.9	12.1	7.4	21.6	2.6	100.0
		T	11.2	2.7	3.3	7.0	9.4	10.6	12.5	14.0	7.5	19.0	2.8	100.0

Source: Medical Certification of Cause of Death 2001.

मरणशीलता के निर्धारण तत्त्व

जन्म, प्रवास आदि जनांकिकीय घटनाओं की भाँति मृत्यु तथा अस्वस्थ्ता का किसी देश की आर्थिक समृद्धता आदि के निर्माण में बड़ा महत्त्वपूर्ण स्थान है। किसी भी देश के आर्िक मेरूदण्ड की दृढ़ता वहाँ प्राप्त आर्थिक संसाधनों, आवास-प्रवास, जन्म एवं मृत्यु-दरों की मात्रा तथा प्रकृति के द्वारा आंका जा सकता हैं अधिक शिशु एवं किशोर मृत्यु-दरों तथा वयस्क रूग्णता वाले प्रदेश में जहाँ एक ओर तो राष्ट्रीय क्षति तथा पुनरूत्पादन क्षति (में भ्रुण मृत्यु, परिप्रसव तथा नवजात मृत्यु को शामिल किया जाता हैं) के अधिक होने से प्रति व्यक्ति आय तथा उपभोग सामग्री कम होती ह वहीं दूसरी ओर अनुपस्थिति, अनियमितता आदि के कारण राष्ट्रीय उत्पादन को बराबर धक्का पहुँचता रहता है जिससे हमारा आर्थिक ढाँचा नित्य प्रति खोखला होता रहता है। इसलिए मृत्युक्रम का अध्ययन किसी भी देश के लिए अत्यावश्यक हो जाता है।

किसी भी देश में मृत्यु-दर का निर्धारण अनेक कारकों द्वारा होता है, जिसमें कुछ प्रमुख कारक निम्न हैं-

चिकित्सा सुविधाएं और स्वास्थ्य का सामान्य स्तर, जनसंख्या की स्वस्थ रहने की आदतें, बीमारियाँ और उनका नियंत्रण, राष्ट्रीय आय का स्तर एवं जीवन स्तर, शिक्षा का स्तर, आवास सुविधाएं, जनसंख्या का घनत्व, सामाजिक हिंसा, क्रांति या युद्ध, जनसंख्या की वंशानुगत विशेषताएं, संतुलित आहार एवं स्वच्द पानी की उपलब्धता, देश का वातावरण और जलवायु, तथा देश की कार्यकारी दशाएँ।

भारत में अभी भी मृत्यु के सही आँकड़े उपलब्ध नहीं होते हैं जो भी इस संदर्भ में आँकड़े उपलब्ध है उनमें बहुत अधिक विभिन्नता पाई जाती है तथापि यह निश्चित रूप से कहा जा सकता है कि विकसित देशों की तुलना में भारत में मृत्यु-दर अधिक है।

मृत्यु सूचकों का निर्धारण

मृत्यु जनसंख्या परिवर्तन का एक अभिन्न अंग है और जनांकिकी अध्ययन और समाज स्वास्थ्य के लिए महत्वपूर्ण है। जनसंख्या प्रक्षेपण और जीवन सारणी के लिए यह एक प्रमुख अंग है। सामान्य पंजीकरण प्रविधि (Sample Registration) में लिपीबद्ध मृत्यु घटनाओं के बारे में जानकारी मृत्यु सूचकों के निर्धारण के लिए प्रयोग होता है। मृत्यु के विभिन्न मापन अशोधित मृत्यु दर (Crude Death Rate) शिशु मृत्यु दर (Infant Mortality Rate), और इसके अंग, आयु विशिष्ट मृत्यु दर (Age Specific Mortaity Rate), अवाक जन्म दर (Still Birth Rate) और प्रसवपूर्व मृत्यु दर (Peri-Natal Mortality Rate) है।

इसके शुरूआत से विभिन्न मृत्यु मापन के निर्धारण के लिए सामान्य पंजीकरण प्रविधि निरन्तर आँकड़ें प्रदान करता है। 1971 से 1981 के दौरान भारत का अशोधित मृत्यु दर अन्ततः 14.9 से 12.5 तक और इसके बाद 1991 से 2005 के दौरान 9.8 से 7.6 तक घटा है। शहरी क्षेत्र की तुलना में ग्रामीण क्षेत्र में तेजी से गिरावट आई है। शिशु मृत्यु दर जो कि स्वास्थ्य योजना में महत्वपूर्ण कार्य करता है। जो कि विशेष गिरावट दर्शाता है। 1971 में प्रति हजार 129 जीवित जन्म से 1981 में 110 और 1991 में 80 से 2005 में 58 शिशु मृत्यु दर का औसत गिरावट ज्ञात किया गया है। 1971 में 51.9 से 1981 में 41.2 तक और 1991 में 26.5 से 2005 में 17.3 शिशु मृत्यु दर में गिरावट आई है। 2005 में मृत्यु के एक चौथाई से थोड़ा ज्यादा संस्थागत और संस्था से अलग तीन चौथाई प्राप्त चिकित्सकीय सजगता या देखरेख में हुई थी।

पूरे भारत से अलग हट के बड़े प्रान्तों के लिए मृत्यु सूचक आँकड़ों पर लिंग, निवास और विशाल आयु वर्गो द्वारा यह अध्याय प्रदर्शित करता है। इसमें शिशु मृत्यु और इसके अंग है जैसे नवतजात शिशु

(Neo-natal) मृत्यु और जन्म के पश्चात् शिशु (Post-natal) जन्म के पूर्व शिशु (Per-natal) मृत्यु और पिछले सालों से उसमें परिवर्तन हुआ है। यह मृत्यु के पहले चिकित्सिकीय देख रेख का भी विवरण रखता है। 2005 में भारत और बड़े राज्यों के अशोधित मृत्यु दर चार्ट 4 में दर्शाया गया है।

राज्य एवं राष्ट्रीय स्तर पर मृत्युक्रम के संसूचकों पर सामान्य पंजीकरण प्रविधि द्वारा 2004 के प्रतिदर्श के आधार पर राज्यवार मृत्यु दरों का आकलन किया गया है। जैसे ग्रामीण क्षेत्र में प्राकृतिक विभाजन स्तर, उत्पन्न प्राकृतिक विभाजन निरन्तर जनपद संग्रह द्वारा समान प्रारूपीय, जनसंख्या उत्पादन प्रतिमान और वर्षा आदि को सारणी में प्रदर्शित किया गया गया है। शिशु मृत्यु दर जन्म के अतिरिक्त बड़े राज्यों के 56 प्राकृतिक विभाजन के लिए और शिशु मृत्यु दर जन्म–मृत्यु वे अतिरिक्त चार मैट्रो शहरों के लिए चैन्नई, दिल्ली, कोलकाता, मुम्बई में मृत्यु दर के आँकड़ें भी प्रदर्शित किये गए हैं।

राष्ट्रीय स्तर पर 2005 के लिए अशोधित मृत्यु दर (सारणी 3.12 चार्ट 4ऋ 7.6 प्रति हजार जनसंख्या था। और यह ग्रामीण क्षेत्र में 8.1 से शहरी क्षेत्र में 6.0 तक था। बड़े राज्यों दिल्ली में 4.6 और उड़ीसा में 9.5 तक थी। राष्ट्रीय सतर की तुलना में राज्य जिनमें अधिक मृत्यु दर है। असम (8.7), बिहार (8.1), छतीसगढ़ (8.1), झारखण्ड (7. 9), मध्य प्रदेश (9.0), उड़ीसा (9.5), और उत्तर प्रदेश (8.7) है। बड़े प्रान्तों के फैलाव शहरी एवं ग्रामीण क्षेत्रों में CDR स्तर के लिए चार्ट 5 में दिखाया गया है।

Chart 4 : Crude death rate by Residence, India and Bigger States, 2005

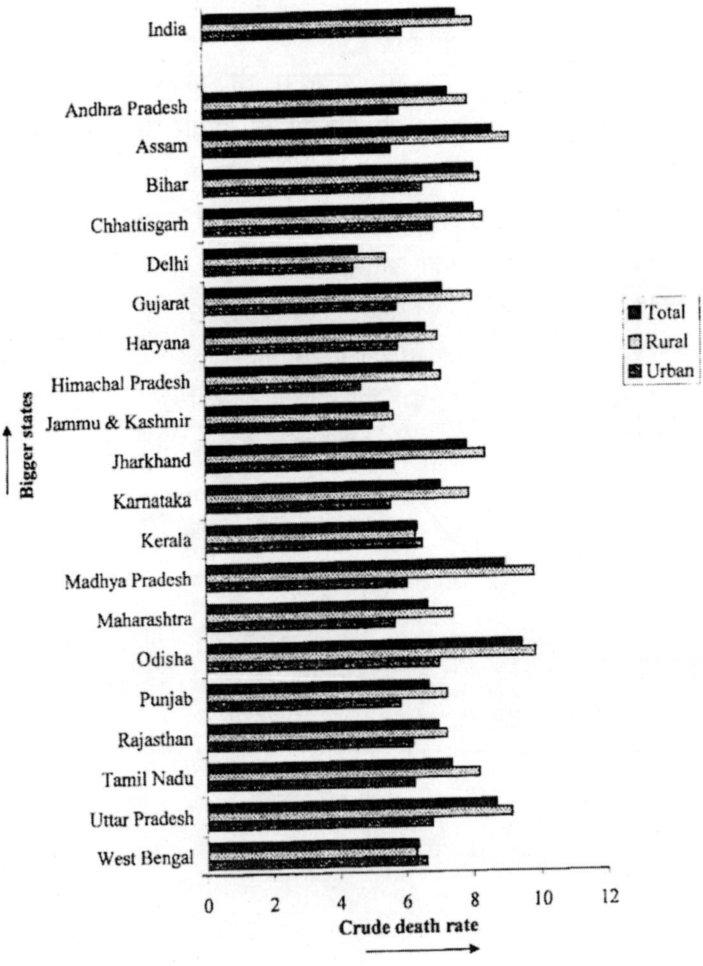

Chart 5 : Distribution of Bigger States by Values of Death Rate for Rural and Urban Areas, 2005

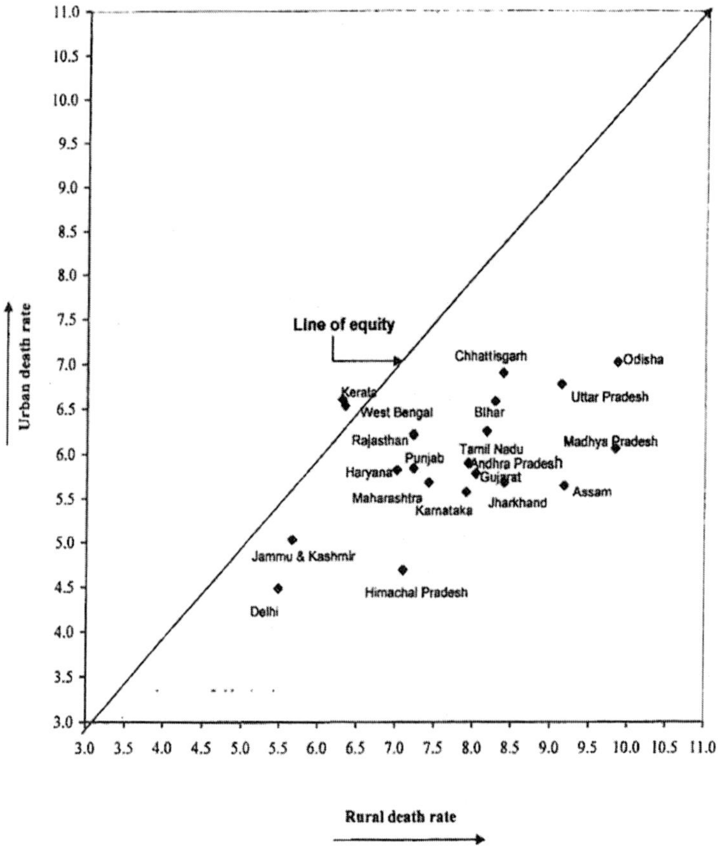

सारणी 3.12 : भारत और बड़े राज्यों में निवास के आधार पर अपरिष्कृत मृत्यु दर, 2005

भारत और बड़े राज्य	कुल योग	ग्रामीण	नगरीय
भारत	7.6	8.1	6.0
आन्ध्र प्रदेश	7.3	7.9	5.9
असम	8.7	9.2	5.6
बिहार	8.1	8.3	6.6
छत्तीसगढ़	8.1	8.4	6.9
दिल्ली	4.6	5.5	4.5
गुजरात	7.1	8.0	5.8
हरियाणा	6.7	7.0	5.8
हिमांचल प्रदेश	6.9	7.1	4.7
जम्मू-कश्मीर	5.5	5.7	5.0
झारखण्ड	7.9	8.4	5.7
कर्नाटक	7.1	7.9	5.6
केरल	6.4	6.3	6.5
मध्य प्रदेश	9.0	9.8	6.1
महाराष्ट्र	6.7	7.4	5.7
उड़ीसा	9.5	9.9	7.0
पंजाब	6.7	7.2	5.8
राजस्थान	7.0	7.2	6.2
तमिलनाडू	7.4	8.2	6.2
उत्तर प्रदेश	8.7	9.1	6.8
पश्चिम बंगाल	6.4	6.3	6.6

Source : Sample Registration Statistical Report, 2005.

भारत के लिए निवास के द्वारा पुरुष महिला के लिए अलग अशोधित मृत्यु दर का निर्धारण नीचें दिया गया है। यह ज्ञात होता है कि पुरुषों की तुलना में महिलाओं के लिए शहरी एवं ग्रामीण दोनों क्षेत्रों में मृत्यु दर कम है।

सारणी 3.13 : भारत में निवास और लिंग के आधार पर अपरिष्कृत मृत्यु दर, 2005

निवास	*कुल*	*पुरुष*	*स्त्रियां*
कुल	7.6	8.0	7.1
ग्रामीण	8.1	8.5	7.7
शहरी	6.0	6.5	5.5

Source: Sample Registration Statistical Report, 2005

बड़े प्रान्तों में पुरुषों और माहिलाओं के लिए अशोधित मृत्यु दर नीचे सारणी में दिखाया गया है।

सारणी 3.14: भारत और बड़े राज्यों में निवास और लिंग के आधार पर अपरिष्कृत मृत्यु दर, 2005

भारत और बड़े राज्य	*कुल योग*	*पुरुष*	*स्त्रियां*
भारत	7.6	8.0	7.1
आन्ध्र प्रदेश	7.3	7.7	6.9
असम	8.7	9.3	7.9
बिहार	8.1	8.2	8.0
छत्तीसगढ़	8.1	8.6	7.6
दिल्ली	4.6	4.7	4.6
गुजरात	7.1	7.6	6.6
हरियाणा	6.7	7.0	6.3

भारत और बड़े राज्य	*कुल योग*	*पुरुष*	*स्त्रियां*
हिमांचल प्रदेश	6.9	7.6	6.1
जम्मू-कश्मीर	5.5	5.8	5.3
झारखण्ड	7.9	7.9	7.8
कर्नाटक	7.1	7.6	6.6
केरल	6.4	7.6	5.2
मध्य प्रदेश	9.0	9.2	8.6
महाराष्ट्र	6.7	7.4	5.9
उड़ीसा	9.5	10.1	8.8
पंजाब	6.7	7.2	6.1
राजस्थान	7.0	7.0	6.9
तमिलनाडू	7.4	8.0	6.7
उत्तर प्रदेश	8.7	8.8	8.6
पश्चिम बंगाल	6.4	7.0	5.7

Source: Sample Registration Statistical Report, 2005.

भारत और बड़े प्रान्तों के लिए विशाल आयु संग्रह के द्वारा मृत्यु का प्रतिशत वितरण सारणी 3.15 में नीचे दिया गया है। राष्ट्रीय स्तर पर मृत्यु का 18.5 प्रतिशत शिशु मृत्यु (0–1 वर्ष) है। जबकि मृत्यु का 42.8 प्रतिशत 60 वर्ष के और उससे अधिक के व्यक्तियों में पायी जाती है। मृत्यु का 5.4 प्रतिशत के लिए (1–4 वर्ष) को जोड़ा गया है। कुल मृत्यु का शिशु मृत्यु का प्रतिशत केरल में निम्न 3.4 प्रतिशत से राजस्थान में उच्च 27.8 प्रतिशत तक है। मृत्यु का प्रतिशत बंटवारा 60 वर्ष और उससे अधिक के व्यक्तियों से मध्य प्रदेश में 34.4 से केरल में 69.5 तक है।

सारणी 3.15 : भारत और बड़े राज्यों में आयु के आधार पर मृत्यु का प्रतिशत

भारत और बड़े राज्य	*आयु समूह*					
	< 1	*1–4*	*0–4*	*5–14*	*15–59*	*60+*
भारत	18.5	5.4	23.8	4.1	29.3	42.8
आन्ध्रं प्रदेश	14.8	2.3	17.2	2.6	35.9	44.4
असम	19.6	4.8	24.4	4.8	35.6	35.2
बिहार	22.9	9.5	32.5	6.8	24.7	36.0
छत्तीसगढ़	21.3	8.3	29.6	4.7	27.7	38.0
दिल्ली	14.0	4.1	18.1	2.7	34.9	44.3
गुजरात	17.8	4.4	22.2	3.2	30.6	43.9
हरियाणा	21.7	4.0	25.8	2.8	26.7	44.7
हिमांचल प्रदेश	15.5	2.8	18.3	1.1	28.3	52.3
जम्मू–कश्मीर	17.3	3.0	20.3	3.5	26.1	50.1
झारखण्ड	17.1	7.8	25.0	7.3	31.5	36.2
कर्नाटक	14.5	1.9	16.3	1.9	34.5	47.2
केरल	3.4	0.9	4.3	1.9	25.1	69.5
मध्य प्रदेश	24.8	7.1	31.9	5.5	28.2	34.4
महाराष्ट्र	10.1	2.3	12.4	2.5	32.8	52.3
उड़ीसा	17.8	4.9	22.7	3.8	28.8	44.8
पंजाब	12.0	2.8	14.8	1.9	28.6	54.6
राजस्थान	27.8	7.1	35.0	4.3	23.9	36.8
तमिलनाडू	8.3	1.2	9.5	1.8	33.4	55.2
उत्तर प्रदेश	25.6	8.4	34.0	5.5	25.1	35.3
पश्चिम बंगाल	11.4	3.1	14.5	3.5	31.8	50.2

Source: Sample Registration system Statistical Report, 2005.

शिशु मृत्यु का प्रतिशत भाग निवास द्वारा कुल मृत्यु भारत और बड़े प्रान्तों के लिए सारणी 3.16 नीचे दिखाया है। राष्ट्रीय स्तर पर 2005

में इसका भाग 18.5 प्रतिशत था और शहरी क्षेत्र में 20.1 प्रतिशत ग्रामीण क्षेत्र में 12.6 प्रतिशत तक था शहरी क्षेत्रों में शिशु मृत्यु का निम्न तक प्रतिशत भाग राजस्थान में 31.1 की तुलना में केरल में 3.6 अभिलक्षित है। ग्रामीण क्षेत्रों में केरल में 2.7 प्रतिशत से उत्तर प्रदेश में 20.9 प्रतिशत तक थी।

सारणी 3.16 भारत और बड़े राज्यों में शिशु मृत्यु का प्रतिशत, 2005

भारत और बड़े राज्य	*कुल योग*	*ग्रामीण*	*नगरीय*
भारत	18.5	20.1	12.6
आन्ध्र प्रदेश	14.8	16.0	11.1
असम	19.6	20.5	10.6
बिहार	22.9	23.5	17.1
छतीसगढ़	21.3	22.6	14.9
दिल्ली	14.0	15.1	13.8
गुजरात	17.8	19.9	13.3
हरियाणा	21.7	23.7	16.3
हिमांचल प्रदेश	15.5	16.1	8.1
जम्मू-कश्मीर	17.3	18.9	11.1
झारखण्ड	17.1	18.2	10.8
कर्नाटक	14.5	15.2	12.5
केरल	3.4	3.6	2.7
मध्य प्रदेश	24.8	25.8	19.6
महाराष्ट्र	10.1	10.9	8.7
उड़िसा	17.8	18.3	12.8
पंजाब	12.0	12.6	10.7
राजस्थान	27.8	31.1	16.3
तमिलनाडू	8.3	8.0	8.8
उत्तर प्रदेश	25.6	26.4	20.9
पश्चिम बंगाल	11.4	13.5	6.0

Source: Sample Registration system Statistical Report, 2005.

Chart 6 : Infant Mortality rate by Residence, Indian and Bigger States, 2005

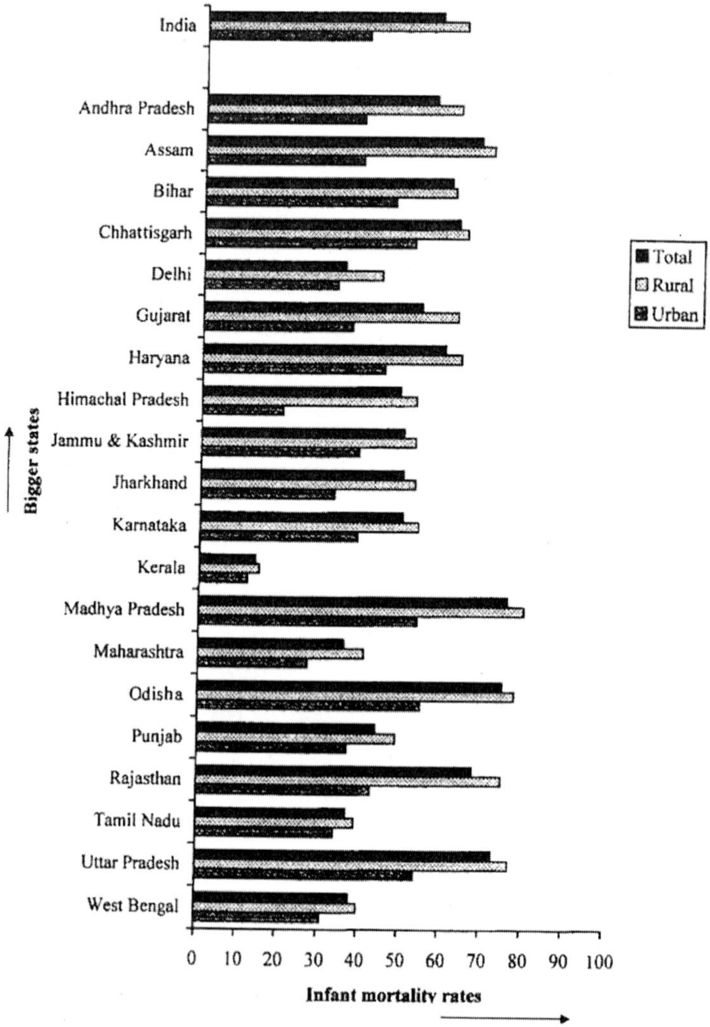

Chart 7 : Distribution of Bigger States by Infant Mortality rate for Rural and Urban Areas, 2015

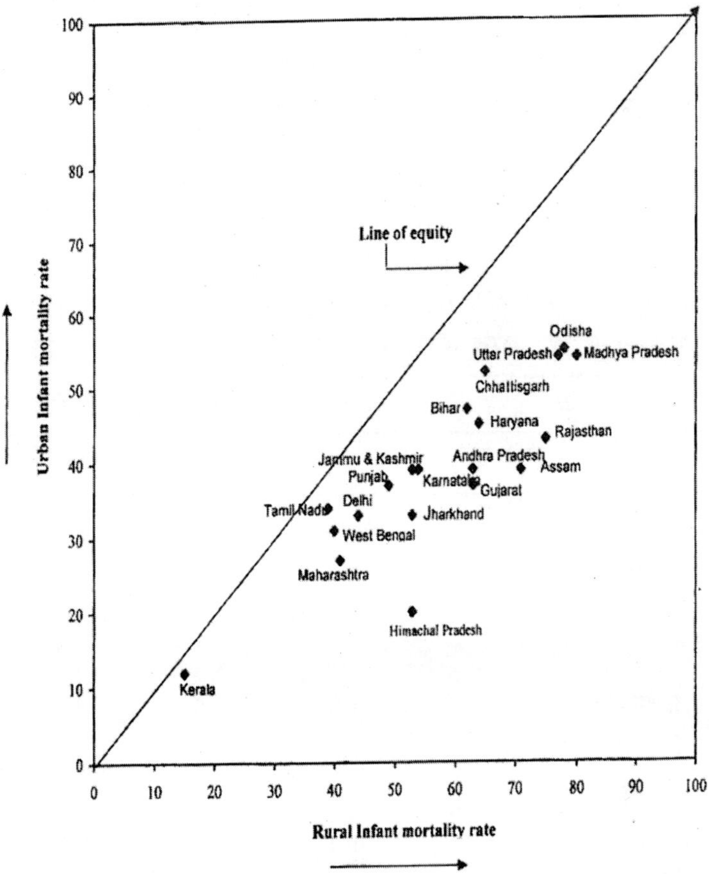

भारत और बड़े प्रान्तों के लिए 2005 के लिए लिंग और निवास के द्वारा नीचे दिया गया वक्तव्य या सारणी 3.17 शिशु मृत्यु दर प्रस्तुत करता है। शिशु मृत्यु दर को इस प्रकार परिभाषित करते हैं–शिशु मृत्यु (1 वर्ष) प्रति हजार जीवित जन्म। राष्ट्रीय स्तर पर आई.एम.आर (Infant Mortality Rate) 58 संग्राहित है और ग्रामीण क्षेत्र में 64 से शहरी क्षेत्र में 40 तक थी। बड़े प्रान्तों में केरल में यह 14 से मध्य प्रदेश में 76 तक थी। सभी प्रदेशों में पुरुष शिशु की तुलना में महिला शिशु की अधिक मृत्यु दर है। सीमित मृत्यु को देखने पर लिंग शिशु मृत्यु दर में कुछ भिन्नता है। शिशु मृत्यु दर के स्तर से बड़े प्रान्तों का वितरण ग्रामीण और शहरी क्षेत्रों में दिखाया गया है।

सारणी 3.17 भारत और बड़े राज्यों में शिशु मृत्यु दर, 2005

भारत और बड़े राज्य	*कुल योग*	*ग्रामीण*	*नगरीय*
1	2	3	4
भारत	58	64	40
आन्ध्र प्रदेश	57	63	39
असम	68	71	49
बिहार	61	62	47
छत्तीसगढ़	63	65	52
दिल्ली	35	44	33
गुजरात	54	63	37
हरियाणा	60	64	45
हिमांचल प्रदेश	49	53	20
जम्मू-कश्मीर	50	53	39
झारखण्ड	50	53	33
कर्नाटक	50	54	39
केरल	14	15	12

1	2	3	4
मध्य प्रदेश	76	80	54
महाराष्ट्र	36	41	27
ओडिया	75	78	55
पंजाब	44	49	37
राजस्थान	68	75	43
तमिलनाडू	37	39	34
उत्तर प्रदेश	73	77	54
पश्चिम बंगाल	38	40	31

Source: Sample Registration system Statistical Report, 2005.

नीचे दिया गया वक्तव्य या सारणी 3.18 में नवजात शिशु (29 दिन) मृत्यु प्रदर्शित करता है और राज्य स्तर पर 2005 के लिए नवजात शिशु से शिशु मृत्यु दिखाया गया है। राष्ट्रीय स्तर पर नवजात शिशु मृत्यु दर 37 था और शहरी क्षेत्रों में 23 से लेकर ग्रामीण क्षेत्र में 41 तक थी। बड़े राज्यों, नवजात शिशु मृत्यु दर उड़ीसा में 53 से लेकर केरल में 11 तक थी। नवजात शिशु मृत्यु का प्रतिशत से कुल शिशु मृत्यु राष्ट्रीय स्तर पर 62.9 प्रतिशत थी और शहरी क्षेत्रों में 58.2 प्रतिशत से लेकर ग्रामीण क्षेत्र में 63.7 प्रतिशत थी। बड़े राज्यों में पश्चिमी बंगाल (76.8) नवजात शिशु मृत्यु का सबसे अधिक प्रतिशत और असम (49.2) में सबसे कम शिशु का पंजीकरण किया गया है।

सारणी 3.18 : भारत और बड़े राज्यों की नवजात शिशु मृत्यु दर और नवजात शिशु से शिशु मृत्यु का प्रतिशत, 2005

भारत और बड़े राज्य	नवजात शिशु मृत्यु दर			नवजात शिशु से शिशु मृत्यु का प्रतिशत		
	योग	ग्रामीण	नगरीय	योग	ग्रामीण	नगरीय
भारत	37	41	23	62.9	63.7	58.2
आन्ध प्रदेश	35	43	11	61.1	68.0	28.7
असम	33	35	18	49.2	49.4	45.5
बिहार	32	34	18	53.1	54.2	37.5
छत्तीसगढ़	45	46	36	70.3	70.5	68.5
दिल्ली	20	17	21	57.5	38.0	62.0
गुजरात	36	40	27	66.3	63.9	74.1
हरियाणा	35	38	27	58.7	58.3	60.3
हिमांचल प्रदेश	33	35	14	62.4	62.9	50.0
जम्मू-कश्मीर	36	37	31	71.6	70.4	80.3
झारखण्ड	28	30	16	56.2	57.0	48.3
कर्नाटक	28	34	15	56.9	62.8	38.1
केरल	11	11	10	75.9	74.3	81.9
मध्य प्रदेश	51	54	36	67.0	67.1	66.8
महाराष्ट्र	25	30	19	70.8	71.9	68.3
ओड़िसा	53	56	32	70.6	71.6	58.7
पंजाब	30	33	23	67.3	68.9	63.5
राजस्थान	43	47	25	63.0	63.7	58.8
तमिलनाडू	26	31	19	70.9	80.7	54.9
उत्तर प्रदेश	45	48	33	61.6	61.7	61.4
पश्चिम बंगाल	30	32	20	76.8	79.1	64.0

Source: Sample Registration system Statistical Report, 2005.

भारत और बड़े प्रान्तों के लिए निवास द्वारा मृत्यु द्वारा कुल मृत्यु के 5 वर्ष से कम आयु के शिशु के मृत्यु का प्रतिशत भाग नीचे वक्तव्य या सारणी 3.19 में दिखाया गया है। राष्ट्रीय स्तर पर इसका 23.8 प्रतिशत था और ग्रामीण क्षेत्र में 26.1 से शहरी क्षेत्र में 15.6 तक थी। बड़े प्रान्तों में केरल में 4.3 और राजस्थान में 35.0 तक थी। ग्रामीण क्षेत्रों में इस प्रकार केरल में 4.8 और राजस्थान में 39.4 तथा शहरी क्षेत्र में केरल में 3.0 और उत्तर प्रदेश में 28.2 प्रतिशत तक यह थी।

सारणी 3.19 : भारत और बड़े राज्यों में 0-4 वर्ष आयु के मृत्यु का प्रतिशत, 2005

भारत और बड़े राज्य	*कुल योग*	*ग्रामीण*	*नगरीय*
1	*2*	*3*	*4*
भारत	23.8	26.1	15.6
आन्ध्र प्रदेश	17.2	18.5	12.9
असम	24.4	25.6	12.7
बिहार	32.5	33.0	26.7
छत्तीसगढ़	29.6	31.8	18.3
दिल्ली	18.1	26.6	16.3
गुजरात	22.2	26.1	13.9
हरियाणा	25.8	27.6	20.7
हिमांचल प्रदेश	18.3	19.0	8.9
जम्मू-कश्मीर	20.3	22.3	12.3
झारखण्ड	25.0	26.6	15.4
कर्नाटक	16.3	17.4	13.4
केरल	4.3	4.8	3.0
मध्य प्रदेश	31.9	33.4	24.3
महाराष्ट्र	12.4	13.5	10.5
ओड़िया	22.7	23.4	16.1

1	2	3	4
पंजाब	14.8	15.6	13.4
राजस्थान	35.0	39.4	19.2
तमिलनाडू	9.0	9.5	9.5
उत्तर प्रदेश	34.0	35.1	28.2
पश्चिम बंगाल	14.5	17.5	7.0

Source: Sample Registration system Statistical Report, 2005.

निवास द्वारा 5 वर्ष के नीचे शिशु के लिए मृत्यु दर पुरुष और माहिला के लिए अलग-अलग नीचे वक्तव्य या सारणी 3.20 में दिया है। राष्ट्रीय स्तर पर शिशु मृत्यु दर 17.3 निर्धारित था और यह ग्रामीण क्षेत्र में 19.5 से शहरी क्षेत्र में 10.3 तक था। बड़े प्रान्तों में शिशु मृत्यु दर केरल में 4.3 से उत्तर प्रदेश में 24.7 तक थी। असम और केरल के लिए इसके अतिरिक्त बचे हुए प्रान्तों में पुरुष शिशु की तुलना में महिला शिशु मृत्यु दर ज्यादा थी।

सारणी 3.20 : भारत और बड़े राज्यों में 0-4 वर्ष आयु, लिंग और निवास के आधार पर मृत्यु दर की धारणा, 2005

भारत और	*कुल योग*			*ग्रामीण*			*नगरीय*		
बड़े राज्य	*योग*	*पुरुष*	*स्त्री*	*योग*	*पुरुष*	*स्त्री*	*योग*	*पुरुष*	*स्त्री*
भारत	17.3	16.4	18.2	19.5	18.6	20.4	10.3	9.5	11.1
आन्ध्र प्रदेश	14.8	14.4	15.2	17.3	16.7	17.9	8.8	9.1	8.6
असम	19.7	20.4	19.0	21.1	21.9	20.2	8.7	7.9	9.6
बिहार	20.1	19.1	21.1	20.6	19.7	21.5	15.3	13.7	17.1
छत्तीसगढ़	20.2	15.6	22.1	21.6	19.6	23.9	13.0	13.4	12.5
दिल्ली	8.3	7.7	8.9	12.8	14.5	10.8	7.4	6.4	8.6
गुजरात	16.0	15.3	16.8	20.3	19.7	20.9	8.6	8.0	9.3
हरियाणा	17.8	14.6	21.7	19.7	16.1	24.3	13.0	10.8	15.5

हिमांचल प्रदेश	13.5	9.4	18.0	14.2	9.6	19.1	5.8	7.9	3.3
जम्मू कश्मीर	12.0	11.5	12.5	12.7	12.3	13.2	8.4	7.5	9.5
झारखण्ड	16.1	14.1	18.3	17.5	15.1	20.3	8.8	9.0	8.5
कर्नाटक	13.1	12.5	13.7	15.6	14.7	16.6	8.5	8.5	8.4
केरल	3.4	3.5	3.3	3.7	3.9	3.6	2.5	2.4	2.6
मध्य प्रदेश	24.6	23.9	25.4	27.3	26.6	28.0	14.3	13.4	15.2
महाराष्ट्र	8.6	8.6	8.6	9.8	10.0	9.5	6.7	6.2	7.2
औड़िसा	21.4	21.3	21.6	22.6	22.6	22.	13.2	11.9	14.6
पंजाब	11.3	10.1	12.8	12.8	11.8	14.1	8.9	7.2	10.8
राजस्थान	20.3	18.5	22.4	23.1	21.1	25.4	10.8	9.3	12.4
तमिलनाडू	9.0	8.9	9.2	9.8	9.9	9.7	8.0	7.5	8.4
उत्तर प्रदेश	24.7	23.2	26.3	26.0	24.4	27.7	18.2	17.0	19.5
पश्चिम बंगाल	10.0	9.9	10.1	11.0	11.2	10.8	6.2	5.1	7.4

5-14 आयु संग्रह में शिशु के लिए मृत्यु दर सारणी 3.21 में नीचे दिया है राष्ट्रीय स्तर पर जैसा कि डाटा दिया गया है इस आयु संग्रह में मृत्यु दर 1.3 निर्धारित है। ग्रामीण शहरी अंतर दिखाता है ग्रामीण क्षेत्रों की तुलना में मृत्यु दर शहरी क्षेत्र में थोड़ा कम दिखाता है। बड़े प्रान्तों में केरल में इस आयु संग्रह में मृत्यु दर सबसे कम अभिलक्षित है और हिमाचंल प्रदेश में (0.4) और सबसे अधिक झारखण्ड में (2.2)।

सारणी 3.21 : भारत और राज्यों में 5-14 वर्ष आयु, लिंग और निवास के आधार पर मृत्यु दर, 2005

भारत और बड़े राज्य	*कुल योग*			*ग्रामीण*			*नगरीय*		
	योग	*पुरुष*	*स्त्री*	*योग*	*पुरुष*	*स्त्री*	*योग*	*पुरुष*	*स्त्री*
भारत	1.3	1.3	1.4	1.5	1.5	1.6	0.8	0.8	0.8
आन्ध्र प्रदेश	0.9	0.8	1.1	1.1	0.9	1.3	0.5	0.5	0.5
असम	1.7	1.9	1.6	1.8	1.9	1.7	1.0	1.4	0.6

बिहार	2.0	1.8	2.2	2.1	1.8	2.3	1.2	1.5	0.9
छत्तीसगढ़	1.6	2.1	1.1	1.8	1.0	1.2	0.7	0.8	0.6
दिल्ली	0.6	0.7	0.4	1.1	1.0	1.2	0.5	0.6	0.3
गुजरात	1.1	1.2	1.0	1.3	1.5	1.1	0.7	0.6	0.8
हरियाणा	0.8	0.7	0.9	0.9	0.8	1.0	0.6	0.7	0.6
हिमांचल प्रदेश	0.4	0.1	0.6	0.2	0.0	0.5	1.7	1.1	2.3
जम्मू कश्मीर	0.9	0.8	0.9	0.9	0.9	0.8	0.9	0.6	1.2
झारखण्ड	2.2	2.4	1.9	2.4	2.6	2.1	1.2	1.4	1.0
कर्नाटक	0.7	0.7	0.6	0.6	0.8	0.4	0.7	0.4	1.0
केरल	0.4	0.3	0.5	0.5	0.5	0.5	0.2	0.0	0.4
मध्य प्रदेश	2.0	1.9	2.0	2.3	2.2	2.3	0.8	0.7	0.9
महाराष्ट्र	0.8	0.8	0.9	0.9	0.9	0.9	0.6	0.6	0.7
औड़िसा	1.6	1.5	1.8	1.7	1.6	1.8	1.0	0.9	1.2
पंजाब	0.6	0.8	0.5	0.6	0.8	0.4	0.7	0.7	0.7
राजस्थान	1.1	1.0	1.2	1.3	1.2	1.4	0.5	0.3	0.7
तमिलनाडू	0.8	1.0	0.5	0.9	1.1	0.7	0.6	0.9	0.3
उत्तर प्रदेश	1.7	1.5	2.0	1.8	1.6	2.1	1.3	1.3	1.4
पश्चिम बंगाल	1.1	1.1	1.1	1.2	1.2	1.2	0.5	0.5	0.4

लिंग और निवास के द्वारा आयु संग्रह 15–59 मृत्यु दर नीचे सारणी 3.22 में दिया गया है। राष्ट्रीय स्तर पर इस आयु संग्रह में मृत्यु दर 3.7 निर्धारित है और यह ग्रामीण क्षेत्र में 4.3 से शहरी क्षेत्र में 3.1 तक थी। ग्रामीण और शहरी दोनों क्षेत्रों में छत्तीसगढ़ के ग्रामीण क्षेत्र को छोड़कर पुरुषों की तुलना में महिला मृत्यु दर कम है।

सारणी 3.22 : भारत और बड़े राज्यों में 15-59 वर्ष आयु लिंग और निवास के आधार पर मृत्युदर, 2005

भारत और	*कुल योग*			*ग्रामीण*			*नगरीय*		
बड़े राज्य	*योग*	*पुरुष*	*स्त्री*	*योग*	*पुरुष*	*स्त्री*	*योग*	*पुरुष*	*स्त्री*
भारत	3.7	4.3	3.1	4.0	4.4	4.5	3.2	3.9	2.4
आन्ध्र प्रदेश	4.1	4.9	3.4	4.3	5.2	3.4	3.7	4.3	3.1
असम	5.2	5.8	4.5	5.5	6.2	4.8	3.4	4.0	2.7
बिहार	3.8	3.9	3.7	3.8	4.0	3.7	3.5	3.6	3.4
छत्तीसगढ़	3.9	4.0	3.8	3.9	3.8	4.0	3.9	4.8	2.8
दिल्ली	2.6	2.7	2.3	1.6	1.9	1.2	2.7	2.9	2.5
गुजरात	3.5	4.4	2.6	3.8	4.8	2.8	3.1	3.9	2.2
हरियाणा	3.0	3.5	2.3	3.1	3.6	2.4	2.7	3.3	2.0
हिमांचल प्रदेश	3.2	4.2	2.2	3.2	4.3	2.2	2.9	4.0	1.8
जम्मू कश्मीर	2.4	2.6	2.1	2.4	2.5	2.3	2.2	2.8	1.6
झारखण्ड	4.4	4.6	4.2	4.7	4.7	4.7	3.5	4.4	2.5
कर्नाटक	3.9	4.6	3.0	4.4	5.1	3.6	2.9	3.8	2.0
केरल	2.5	3.8	1.3	2.5	3.8	1.4	2.3	3.7	1.1
मध्य प्रदेश	4.4	4.9	4.0	4.8	5.2	4.5	3.2	4.0	2.4
महाराष्ट्र	3.6	4.5	2.6	3.9	4.7	3.0	3.2	4.3	2.0
औड़िसा	4.5	4.5	3.7	4.6	5.4	3.8	4.1	4.9	3.3
पंजाब	3.1	3.5	2.6	3.5	4.1	2.9	2.4	2.7	2.1
राजस्थान	3.0	3.5	2.5	2.8	3.1	2.5	3.5	4.5	2.5
तमिलनाडू	3.7	4.5	3.0	4.2	4.8	3.7	3.1	4.0	2.1
उत्तर प्रदेश	4.0	4.2	3.9	4.3	4.3	4.2	3.1	3.5	2.6
पश्चिम बंगाल	3.2	3.7	2.7	3.2	3.6	2.8	3.2	4.0	2.5

Source: Sample Registration System Statistical Report, 2005.

लिंग और निवास के द्वारा 60 वर्ष तथा तथा इससे ऊपर के व्यक्तियों के लिए मृत्यु दर सारणी 3.23 में नीचे दिया गया है। राष्ट्रीय स्तर पर ग्रामीण और शहरी दोनों क्षेत्रों में पुरुषों की मृत्यु महिला की तुलना में अधिक है। इस आयु संग्रह के लिए मृत्यु दर बड़े प्रान्तों में हिमांचल प्रदेश 38.8 से असम में 53.8 तक था।

सारणी 3.23 : भारत और बड़े राज्यों में 60 वर्ष और उससे अधिक वर्ष आयु और लिंग के आधार पर मृत्यु दर, 2005

भारत और बड़े राज्य	कुल योग			ग्रामीण			नगरीय		
	योग	पुरुष	स्त्री	योग	पुरुष	स्त्री	योग	पुरुष	स्त्री
भारत	44.7	49.0	40.5	45.3	50.0	40.6	42.9	46.0	40.0
आन्ध्र प्रदेश	42.4	44.7	40.4	42.2	45.2	39.5	43.3	43.2	43.4
असम	53.8	56.1	51.2	55.7	57.1	54.1	42.7	50.1	34.0
बिहार	46.2	49.7	42.2	46.7	50.6	42.2	41.9	41.5	42.3
छत्तीसगढ़	45.1	54.9	36.2	43.0	52.1	34.9	56.4	69.5	43.8
दिल्ली	40.9	41.7	39.9	63.3	66.4	59.6	37.5	37.9	37.0
गुजरात	44.6	48.9	40.8	45.6	52.7	39.3	42.9	42.4	43.4
हरियाणा	43.3	49.9	36.7	42.5	51.3	33.5	45.5	46.0	45.1
हिमांचल प्रदेश	38.8	44.1	33.6	39.6	45.3	33.9	28.8	28.8	29.6
जम्मू कश्मीर	39.9	42.0	37.8	40.7	41.3	40.0	37.5	44.2	30.7
झारखण्ड	51.0	53.4	48.4	52.2	55.1	49.3	45.4	46.3	44.3
कर्नाटक	45.3	48.5	42.4	46.3	48.6	44.2	43.1	48.1	38.2
केरल	40.5	47.9	34.5	39.2	46.5	33.3	44.6	52.3	38.3
मध्य प्रदेश	47.6	52.4	42.9	49.8	55.3	44.2	40.0	42.4	38.7
महाराष्ट्र	41.0	45.8	36.5	41.0	48.1	34.5	41.0	41.6	40.4
औड़िसा	50.8	53.4	48.2	51.7	55.0	48.6	43.6	41.9	45.2
पंजाब	41.2	47.0	35.4	39.1	43.6	34.6	45.7	54.4	37.0
राजस्थान	41.1	44.6	37.8	40.0	43.9	36.2	44.5	46.7	44.8
तमिलनाडू	44.0	47.0	41.2	46.5	48.4	44.7	40.3	44.8	42.4
उत्तर प्रदेश	47.0	51.3	42.4	47.0	51.5	42.1	47.1	50.4	43.5
पश्चिम बंगाल	45.9	51.8	39.9	46.9	52.8	40.9	44.1	49.9	37.9

Source: Sample Registration System Statistical Report, 2005.

चिकित्सकीय सजगता से प्राप्त मृत्यु की घटनाओं को सामान्य पंजीकरण प्रविधि में एकत्रित किया गया है। 2005 से नये नमूनें में मृत्यु के पहले चिकित्सकीय सजगता प्राप्त करने का विकल्प मृत्यु की घटनाओं को प्राप्त करने के लिए विकसित किया गया है। विशेषकर नीजि अस्पताल या नर्सिंग होम पर।

नये विकल्प में सरकारी अस्पताल, नीजी अस्पताल, शिक्षित, व्यवसयिक, नवसिखुए और अन्य। 1991 नमूने के आधार पर नमूने के लिए विकल्प संस्था के अतिरिक्त संस्थागत चिकित्सकीय सजगता थी और चिकित्सकीय सजगता सजगता नहीं। नीचे दिया गया सारणी 3.24 बताता है वर्ष 2005 के लिए भारत और बड़े प्रान्तों के लिए ग्रामीण और शहरी क्षेत्रों के लिए अलग-अलग मृत्यु के पहले चिकित्सकीय सजगता प्राप्त के प्रकार से मृत्यु का प्रतिशत वितरण किया जाता है। राष्ट्रीय स्तर पर सरकारी अस्पतालों में 15.9 प्रतिशत मृत्यु होती है। और ग्रामीण क्षेत्रों में 12.8 प्रतिशत और शहरी क्षेत्रों में 27.1 प्रतिशत थी। बड़े राज्यों में हिमांचल प्रदेश (42.2) सरकारी अस्पताल में सबसे अधिक मृत्यु का प्रतिशत है झारखंड (9.7) लगभग 12 प्रतिशत निजी अस्पतालों में सबसे कम मृत्यु की गणना की गई है और उड़ीसा में 2.9 प्रतिशत और केरल में 33.2 प्रतिशत की भिन्नता थी। लगभग 34 प्रतिशत मृत्यु अप्रशिक्षित कार्यकर्ता एवं अन्य के द्वारा होती है।

Table : 3.24 Percentage Distribution of deaths by type of medical attention received before death by residence, India and bigger states, 2005

India and bigger State	*Government Hospital*			*Private Hospital*			*Qualified Professional*			*Unrtrained Functionary & Other*		
	Total	*Rural*	*Urban*	*Total*	*Rural*	*Urban*	*Total*	*Rural*	*Urban*	*Total*	*Rural*	*Urban*
India	15.9	12.8	27.1	12.0	10.0	19.1	38.6	39.4	35.9	33.5	37.9	18.0
Andhra Pradesh	12.0	9.2	21.1	16.1	15.2	19.0	33.2	32.7	34.7	38.7	42.9	25.2
Assam	11.0	10.0	20.4	10.1	9.9	11.5	55.8	56.1	53.3	23.1	23.9	14.8
Bihar	10.6	9.9	18.1	7.2	6.3	17.3	44.2	44.0	46.8	37.9	39.8	17.8
Chhattisgarh	16.4	12.7	34.7	8.8	7.7	14.4	25.5	23.2	37.0	49.3	56.4	13.9
Delhi	38.9	16.6	43.6	10.7	6.0	11.7	29.0	49.5	24.7	21.4	27.9	20.0
Gujarat	18.6	14.7	27.1	14.2	12.1	18.6	49.7	52.9	42.7	17.5	20.3	11.6
Haryana	13.6	12.9	15.6	11.1	10.7	12.2	56.2	57.3	53.1	19.1	19.1	19.1
Himachal Pradesh	42.2	43.1	28.6	10.2	9.3	23.0	27.3	27.9	18.5	20.4	19.7	29.9
Jammu & Kashmir	35.4	30.0	57.0	8.1	7.6	10.0	33.5	34.6	28.8	23.0	27.8	4.2
Jharkhand	9.7	6.5	28.9	9.6	7.7	20.6	36.1	35.7	38.7	44.6	50.1	11.8
Karnataka	23.0	19.2	32.8	14.5	11.5	22.4	18.8	21.5	12.0	43.7	47.9	32.8
Kerala	36.0	37.6	31.3	33.2	35.4	26.7	12.7	7.6	28.0	18.1	19.4	14.0
Madhya Pradesh	13.9	11.0	29.2	13.7	12.5	20.1	34.1	34.4	32.7	38.3	42.1	18.0
Maharashtra	22.5	18.4	29.6	15.2	12.1	20.6	42.1	45.0	36.9	20.3	24.5	12.9
Odisha	16.0	14.8	26.7	2.9	2.5	6.0	22.7	22.4	25.2	58.4	60.3	42.1
Punjab	11.6	10.8	13.2	30.7	25.6	41.1	48.5	52.7	39.9	9.2	10.9	5.8
Rajasthan	15.3	11.7	27.8	8.1	6.9	12.3	45.8	45.4	47.4	30.7	35.9	12.5
Tamil Nadu	15.8	11.8	22.8	14.6	10.3	22.3	22.3	20.3	25.9	47.3	57.6	29.0
Uttar Pradesh	9.8	7.9	20.6	11.1	9.1	22.3	46.2	47.2	40.4	32.9	35.8	16.7
West Bengal	22.3	17.3	35.0	6.1	3.5	12.6	46.4	47.4	44.0	25.1	31.8	8.4

Source: Sample Registration System Statistical Report, 2005

अधिकतम मृत्यु दर एशिया एवं अफ्रीका के विकाशील देशों की विशेषता रही है। मृत्युक्रम को बढ़ाने में योगदान करने वाले कुछ प्रमुख घटक हैं: शिक्षा एवं स्वास्थ्य सुविधाओं का अभाव, रहन-सहन का निम्न स्तर, अकाल, बाढ़, भूकम्प, युद्ध से भी मृत्यु दर में वृद्धि होती है। वर्तमान समय में अधिकतर देशों में मृत्यु दर घट रही है। तीव्र औद्योगीकरण, स्वच्छता, पानी के शुद्धिकरण, साबुन का प्रयोग आदि से मृत्यु दर में काफी प्रभाव पड़ा है। 19वीं शताब्दी के बाद से मृत्यु दर में जो उल्लेखनीय कमी आयी है, उसका प्रमुख कारण चिकित्सा विज्ञान का विकास और सार्वजनिक स्वास्थ्य सेवाओं में पर्याप्त सुधार है। अविवाहित, विधुर विधवा अथवा तलाकशुदा व्यक्तियों में विवाहित व्यक्तियों की तुलना में मृत्यु दर अधिक होती है।

भारत में मृत्यु दर आज भी विकसित देशों से अधिक बनी हुई है। कुछ वर्षों से स्वास्थ्य, सफाई, शिक्षा व चिकित्सा सेवाओं में वृद्धि व प्रसार तथा महामारियों का नियंत्रण आदि के कारण मृत्यु दर में निरंतर ह्रास हो रहा है।

वर्ष 2001 के दौरान चिकित्सकीय प्रमाणित मृत्यु का कुल 533,920 में 334,061 पुरुषों और 199,859 स्त्रियों की गणना की गई है। सात प्रमुख कारणों में चिकित्सकीय प्रमाणित मृत्यु को विभाजित किया गया है जो इस प्रकार है– सर्कुलेटरी सिस्टम (IX) 27.5 प्रतिशत, इन्फेक्शन पैरासाइटिस रोग (I) 14.6 प्रतिशत, इन्जरी एण्ड प्वाइजन (XIX) 11.6 प्रतिशत, सिम्पटम, साईन एण्ड ऐबनॉरमल क्लीनिकल एण्ड लेबोरेटरी फाइन्डिंग (XVIII) 10.8 प्रतिशत, रिस्पेटरी सिस्टम (X) 8.9 प्रतिशत, ओरिनेटिव पेरिनेटिव (XVI) 6.9 प्रतिशत और डाईलोस्टिव सिस्टम (XI) 4.3 प्रतिशत।

किसी भी देश में मृत्यु-दर का निर्धारण अनेक कारकों द्वारा होता है, जिसमें चिकित्सा सुविधाएं और स्वास्थ्य का समान्य स्तर जनसंख्या की स्वस्थ्य रहने की आदतें, बीमारियाँ और उनका नियन्त्रण, राष्ट्रीय आय का स्तर एवं जीवन स्तर, शिक्षा का स्तर, आवास सुविधाएं,

जनसंख्या का घनत्व, सामाजिक हिंसा, क्रान्ति हिंसा, क्रान्ति या युद्ध जनसंख्या की वंशानुगत विशेषताएं, सन्तुलित आहार एवं स्वच्छ पानी की उपलब्धता देश का वातावरण और जलवायु तथा देश की कार्यकारी दशाएँ।

सन्दर्भ ग्रन्थ

1. S.N. Agarwala, India's Population Problems, Tata McGraw-Hill Publishing Co. New Delhi.
2. Victor Petrov, India, Spotligh on Population, Progress Publishers, Moscow.
3. श्रीवास्तव, एस.सी., जनांकिकीय अध्ययन के प्रारूप, हिमालया पब्लिशिंग हाऊस, मुम्बई, 1999
4. सिन्हा एण्ड सिन्हा, वी.सी. एण्ड पुष्पा, जनांकिकी के सिद्धान्त, मयूर पैपरबैक्स, नौएडा, पृ. 103-115, पृ. 351-367
5. Meidcal certification of cause of Death, 2000, 2001 New Delhi
6. पार्क एण्ड पार्क, जे. ई. एण्ड के., सामुदायिक स्वास्थ्य विज्ञान, द्वितीय संस्करण, सिम्पलेक्स प्रिंटिंग प्रेस, जबलपुर
7. बघेल एण्ड बघेल, डी. एस. एण्ड किरण, जनांकिकीए विवेक प्रकाशन, 2000, पृ. 201-210
8. Sample Registration System Statistical Report 2005, pp. 67-87
9. Medical Certification of Cause of Death 2001, pp. 8-25

चतुर्थ अध्याय

वाराणसी में मृत्यु दर

जनांकिकीय अध्ययनों में जनसंख्या वृद्धि के स्वरूप का अध्ययन एक अत्यन्त महत्वपूर्ण विषय है। इसका निर्धारण जन्म, मृत्यु एवं देशान्तरण की घटनाओं के परस्पर सामन्जस्य के आधार पर होता है। जन्म एवं मृत्यु की प्रक्रिया पूर्णत: जैविकीय होते हुए भी सामाजिक एवं सांस्कृतिक प्रतिमानों से आवेष्ठित है। जहाँ प्रजनन की घटनायें ही जनसंख्या वृद्धि की सूचक हैं वही ठीक इसके विपरीत मृत्यु की घटनायें ह्रास की सूचक हैं। मृत्यु एक दीर्घ जीवन बिताने के पश्चात् व्यक्ति में जैविक शक्ति की समाप्ति की सूचक है, जिसके पश्चात् शरीर के विभिन्न अंग अपना कार्य बन्द कर देते हैं। मृत्यु की सम्भावना सदैव बनी रहती है चाहे व्यक्ति किसी भी आयु-स्तर पर क्यों न हो। मृत्यु जनसंख्या में पीढ़ी-दर-पीढ़ी परिवर्तन करके जनसंख्यात्मक कारकों के माध्यम से सामाजिक परिवर्तन को भी प्रभावित करती है। मृत्यु सम्बन्धी घटनाओं का अध्ययन न केवल जनांकिकीय विश्लेषण के लिए ही आवश्यक है अपितु अच्छे स्वास्थ्य के स्तर को प्राप्त करने के लिए तथा स्वास्थ्य एवं चिकित्सकीय दृष्टि से भी मृत्यु सम्बन्धी घटनाओं का अध्ययन एवं प्रमापन आवश्यक हो जाता है।

मृत्यु प्रतापन

मृत्यु सम्बन्धी घटनाओं के आँकड़े साधारणत: जन्म-मृत्यु पंजीकरण कार्यालय से प्राप्त किया जाता है। इस कार्यालय में अन्तिम संस्कार के

पूर्व मृतक के बारे में सूचना दी जाती है। इन आँकड़ों के आधार पर मृत्यु सम्बन्धी घटनाओं के प्रमापन के लिए विभिन्न मृत्यु दरों की स्थापना की गई है। वाराणसी नगर की विभिन्न मृत्यु दरों की परिगणना के पूर्व स्थापित मृत्यु दरों का विश्लेषण आवश्यक है। विभिन्न मृत्यु दरों के विश्लेषण के साथ ही वाराणसी में विभिन्न मृत्यु दरों की परिगणना भी की गई है। मृत्यु सम्बन्धी घटनाओं के प्रमापन के लिए साधारणत: निम्नलिखित मृत्यु-दरों का प्रयोग किया जाता है:

1. अपरिष्कृत मृत्यु दर या अशोधित मृत्यु दर
2. आयु विशिष्ट मृत्यु दर
3. मानकीकृत या प्रमाणिक मृत्यु दर
4. कारण विशिष्ट मृत्यु दर
5. शिशु मृत्यु दर

अपरिष्कृत मृत्यु दर या अशोधित मृत्यु दर:

किसी निश्चित क्षेत्र की जनसंख्या की अपरिष्कृत मृत्यु दर उस जनसंख्या में एक वर्ष की अवधी में मृतकों की संख्या को उस क्षेत्र की सम्पूर्ण मध्यवर्षीय जनसंख्या से भाग देकर प्रति हजार के अनुपात में प्राप्त की जाती है। गणना के लिए निम्नलिखित सूत्र का उपयोग किया जाता है–

$$\text{अ.मृ.द.} = \frac{\text{एक वर्ष में कुल मृत्यु की संख्या}}{\text{कुल मध्यवर्षीय जनसंख्या}} \times 1000$$

किसी देश की मृत्यु संबंधी स्थिति का यह सरलतम निरपेक्ष माप है। अशोधित मृत्यु दर समस्त जनसंख्या की मृत्यु को केवल एक ही आँकड़ें में व्यक्त कर देती है। यही इस दर के गुण व दोषों का कारण है। अशोधित मृत्यु दर में निम्नलिखित गुण हैं:

1. यह सबसे सरल दर है, जिसे सभी व्यक्ति आसानी से समझ सकते हैं।

2. इस दर की गणना करने के लिए बहुत कम आँकड़ों की आवश्यकता होती है।
3. मृत्यु संबंधी आँकड़ों का गहन अध्ययन करने से पूर्व सामान्य प्रवृत्ति को ज्ञात करने के लिए इनका प्रयोग किया जा सकता है तथा अध्ययन के उपरान्त निष्कर्षों का परीक्षण करने के लिए भी इसका प्रयोग किया जा सकता है।
4. समस्त जनसंख्या की मृत्यु दर को केवल एक ही दर में व्यक्त कर देने के कारण सामान्यतया सभी वार्षिक पुस्तकों एवं सांख्यिकी प्रकाशनों में इसी का उल्लेख होता है।

एक विशिष्ट सीमा के अन्तर्गत अशोधित मृत्यु दर किसी जनसंख्या में व्यक्तियों के मरने की संभाविता को व्यक्त करता है, परन्तु इसकी निम्नलिखित सीमाएं हैं:

1. यह मृत्यु दर विभिन्न क्षेत्रों की मृत्यु दरों के अन्तर पर प्रकाश नहीं डालती हैं।
2. मृत्यु की घटनाऐं प्रायः कुछ विशिष्ट आयु स्तरों पर कुछ विशिष्ट बीमारियों से संबंधित होती हैं, लेकिन इस दर में इनका समावेश नहीं हो पाता है।
3. इसमें आयु एवं लिंग जैसे महत्वपूर्ण संयोजकों पर ध्यान नहीं दिया गया है।
4. कुल जनसंख्या संबंधी आँकड़ों का स्त्रोत जनगणना है, जबकि मृतकों की संख्या का स्त्रोत पंजीकरण होता है। जनगणना प्रत्येक दशक में होती है। जबकि पंजीकरण का संबंध वर्ष विशेष से होता है। यदि जनगणना एवं पंजीकरण भी एक ही वर्ष से संबंधित हो, तब भी दोनों में अन्तर होगा। क्योंकि जनगणना एक दिए हुए समय से संबंधित होती है, किन्तु पंजीकरण पूरे वर्ष के फैलाव के अनुसार संबंधित होती है।
5. मृतक व्यक्तियों की संख्या मालूम करना भी कठिन है। (उदाहरण के लिए एक व्यक्ति किसी वर्ष 2001 के प्रारम्भ

में मर जाता है, जैसे 6 जनवरी, 2001 और दूसरा व्यक्ति 31 दिसम्बर, 2001 को मरता है।) ऐसी स्थिति में यदि दोनों व्यक्तियों को सम्मिलित किया जाएगा तो परिणाम शुद्ध नहीं होंगे। कारण यह है कि दूसरा व्यक्ति 2001 वर्ष में पूरे वर्ष जीवित रहा है, अत: उसे मृत मान लेना उचित नहीं है। यदि उसे मृत नहीं माना जाता है तब एक कठिन प्रश्न यह उत्पन्न होता है कि उसकी मृत्यु को किस वर्ष में सम्मिलित किया जाये।

इसके द्वारा किसी भी समय पर बचे हुये लोगों की भी सम्भावयता को जाना जाता है। इस सन्दर्भ में ग्रान्ट (Thompson and Lewis, Fifth Edition, 336) ने लन्दन में 16वीं सदी के मध्य में बचे रहने वालों की प्रतिशत 16 वर्ष तथा 26 वर्ष तक की आयु तक क्रमश: 40 तथा 25 थी। इस गणना में प्रो. ग्रान्ट संमकों की अपूर्णता से अनभिज्ञ नहीं थें किन्तु फिर भी उन्होंने इसका प्रयोग लगभग मूल्य के लिए किया था। फिर भी उनका यह कार्य 1662 में जब प्रकाशित हुआ तो अपनी तरह का अकेला कार्य था और इसके परिणामस्वरूप उन्हें बड़ी ख्याति प्राप्त हुई।

आयु विशिष्ट मृत्यु दर :

यह मृत्यु दर अपरिष्कृत मृत्यु दर का एक संशोधित एवं परिष्कृत रूप है। इसमें आयु एवं लिंग जैसे जनसंख्या संयोजकों को उचित स्थान दिया जाता है। इस मृत्यु दर को प्राप्त करने के लिए सम्पूर्ण जनसंख्या को विभिन्न आयु-समूहों में विभक्त कर दिया जाता है तथा इन आयु-समूहों में घटित मृत्यु संबंधी घटनाओं की संख्या को उन विशिष्ट आयु-समूहों की सम्पूर्ण जनसंख्या से भाग देकर एक हजार से गुणा कर दिया जाता है। इस प्रकार "यह मृत्यु दर किसी विशिष्ट आयु-समूह की मृत्यु संबंधी घटनाओं का उस आयु समूह की सम्पूर्ण जनसंख्या के साथ स्थापित प्रति हजार अनुपात है।" अधिक शुद्धता के दृष्टिकोण से विभिन्न आयु समूहों में जनसंख्या का विभाजन लैंगिक आधार पर भी

किया जा सकता है। इस दर की गणना निम्नलिखित सूत्र के आधार पर की जाती है–

$$\text{आयु विशिष्ट मृत्यु दर} = \frac{\text{विशिष्ट आयु समूह में एक वर्ष में कुल मृत्यु की संख्या}}{\text{उस विशिष्ट आयु की कुल जनसंख्या}} \times 1000$$

मानकीकृत या प्रमाणीकृत मृत्यु दरः

मानकीकृत या प्रमाणीकृत मृत्यु दर विभिन्न समाजों की मृत्यु संबंधी घटनाओं के तुलनात्मक अध्ययन के लिए अत्यन्त महत्वपूर्ण मानी जाती है। इसकी गणना-विधि प्रमाणीकृत जन्म दर के समान होती है। इसे प्राप्त करने के लिए सर्वप्रथम एक मानक या प्रमाणित जनसंख्या मान ली जाती है जो प्रायः दस लाख की होती है तदनंतर जिन समाजों की जनसंख्याओं के तुलनात्मक अध्ययन की आवश्यकता होती है उन्हें प्रमाणिक जनसंख्या के आधार पर विभिन्न आयु-समूहों में विभाजित कर लेते हैं। इन आयु-समूहों की आयु विशिष्ट मृत्यु दर के अनुसार हम इनसे सम्बन्धित मृत्यु संख्या मालूम कर लेते हैं। यह मृत्यु संख्या मालूम करने के लिए आयु-विशिष्ट मृत्यु दर की गणना के विपरित क्रिया की जाती है अर्थात् आयु विशिष्ट मृत्युदर को सम्बन्धित आयु समूह की सम्पूर्ण जनसंख्या से गुणा करके एक हजार से भाग दे दिया जाता है। इस प्रकार प्राप्त विभिन्न आयु समूहों की मृत्यु संख्याओं का योग कर लिया जाता है। इस योग को प्रमाणित जनसंख्या से विभाजित करके एक हजार से गुणा कर दिया जाता है। इसकी गणना निम्नलिखित सूत्र के आधार पर की जाती है–

$$\text{मानकीकृत मृत्यु दर} = \frac{\text{कुल मृत्यु की संख्या}}{\text{उस विशिष्ट आयु की कुल जनसंख्या}} \times 1000$$

कारण विशिष्ट मृत्यु दरः

यह एक अत्यन्त महत्वपूर्ण मृत्यु दर है जिसके आधार पर मृत्यु के विभिन्न कारणों का विश्लेषण एवं आनुपातिक महत्व ज्ञात किया जा सकता है। इसके द्वारा यह ज्ञात किया जा सकता है कि किस आयु-समूहों में मृत्यु की घटनायें किस बीमारियों से घटित होती है। उच्च-स्वास्थ्य स्तर प्राप्त करने के लिए यह दर स्वास्थ्य एवं चिकित्सकीय सेवाओं के विकास के लिए दिशा निर्देश करती है। जब इस दर का निर्धारण आयु एवं लिंग के आधार पर किया जाता है तो यह अपेक्षाकृत अधिक महत्वपूर्ण तथ्यों को प्रकट करती हैं क्योंकि कुछ बीमारियाँ कुछ विशिष्ट आयु-स्तरों से ही सम्बन्धित पायी जाती है।

यह मृत्यु दर किसी बीमारी विशेष से मृतकों की संख्या का उस वर्ष की सम्पूर्ण मध्यवर्षीय जनसंख्या के साथ स्थापित प्रति हजार का अनुपात है। इसकी गणना के लिए किसी बीमारी विशेष के कारण मरे लोगों की संख्या को उस वर्ष की जुलाई महीने की पहली तारीख की सम्पूर्ण जनसंख्या से भाग देकर हजार से गुणा कर दिया जाता है। जब यह दर आयु एवं लिंगों के आधार पर प्राप्त की जाती है तो मृत्यु संख्या विभिन्न आयु-समूहों अथवा लिंग के आधार पर निर्धारित की जाती है तथा इस मृत्यु संख्या को उस विशिष्ट आयु-समूह अथवा लिंग विशेष की मध्यवर्षीय जनसंख्या से भाग दिया जाता है। चूंकि यह दर मृत्यु के कारणों के अनुसार प्राप्त की जाती है इसलिए इसे कारण विशिष्ट मृत्यु दर कहा जाता है। इसकी गणना निम्नलिखित सूत्र के आधार पर की जाती है-

$$\text{मानकीकृत मृत्यु दर} = \frac{\text{विशिष्ट कारण की मृत्यु की संख्या}}{\text{कुल मध्यवर्गीय जनसंख्या}} \times 1000$$

यद्यपि कारण मृत्यु दर अत्यंत उपयोगी है, लेकिन इस प्रकार प्राप्त आँकड़ों के विश्लेषण में निम्नलिखित कठिनाइयां उपस्थित होती हैं:

1. मृत्यु संबंधी घटनाएं प्रायः चिकित्सकों की अनुपस्थिति में घटित होती हैं। फलतः मृत्यु के सही कारण मालूम नहीं हो पाते हैं।
2. प्रायः मृत्यु के कारण एक से अधिक होते हैं। ऐसी अवस्था में मृत्यु संबंधी घटना का कौन-सा कारण उत्तरदायी है, इसका पता लगाना बहुत कठिन है।
3. मृत्यु के कुछ कारण सामाजिक दृष्टि से हेय अथवा मान्य नियमों के विपरित होते हैं। ऐसे कारणों को प्रायः छिपा लिया जाता है।

शिशु मृत्यु दर :

यह मृत्यु दर एक वर्ष की आयु-अवधि में मृत शिशुओं की संख्या का उस वर्ष की सम्पूर्ण सजीव जन्म संबंधी घटनाओं के साथ स्थापित प्रति हजार का अनुपात है। एक वर्ष की आयु-अवधि के अन्दर मरने वाले शिशुओं की सम्पूर्ण संख्या को उस वर्ष की सम्पूर्ण जन्म संबंधी घटनाओं से भाग देकर तदुपरान्त एक हजार से गुणा करक इस दर को प्रति हजार व्यक्तियों के आधार पर प्राप्त किया जाता है। इसकी गणना निम्नलिखित सूत्र के आधार पर की जाती है–

$$\text{शिशु मृत्यु दर} = \frac{\text{एक वर्ष में बाल मृत्यु की कुल संख्या}}{\text{एक वर्ष में नवजातों की कुल संख्या}} \times 1000$$

वाराणसी नगर में विभिन्न मृत्यु दर :

वाराणसी नगर की मृत्यु से संबंधित जन्म-मृत्यु कार्यालय से संकलित 2001-2005 के आँकड़ों के आधार पर विभिन्न मृत्यु दरों का विवरण इस प्रकार है:

अपरिष्कृत मृत्यु दर या अशोधित मृत्यु दर :

सारणी 4.1 वाराणसी नगर की अपरिष्कृत अशोधित मृत्यु दर

वर्ष	*मृतकों की संख्या*			*मध्य वर्षीय जनसंख्या*	*अपरिष्कृत मृत्यु दर*
	पुरुष	*स्त्री*	*कुल संख्या*		
2001	3307	2611	5918	1247881	4.742
2002	3249	2579	5828	1238033	4.707
2003	3236	2375	5611	1261884	4.446
2004	3939	2904	6843	1285860	5.321
2005	4220	3003	7223	1310260	5.512

सारणी के दत्तों से ज्ञात होता है कि वर्ष 2001, 2002, 2003, 2004 तथा 2005 में वाराणसी नगर में अपरिष्कृत मृत्यु दर क्रमश: 4.742, 4.707, 4.446, 5.321 तथा 5.512 है। आँकड़ों से माफ जाहिर होता है कि वर्ष 2001 से 2003 तक अपरिष्कृत मृत्यु दर में मामूली कमी आई है किन्तु 2004 एवं 2005 में इस मृत्यु दर में वृद्धि हुई है।

भारत में अपरिष्कृत मृत्यु दर वर्ष 2000 में कुल 8.5 प्रति हजार थी जिसमें ग्रामीण क्षेत्र की 9.3 प्रति हजार तथा नगरीय क्षेत्र की 6.3 प्रति हजार थी। उत्तर प्रदेश में अपरिष्कृत मृत्यु दर वर्ष 2000 में कुल 10.3 प्रति हजार, जिसमें 7.1 प्रति हजार ग्रामीण क्षेत्र में तथा 8.0 प्रति हजार नगरीय क्षेत्रों में है। जोकि राष्ट्रीय अपरिष्कृत मृत्यु दर से भी अधिक है इसी प्रकार वाराणसी नगर में भी अपरिष्कृत मृत्यु दर कुल राष्ट्रीय अपरिष्कृत मृत्यु दर से आधे से अधिक है। इसी प्रकार उत्तर प्रदेश (8.0) के नगरीय क्षेत्र से तुलना करने पर वाराणसी नगर में वर्ष 2001 में 4.7 प्रति हजार, वर्ष 2002 में 4.7 प्रति हजार, वर्ष 2003 में 4.4 प्रति हजार, वर्ष 2002 में 5.3 प्रति हजार तथा वर्ष 2005

में 5.5 प्रति हजार है जोकि विभिन्न वर्षों में आधें से ज्यादा अपरिष्कृत मृत्यु दर केवल वाराणसी की है।

उक्त विश्लेषण के आधार पर स्पष्ट है कि वाराणसी नगर में 1 जनवरी 2001 से 31 दिसम्बर 2005 के दौरान पुरूषों में स्त्रियों की अपेक्षा मृत्यु की घटनायें अधिक हुई हैं। इस निष्कर्ष द्वारा हमारी द्वितीय उपकल्पना ''मृत्यु की घटनायें पुरूषों की अपेक्षा स्त्रियों में अधिक होती हैं'' गलत सिद्ध होती है।

आयु विशिष्ट मृत्यु दर :

सारणी 4.2. (1): वाराणसी नगर की आयु विशिष्ट मृत्यु दर 2001

आयु समूह	*2001 में मृतकों की सख्या*	*आयु समूह की कुल जनसख्या*	*मृत्यु दर*
>1	8	23302	0.34
1-4	7	69906	0.10
5-14	21	209718	0.10
15-24	58	128563	0.45
25-34	99	129030	0.76
35-44	206	130006	1.58
45-54	575	132734	4.33
55-64	790	136480	5.78
65-69	1724	144652	11.92
70+	2430	156180	15.56
योग	5918	1260571	04.69

सारणी 4.2(1) में वाराणसी नगर की आयु विशिष्ट मृत्यु दर को प्रदर्शित किया गया है। सारणी के दत्तों से ज्ञात होता है कि वाराणसी नगर में कुल आयु विशिष्ट मृत्यु दर 4.69 प्रति हजार है। जब विभिन्न आयु समुहों पर दृष्टिपात करते है तो स्पष्ट होता है कि वर्ष 2001 में

1 वर्ष से कम आयु समूह में 0.34 प्रति हजार, 1-4 वर्ष में 0.10, 5-14 वर्ष में 0.10, 15-24 वर्ष में 0.45, 25-34 वर्ष में 0.76, 35-44 वर्ष में 1.58, 45-54 वर्ष में 4.33, 55-64 वर्ष में 5.78, 65-69 वर्ष में 11.92, 70 वर्ष से अधिक आयु में 15.56 प्रति हजार मृत्यु दर थी। इस प्रकार आँकड़ों के विश्लेषण से स्पष्ट होता है कि जैसे-जैसे आयु में वृद्धि होती गई है वैसे-वैसे आयु विशिष्ट मृत्यु दर में भी वृद्धि होती गई है।

सारणी 4.2.(2) : वाराणसी नगर की आयु विशिष्ट मृत्यु दर 2002

आयु समूह	*2002 मृतकों की सख्या*	*आयु समूह की कुल जनसख्या*	*मृत्यु दर*
<1	35	22791	1.54
1-4	55	22527	2.44
5-14	80	34183	2.34
15-24	156	7859	19.85
25-34	217	89291	2.43
35-44	330	113843	2.89
45-54	696	284020	2.45
55-64	1250	542201	2.31
65-69	957	41468	23.07
70+	2052	92525	22.17
योग	5828	1250708	04.65

सारणी 4.2(2) में वाराणसी नगर की आयु विशिष्ट मृत्यु दर को प्रदशित किया गया है। सारणी के दतों से ज्ञात होता है कि वारणसी नगर में कुल आयु विशिष्ट मृत्यु दर 4.65 प्रति हजार है! जब विभिन्न आयु समूहों पर दृष्टिपात करते हैं तो स्पष्ट होता है कि वर्ष 2002 में 1 वर्ष

से कम आयु समूह में 1.54 प्रति हजार, 1-4 वर्ष में 2.44, 5-14 वर्ष में 2.34, 15-24 वर्ष में 19.85, 25-34 वर्ष में 2.43, 35-44 वर्ष में 2.89, 45-54 वर्ष में 2.45, 55-64 वर्ष में 2.31, 65-69 वर्ष में 23.07, 70 वर्ष से अधिक आयु में 22.17 प्रति हजार थी। इन आँकडों से स्पष्ट होता है वर्ष 2002 में वाराणसी नगर में 65 से अधिक वर्ष की आयु समूह में मृत्यु अधिक हुई है। अंत: यह स्पष्ट होता है कि 5 वर्ष से कम आयु तथा 60 वर्ष से अधिक आयु समूहों में मृत्यु की घटनायें अधिक घटित होती हैं।

सारणी 4.2 (3) : वाराणसी नगर की आयु विशिष्ट मृत्यु दर 2003

आयु समूह	*2003 में मृतकों की सख्या*	*आयु समूह की कुल जनसख्या*	*मृत्यु दर*
<1	46	22047	2.08
1-4	90	20231	4.45
5-14	101	24719	4.08
15-24	216	65218	3.31
25-34	243	77563	3.13
35-44	403	88123	4.57
45-54	780	115780	6.74
55-64	1295	342470	3.78
65-69	812	129813	6.25
70+	1625	387795	4.19
योग	5611	1279759	4.40

सारणी 4.2 (3)में वाराणसी नगर की आयु विशिष्ट मृत्यु दर को प्रदर्शित किया गया है। सारणी के दत्तों से ज्ञात होता है कि वाराणसी नगर में कुल आयु विशिष्ट मृत्यु दर 4.40 प्रति हजार है। जब विभिन्न आयु समूहों पर दृष्टिपात करते हैं तो स्पष्ट है कि वर्ष 2003 में 1 वर्ष

से कम आयु समूह में 2.08 प्रति हजार, 1-4 वर्ष में 4.45, 5-14 वर्ष में 4.08, 15-24 वर्ष में 3.31, 25-34 वर्ष में 3.13, 35-44 वर्ष में 4.57, 45-54 वर्ष में 6.74, 55-64 वर्ष में 3.78, 65-69 वर्ष में 6.25, 70 वर्ष से अधिक आयु में 4.19 प्रति हजार थी। 60 वर्ष से अधिक आयु में मृत्यु की घटना अधिक हुई है। दत्तों के आधार पर वर्ष 2003 में वाराणसी नगर में 65 से अधिक वर्ष की आयु समूह में मृत्यु अधिक हुई है। अंतः यह स्प्ष्ट होता है कि 5 वर्ष से कम आयु (6.53 प्रति हजार) तथा 60 वर्ष से अधिक आयु समुहों में मृत्यु की घटनायें (12.33 प्रति हजार) अधिक घटित हुई है।

सारणी 4.2 (4) : वाराणसी नगर की आयु विशिष्ट मृत्यु दर 2004

आयु समूह	*2004 में मृतकों की सख्यंा*	*आयु समूह की कुल जनसख्ंया*	*मृत्यु दर*
<1	68	24934	2.73
1-4	53	121275	0.44
5-14	109	150700	0.72
15-24	259	106836	2.42
25-34	378	113132	3.34
35-44	623	125996	4.94
45-54	846	137835	6.14
55-64	1082	150289	7.19
65-69	1107	151589	7.30
70+	2318	215374	10.76
योग	6843	1297960	5.27

सारणी 4.2(4) मे वाराणसी नगर की आयु विशिष्ट मृत्यु दर को प्रदशित किया गया है सारणी के दतो से ज्ञात होता है कि वाराणसी नगर मे कुल आयु विशिष्ट मृत्यु दर 5.27 प्रति हजार है जब विभिन्न आयु समूहो पर दृष्टिपात करते है तो स्पष्ट होता है कि वर्ष 2004 मे

1 वर्ष से कम आयु समुह मे 2.73 प्रति हजार 1–4 वर्ष मे 0.44, 5–14 वर्ष मे 0.72, 15–24 वर्ष मे 2.42, 25–34 वर्ष मे 3.34, 35–44 वर्ष मे 4.94, 45–54 वर्ष मे 6.14, 55–64 वर्ष मे 7. 19,65–69 वर्ष मे 7.30, 70 वर्ष से अधिक आयु मे 10.76 प्रति हजार थी। इन आँकड़ो से स्पष्ट होता है कि वर्ष 2004 मे वाराणसी नगर मे 65 से अधिक हुई है अतः यह स्पष्ट होता है कि 5 वर्ष से कम आयु (3.17 प्रति हजार) तथा 60 वर्ष से अधिक आयु (21.65 प्रति हजार) समूहों में मृत्यु की घटनायें अधिक घटित हुई हैं।

सारणी 4.2 (5): वाराणासी नगर की आयु विशिष्ट मृत्यु दर 2005

आयु समूह	*2005 में मृतकों की सख्ंया*	*आयु समूह की कुल जनसख्ंया*	*मृत्यु दर*
1>	57	23967	2.37
1–4	45	116922	0.38
5–14	110	152314	0.72
15–24	265	106810	2.48
25–34	410	114755	3.57
35–44	597	124939	4.77
45–54	860	139313	6.17
55–64	988	146319	6.75
65–69	872	139963	6.23
70+	3019	257269	11.73
योग	7223	1322571	5.46

सारणी 4.2 (5) में वाराणसी नगर की आयु विशिष्ट मृत्यु दर को प्रदशित किया गया है। सारणी के दत्तों से ज्ञात होता है कि वाराणसी नगर में कुल आयु विशिष्ट मृत्यु दर 5.46 प्रति हजार है। जब विभिन्न आयु

समुहों पर दृष्टिपात करते हैं तो स्पष्ट होता है कि वर्ष 2005 में 1 वर्ष से कम आयु समूह में 2.37 प्रति हजार, 1-4 वर्ष में 0.38, 5-14 वर्ष में 0.72, 15-24 वर्ष में 6.75, 25-34 वर्ष में 3.57, 35-44 वर्ष में 4.77, 4.77, 45-54 वर्ष में 2.48, 55-64 वर्ष में 6.75, 65-69 वर्ष में 6.23, 70 वर्ष से अधिक आयु में 11.73 प्रति हजार थी। इस प्रकार सारणी के विश्लेषण से स्पष्ट है कि 1 से 5 वर्ष तथा 65 से अधिक आयु समूह में मृत्यु दर अधिक पायी गई है।

उक्त विश्लेषण के आधार पर यह स्पष्ट है कि वाराणसी नगर में 1 जनवरी 2001 से 31 दिसम्बर 2005 के दौरान 1 से 5 तथा 65 से अधिक आयु समूह में मृत्यु दर में वृद्धि हुई है। इस निष्कर्ष द्वारा हमारी प्रथम उपकल्पना ''मृत्यु की घटनायें अल्पायु अर्थात 5 वर्ष से कम तथा दीर्घायु अर्थात 60 वर्ष के आयु समूह में अधिक घटित होती हैं'' तथा पाँचवीं उपकल्पना ''मृत्यु की घटनायें वृद्धावस्था के कारण अपेक्षाकृत अधिक होती हैं'' सत्य सिद्ध होती है।

मानकीकृत या प्रमाणीकृत मृत्यु दर

सारणी 4.3 : वाराणसी नगर की मानकीकृत या प्रमाणीकृत मृत्यु दर

वर्ष	*मृतकों की संख्या*	*मानक जनसंख्या*	*मानकीकृत मृत्यु दर*
2001	5918	1000000	5.918
2002	5828	1000000	5.828
2003	2611	1000000	5.611
2004	6843	1000000	6.843
2005	7223	1000000	7.223

सारणी के दत्तों से ज्ञात होता है कि वाराणसी नगर में वर्ष 2001, 2002, 2003, 2004 तथा 2005 में मानकीकृत मृत्यु दर क्रमश 5.918, 5.828, 5.611, 6.843 तथा 7.223 प्रति हजार है। आँकड़ों के विश्लेषण से स्पष्ट है कि वर्ष 2001 से 2003 तक वाराणसी नगर की

मानकीकृत मृत्यु दर में कमी आयी है किन्तु 2004 एवं 2005 में यह दर तुलनात्मक रूप में अधिक देखी गयी है।

कारण विशिष्ट मृत्यु दर:

सारणी 4.4 : वाराणसी नगर की कारण विशिष्ट मृत्यु दर

मृत्यु का कारण		*सर्कुलेटरी सिस्टम*	*इन्फेक्शन पैरासाइटिस रोग*	*इन्डिफाइनड कन्डीशन*	*इन्जरी एण्ड प्वाइजन*	*रिस्परेटरी सिस्टम*	*अन्य*
	संख्या	774	84	41	225	31	4763
2001	दर	**0.62**	**0.06**	**0.03**	**0.18**	**0.02**	**3.87**
	संख्या	869	208	156	300	104	4191
2002	दर	**0.70**	**0.168**	**0.126**	**0.242**	**0.084**	**3.385**
	संख्या	784	265	129	268	191	3974
2003	दर	**0.621**	**0.21**	**0.102**	**0.212**	**0.151**	**3.149**
	संख्या	1005	167	65	88	194	5324
2004	दर	**0.78**	**0.129**	**0.05**	**0.068**	**0.15**	**4.14**
	संख्या	1971	184	67	170	114	4717
2005	दर	**1.504**	**0.14**	**0.05**	**0.129**	**0.087**	**3.60**

सारणी 4.4 के दत्तों से ज्ञात होता है कि वाराणसी नगर में मृत्यु किन विशिष्ट कारणों से तथा किन-किन रोगों के कारण हुई है। सर्कुलेटरी सिस्टम के रोग से वर्ष 2001, 2002, 2003, 2004 तथा 2005 में मृत्यु दर क्रमशः 0.62, 0.70, 0.621, 0.78 तथा 1.504 प्रति हजार, इन्फेक्शन पैरासाइटिस रोग से वर्ष 2001, 2002, 2003, 2004 तथा 2005 में मृत्यु दर क्रमशः 0.06, 0.168, 0.21, 0.129, तथा 0.14 प्रति हजार, इन्डिफाइन्ड कन्डीशन से 2001, 2002, 2003, 2004, तथा 2005 में मृत्यु दर क्रमशः 0.03, 0.126, 0.102, 0.05 तथा 0.05 प्रति हजार, इन्जरी एण्ड प्वाइजन से वर्ष 2001, 2002, 2003, 2004 तथा 2005 में मृत्यु दर क्रमशः 0.18, 0.242, 0.212, 0.068 तथा 0.129 प्रति हजार, रिस्परेटरी सिस्टम के रोग से वर्ष 2001, 2002,

2003, 2004 तथा 2005 में मृत्यु दर क्रमशः 0.02, 0.084, 0.151, 0.15 तथा 0.087 प्रति हजार, तथा अन्य कारणों से 2001, 2002, 2003, 2004 तथा 2005 में मृत्यु दर क्रमशः 3.87, 3.385, 3.149, 4.14 तथा 3.60 प्रति हजार मृत्यु हुई है।

शिशु मृत्यु दर

सारणी 4.5 : वाराणसी नगर की शिशु मृत्यु दर

वर्ष	*शिशु मृतकों की संख्या*	*एक वर्ष में नवजातों की कुल संख्या*	*शिशु मृत्यु दर*
2001	8	23302	0.34
2002	35	22791	1.53
2003	46	22047	2.08
2004	68	24934	2.73
2005	57	23967	2.39

सारणी के दत्तों से ज्ञात होता है कि वर्ष 2001, 2002, 2003, 2004 तथा 2005 में वाराणसी नगर में शिशु मृत्यु दर क्रमशः 0.34, 1.53, 2.08, 2.73 तथा 2.38 प्रति हजार हुई है। आँकड़ों से माफ जाहिर होता है कि वर्ष 2001 की तुलना में 2002 से 2004 तक इस दर में वृद्धि हुई है किन्तु 2004 की तुलना में 2005 में शिशु मृत्यु दर में कमी आई है। सुविधाओं के विकास के कारण इस दर में कमी देखी गयी है।

मृत्यु जनसंख्या में पीढ़ी-दर-पीढ़ी परिवर्तन करके जनसंख्यात्मक कारकों के माध्यम से सामाजिक परिवर्तन को भी प्रभावित करती है। मृत्यु संबंधी घटनाओं का अध्ययन न केवल जनांकिकीय विश्लेषण के लिए ही आवश्यक है अपितु अच्छे स्वास्थ्य के स्तर को प्राप्त करने के लिए तथा स्वास्थ्य एवं चिकित्सकीय दृष्टि से भी मृत्यु संबंधी घटनाओं का अध्ययन एवं प्रमापन आवश्यक हो जाता है।

मृत्यु संबंधी घटनाओं के प्रमापन के लिए साधारणतः निम्नलिखित मृत्यु-दरों का प्रयोग किया जाता है जिसमें अपरिष्कृत मृत्यु दर या अशोधित मृत्यु दर, आयु विशिष्ट मृत्यु दर, मानकीकृत या प्रमाणित मृत्यु दर, कारण विशिष्ट मृत्यु दर, कारण विशिष्ट मृत्यु दर तथा शिशु मृत्यु दर सम्मिलित है।

वर्ष 2001, 2002, 2003, 2004 तथा 2005 में वाराणसी नगर में अपरिष्कृत मृत्यु दर क्रमशः 4..742, 4.707, 4.446, 5.31 तथा 5.512 है। इस निष्कर्ष द्वारा हमारी द्वितीय उपकल्पना "मृत्यु की घटनायें पुरूषों की अपेक्षा स्त्रियों में अधिक होती है" गलत सिद्ध होती है।

वर्ष 2001 में 1 वर्ष से कम आयु समूह में 0.34 प्रति हजार, 1-4 वर्ष में 0.10, 5-14 वर्ष में 0.10, 15-24 वर्ष में 0.45, 25-34 वर्ष में 0.76, 35-44 वर्ष में 1.58, 45-54 वर्ष में 4.33, 55-64 वर्ष में 5.78, 65-69 वर्ष में 11.92, 70 वर्ष से अधिक आयु में 15.56 प्रति हजार मृत्यु दर थी।

वर्ष 2002 में 1 वर्ष से कम आयु समूह में 1.54 प्रति हजार, 1-4 2.44, 5-14 वर्ष में 2.34, 15-24 वर्ष में 19.85, 25-34 वर्ष में 2.43, 35-44 वर्ष में 2.89, 45-54 वर्ष में 2.45, 55-64 वर्ष में 2.31, 65-69 वर्ष में 23.07, 70 वर्ष से अधिक आयु में 22.17 प्रति हजार थी।

वर्ष 2003 में 1 वर्ष से कम आयु समूह में 2.08 प्रति हजार, 1-4 वर्ष में 4.45, 5-14 वर्ष में 4.08, 15-24 वर्ष में 3.31, 25-34 वर्ष में 3.13, 35-44 वर्ष में 4.57, 45-54 वर्ष में 6.74, 55-64 वर्ष में 3.78, 65-69 वर्ष में 6.25, 70 वर्ष से अधिक आयु में 4.19 प्रति हजार थी।

वर्ष 2004 में 1 वर्ष से कम आयु समूह में 2.73 प्रति हजार, 1-4 वर्ष में 0.44, 5-14 वर्ष में 0.72, 15-24 वर्ष में 2.42, 25-34 वर्ष

में 3.34, 35–44 वर्ष में 4.94, 45–54 वर्ष में 6.14, 55–64 वर्ष में 7.19, 65–69 वर्ष में 7.30, 70 वर्ष से अधिक आयु में 10.76 प्रति हजार थी।

वर्ष 2005 में 1 वर्ष से कम आयु समूह में 2.37 प्रति हजार, 1–4 वर्ष में 0.38, 5–14 वर्ष में 0.72, 15–24 वर्ष में 2.48, 25–34 वर्ष में 3.57, 35–44 वर्ष में 4.77, 45–54 वर्ष में 6.17, 55–64 वर्ष में 6.75, 65–69 वर्ष में 6.23, 70 वर्ष से अधिक आयु में 11.73 प्रति हजार थी।

इस निष्कर्ष द्वारा हमारी प्रथम उपकल्पना ''मृत्यु की घटनायें अल्पायु अर्थात 5 वर्ष से कम तथा दीर्घायु अर्थात 60 वर्ष के आयु समूह में अधिक घटित होती है'' तथा पाँचवीं उपकल्पना ''मृत्यु की घटनायें वृद्धावस्था के कारण अपेक्षाकृत अधिक होती है'' सत्य सिद्ध होती है।

वाराणसी नगर में वर्ष 2001, 2002, 2003, 2004 तथा 2005 में मानकीकृत मृत्यु दर क्रमश 5.918, 5.828, 5.611, 6.843 तथा 7.223 प्रति हजार है।

सर्कुलेटरी सिस्टम के रोग से वर्ष 2001, 2002, 2003, 2004 तथा 2005 में मृत्यु दर क्रमशः 0.62, 0.70, 0.621, 0.78 तथा 1.504 प्रति हजार, इन्फेक्शन पैरासाइटिस रोग से वर्ष 2001, 2002, 2003, 2004 तथा 2005 में मृत्यु दर क्रमशः 0.06, 0.168, 0.21, 0.129 तथा 0.14 प्रति हजार, इन्डिफाइन्ड कन्डीशन से 2001, 2002, 2003, 2004 तथा 2005 में मृत्यु दर क्रमशः 0.03, 0.126, 0.102, 0.05 तथा 0.05 प्रति हजार, इन्जरी एण्ड प्वाइजन से वर्ष 2001, 2002, 2003, 2004 तथा 2005 में मृत्यु दर क्रमशः 0.18, 0.242, 0.212, 0.068 तथा 0.129 प्रति हजार, रिस्परेटरी सिस्टम के रोग से वर्ष 2001, 2002, 2003, 2004 तथा 2005 में मृत्यु दर क्रमशः 0.02, 0.084, 0.151, 0.15 तथा 0.087 प्रति हजार, तथा अन्य कारणों से 2001, 2002, 2003, 2004 तथा 2005 में मृत्यु दर क्रमशः 3.87, 3.385, 3.149, 4.14 तथा 3.60 प्रति हजार मृत्यु हुई है।

वर्ष 2001, 2002, 2003, 2004 तथा 2005 में वाराणसी नगर में शिशु मृत्यु दर क्रमशः 0.34, 1.53, 2.08, 2.73 तथा 2.38 प्रति हजार हुई है।

सन्दर्भ ग्रन्थ

1. Thompson and Lewis, "Population Problem" Chapter 12 (Mortality), Fifth Edition, pp. 336
2. श्रीवास्तव, एस.सी., जनांकिकीय अध्ययन के प्रारूप, हिमालया पब्लिशिंग हाऊस, मुम्बई, 1999
3. सिन्हा एण्ड सिन्हा, वी.सी. एण्ड पुष्पा, जनांकिकी के सिद्धान्त, मयूर पैपरबैक्स, नौएडा, पृ. 103-115, पृ. 351-367
4. बघेल एण्ड बघेल, डी.एस. एण्ड किरण, जनांकिकी, विवेक प्रकाशन, 2000, पृ. 201-210

पंचम अध्याय

वैयक्तिक पृष्ठभूमि

वैयक्तिक पृष्ठभूमि के अन्तर्गत उनकी सामाजिक, आर्थिक एवं सांस्कृतिक विशेषताओं का विशेष महत्व होता है। इस परिप्रेक्ष्य में पारसन्स ने सामाजिक व्यवस्था के विश्लेषण में सामाजिक, सांस्कृतिक तथा व्यक्तित्व-व्यवस्था की विवेचना की है। शैक्षिक स्तर, वैधानिक अधिकार, आर्थिक स्वतंत्रता आदि ने लोगों की मनोवृत्तियों तथा दृष्टिकोणों को बहुत हद तक प्रभावित किया है। किसी भी सामाजिक व्यवस्था पर वहाँ के सांस्कृतिक स्वभाव का महत्वपूर्ण प्रभाव पड़ता है, क्योंकि संस्कृति वस्तुतः किसी भी समाज के कुल सदस्यों का योग होता है। यह सीखा हुआ व्यवहार है जिसमें समाज के अन्य सदस्य भी सम्मिलित रहते हैं (लीण्टन : 1945)। कतिपय अध्ययनों में यह देखा गया है कि वैयक्तिक पृष्ठभूमि का अभिवृत्तियों पर कोई उल्लेखनीय प्रभाव नहीं पड़ता है। किन्तु कुछ अध्ययनों में यह भी पाया गया है कि वैयक्तिक पृष्ठभूमि और अभिवृत्तियाँ घनिष्ठ रूप से सह-सम्बन्धित होती हैं।

वैयक्तिगत जीवन और व्यक्तित्व-परक गुण समाजीकरण की देन होते हैं। प्रत्येक व्यक्ति स्वयं में एक सामाजिक प्रघटना है। समाज विशेष की संरचनात्मक पृष्ठभूमि और आर्थिक उत्पादन व्यवस्था की शक्ति संरचना उस समाज के सम्पूर्ण ढाँचें का निमार्ण करती है जिसमें व्यक्ति का समाजीकरण किया जाता है। तात्पर्य यह है कि प्रत्येक व्यक्ति मूलतः

अपने समाज के सामाजिक एवं आर्थिक अन्त: क्रिया का प्रतिफल होता है। सामाजिक-आर्थिक संरचना प्रत्येक व्यक्ति के व्यक्तित्व के निर्माण में निर्णायक भूमिका का निर्वाह करती है। तदन्तर समाज के ढाँचें में आर्थिक कारक कुछ विशिष्ट उत्पादन शैली से संयुक्त होकर जिस सामाजिक संस्तरण का सृजन करते है उसमें व्यक्ति की प्रस्थिति का मुल्यांकन उसके प्रकार्यात्मक महत्व को समझने के लिए आवश्यक है। मार्क्स का कथन है कि समाज का आधार उत्पादन की आर्थिक व्यवस्था में निहित होता है। प्रत्येक समाज की आधार संरचना एवं ऊपरी संरचना उस समाज की विशिष्ट उत्पादन पद्धति का प्रतिफल होती है (मार्क्स, 1964)। दूसरी ओर मैक्सबेकर का कथन है कि आर्थिक तथ्य किसी समाज की व्यवस्था एवं संरचना का निमार्ण नहीं करते, अपितु सामाजिक व्यवस्था के अन्तर्गत उसकी संरचनात्मक पृष्ठभूमि से आर्थिक शक्तियों एवं संगठनों का जन्म होता है। बेबर ने तो धर्म की प्रकृति से किसी समाज की आर्थिक संरचना को विश्लेषित करने का भी सिद्धांत प्रस्तुत किया है। उनका तर्क है कि समाज विशेष की आर्थिक संरचना के निर्माण में सामाजिक तत्वों की भूमिका महत्वपूर्ण होती है। वस्तुत: व्यक्ति की जीवन शैली के निर्धारण और नियमन में समाज की भूमिका पर कोई विवाद नहीं है, लेकिन समाज की प्रकृति और संचालन में आर्थिक तत्व अधिक महत्वपूर्ण है या सामाजिक तत्व इस विषय में सैद्धान्तिक मतभेद निहित है।

समाजशास्त्री अध्ययनों की विशिष्ठ प्रकृति और उसकी अध्ययन वस्तु की जटिलता अन्य प्राकृतिक विज्ञानों की अपेक्षा अधिक विविधता पूर्ण मानी जाती हैं। व्यक्ति और समाज दोनों की तारतम्यता और दोनों का एक दूसरे के प्रति आश्रितामूलक भाव ऐसी स्थिति उत्पन्न करता है जिसमें किसी भी पक्ष को अलग इकाई के रूप में विवेचित किया जाना सम्भव नहीं है। समाज की संस्कृति के विभिन्न पक्ष एक दूसरे से जुड़े हुए हैं और वे अपनी विशिष्ठ प्रभावात्मकता के अनुरूप समाज के

अलग-अलग अंगों को प्रभावित करते हैं। एक ओर जहां मैक्सबेबर व्यक्ति को प्रधान मानता है वही दूसरी ओर इमाइल दुर्खीम समाज को सर्वोपरि मानता है। दुर्खीम का कथन है कि समाज के संचालन में सामाजिक तथ्यों की एकता, सामूहिक प्रतिनिधित्व, धाार्मिक बाध्यतायें और समाज की प्रकृति की भूमिका निर्णायक होती है। नैतिकता एवं मूल्य समाज से ही उत्पन्न होते हैं। किसी विशिष्ट मूल्य की ओर वैचारिक उन्मुखता और विचारों की विषयाश्रितता वैयक्तिक मूल्यों के बाहर होती है। तात्पर्य यह है कि सामाजिक विचारों में बाह्यता एवं बाध्यता की प्रवृत्ति पायी जाती है। जो सामाजिक संगठनों एवं संस्थाओं का संचालन करती है। व्यक्ति अपने समुदाय का सदस्य होने के नाते सामाजिक विचारों से संचालित होता है (दुर्खीम, 1950)। एक अन्य समाजशास्त्री लेस्टर वार्ड समाज की इस शक्ति को सामाजिक इच्छा की अवधारणा से सम्बन्धित करते है। जो व्यक्ति सामाजिक उन्नति का कारण होते है। उनका कथन है कि व्यक्ति की सामाजिक उन्नति को समझने के लिए उसके नैतिक एवं बौद्धिक मुल्यों को भी समझना आवश्यक है (लेस्टर वार्ड, 1968)।

सामाजिक व्यवस्था के सन्दर्भ में पारसन्स द्वारा एक विशिष्ट सैद्धान्तिक व्यवस्था प्रदान की गयी है। पारसन्स ने सामाजिक क्रिया के आधार पर सामाजिक व्यवस्था को विश्लेषण किया है। उसका कथन है कि व्यक्ति संस्कृति तथा समाज के मध्य एक सुनिश्चित व्यवस्था पायी जाती है। उस व्यवस्था के अन्तर्गत प्रत्येक व्यक्ति निश्चित तरीके से व्यवहार करता है। तात्पर्य यह है कि समाज अपने प्रत्येक सदस्य से कुछ आशा और सुनिश्चित तरीके से व्यवहार की प्रत्याशा रखता है। प्रस्थापित सामाजिक व्यवस्था के अनुरूप सामाजिक क्रिया करने वाला व्यक्ति सामाजिक व्यवस्था का पोषक होता है। वह अन्य लोगों की क्रियात्मक पृष्ठभूमि में अपने सामाजिक व्यवहारों को सम्पन्न करता है और उनसे अपेक्षित व्यवहार प्राप्त करता है। समाज अपने निर्धारित

प्रतिमानों, आकाँक्षाओं और व्यवहार प्रक्रिया के अनुरूप अपनी संस्थाओं की व्यवस्था एवं उससे सम्बन्धित व्यक्तियों की व्यक्तित्व व्यवस्था को सुनिश्चित करता है। इस परिप्रेक्ष्य में जब अन्तर्वैयक्तिक क्रियाएं होती हैं तो सांस्कृतिक व्यवस्था भी उत्पन्न होती है। वस्तुत: प्रत्येक व्यक्ति का अपनी संस्कृतिक के साथ एक उद्देश्यपूर्ण जीवन्त सम्बन्ध होता है (पारसन्स, 1951)।

समाज की धार्मिक संरचना उसके मूल्यों और व्यवस्थापरक विशिष्टताओं में परिवर्तन उसके सहभागियों को प्रभावित करता है। वैयक्तिक मानसिकता, विशेषरूप से प्रस्थापित मूल्यों दृष्टिकोणों, इच्छाओं और व्यवहारों पर सामाजिक व्यवस्था एक भौतिक परिवेश में वैयक्तिक कर्त्ताओं की अन्तर्क्रियात्मक बहुलता का परिणाम है। सांस्कृतिक रूप से संरचित और सहभागी प्रतीकों से मुक्त रहने की स्थिति में प्रत्येक कर्ता अभिप्रेरित और प्रगतिपरक मूल्यों की ओर अग्रसर होता है। व्यक्ति की स्थिति उसी सामाजिक प्रस्थिति से जुड़ी होती है और उसे उसकी व्यवसायिक सहभागिता एक विशिष्ट दिशा की ओर अभिप्रेरित करती है।

समाजविज्ञान के अन्य क्षेत्रों जैसे मानवशास्त्र, मनोविज्ञान आदि में सामाजिक-सांस्कृतिक परिवेश को अत्यंत महत्वपूर्ण माना जाता है। मानव शास्त्रीय अध्ययनों में इस बात पर विशेष बल दिया जाता है कि मानव की आधारभूत व्यक्तित्व संरचना का निर्माण उसकी सांस्कृतिक विशेषताओं द्वारा होता है। व्यक्तिगत विभिन्नता, सांस्कृतिक विभिन्नता का अनुगमन करती है। अत: स्पष्ट है कि किसी भी सामाजिक अथवा सांस्कृतिक व्यवस्था में सदस्यों के व्यवहार का अध्ययन उसके सामाजिक-सांस्कृतिक परिवेश में ही किया जाना चाहिए। वर्तमान अध्ययन के सन्दर्भ में यह दृष्टिकोण अपेक्षाकृत अधिक प्रासंगिक है।

किसी भी सामाजिक प्रक्रिया के विश्लेषण में सम्बन्धित सामाजिक व्यवस्था के सामाजिक परिवेश का ज्ञान आवश्यक है। व्यक्ति की क्रियाएं सामाजिक परिवेश में होती है तथा उसे सम्बन्ध समाज के

मान्यताओं एवं मूल्यों के अनुसार संचालित होते हैं। भारतीय संदर्भ में ऐतिहासिक परिवेश का ज्ञान और भी आवश्यक हो जाता है, क्योंकि भारतीय समाज में अपने इतिहास के सुदीर्घ अन्तराल में कई राजनैतिक व सांस्कृतिक क्राान्तियाँ देखी हैं। इस सन्दर्भ में वाराणसी नगर में मृतकों की वैयक्तिक पृष्ठभूमि का अध्ययन हम पांच भागों में करते हैं जिसमें लिंग, आयु, धर्म, मृतक के निवास स्थान तथा मृत्यु के कारणों के आधार पर करते हैं।

सामाजिक पृष्ठभूमि

आयु - आयु मानव जीवन में सर्वाधिक जैविकीय तत्व है। समाज मनोवैज्ञानिकों ने मानव-जीवन अवधि को भिन्न-भिन्न चरणों में विभाजित किया है। सामान्यतः जन्म से लेकर मृत्यु तक की लम्बी जीवन-अवधि में व्यक्ति की मानसिक एवं शारीरिक विकास होता है। आयु केवल जैविकीय तथ्य ही नहीं है वरन् यह एक सामाजिक-सांस्कृतिक तथ्य भी है। प्रत्येक सामाजिक एवं सांस्कृतिक व्यवस्था आयु के आधार पर व्यक्ति को भिन्न-भिन्न प्रस्थिति एवं भूमिका प्रदान करती है। आयु के आधार पर ही सामाजिक स्थिति व भूमिकाओं की सीमाएं बनती हैं। आयु के आधार पर ही व्यक्ति के दृष्टिकोणों में भी विभेद पाया जाता है। वीसर्ड ने आयु को सांस्कृतिक एवं अनुभवों के आधार पर सामाजिक व्यवस्था को निश्चित करने वाला कारक बताया है (वीसर्ड : 1963)। लगभग सभी समाजों में आयु श्रम-विभाजन का एक महत्वपूर्ण आधार है, इसलिए व्यक्ति के प्रदत्त पद के निर्धारण में यह विशेष महत्व रखा है। किसी भी व्यक्ति के दृष्टिकोंण, व्यवहार एवं विचारों को प्रभावित करने में आयु का महत्वपूर्ण स्थान है। आयु की विभिन्नता के कारण लोगों के दृष्टिकोंणों में भिन्नता होने की पर्याप्त सम्भावना होती है। सारणी 5.1 में आयु-समूह के आधार पर मृत्यु की समस्त घटनाओं को प्रदर्शित किया गया है जो 1 जनवरी 2001 से 31 दिसम्बर 2005 तक हुई हैः-

सारणी 5.1 आयु-समूह के आधार पर मृतकों का विवरण
(1 जनवरी 2001 से 31 दिसम्बर 2005 तक)

क्रम संख्या	*आयु-समूह*	*आवृत्ति (मृतकों की संख्या)*	*प्रतिशत*
1.	< 1	214	0.68
2.	1-4	320	1.02
3.	5-14	421	1.34
4.	15-24	954	3.04
5.	25-34	1347	4.28
6.	34-44	2159	6.87
7.	45-54	3757	11.95
8.	55-64	5405	17.20
9.	65-69	5472	17.41
10.	70+	11444	36.21
	योग	31423	100.00

माध्य (×) = 58.04

सारणी 5.1 के दत्तों को देखने से ज्ञात होता है कि वर्षों में समग्र मृत्यु की घटनाओं का बहुलांश (36.21 प्रतिशत) 70+ वर्ष आयु वर्ग का है। एक चौथाई से (17.41 प्रतिशत) मृतक 65-69 वर्ष आयु वर्ग के हैं। 55-64 वर्ष के मृतकों का प्रतिशत 17.20 है इसी भाँति 45-54 वर्ष आयु वर्ग के मृतकों का प्रतिशत 11.95, 35-44 आयु वर्ग में 6.87 प्रतिशत, 25-34 वर्ष आयु में 4.28 प्रतिशत, 15-24 आयु में 3.04 प्रतिशत, 5-14 आयु में 1.34 प्रतिशत, 1-4 आयु में 1.02 प्रतिशत तथा 1 से कम आयु वर्ग में मृतकों का 0.68 प्रतिशत हैं। इसी प्रकार सारणी के विश्लेषण से स्पष्ट है कि आधे से अधिक (53.62 प्रतिशत) मृतक 65-70+ वर्ष आयु-समुह के हैं तथा शेष आधे

से कम अर्थात् 46.38 प्रतिशत मृतक शेष आयु समूहों में वितरित हैं।

जाति-भारतीय समाज में व्यक्ति के सामाजिक जीवन को प्रभावित करने में सर्वाधिक प्रभावी कारक जाति है। हट्टन के अनुसार यह व्यवस्था अपने आदेशों और निषेधों के द्वारा हजारों वर्षों से भारतीय जीवन को प्रभावित कर रही है (हट्टन : 1959)। मैकाइवर का मानना है कि जाति केवल यह निश्चित करती है कि व्यक्ति क्या कार्य करेगा, बल्कि वह उसकी दैनिक दिनचर्या को भी निश्चित करती है।

विभिन्न समाजों में सामाजिक सम्मान निर्धारण के मानदण्ड अलग-अलग होते हैं। देश तथा काल के अनुसार यह मानदण्ड बदलते रहते हैं। भारतीय समाज इस मामले में विशिष्ट होते हैं, क्योंकि यहाँ कि हिन्दू बहुल तथा ग्राम्य प्रधान व्यवस्था में सामाजिक सम्मान का मानदण्ड जाति-प्रस्थिति को माना जाता है। भारत जैसे एक बृहद् तथा सामाजिक विविधता से परिपूर्ण समाज में सामाजिक संस्तरण का एक अचल तथा जटिल स्वरूप जाति व्यवस्था में पाया जाता है।

जातिपदक्रम में किसी भी व्यक्ति की स्थिति तुलनात्मक दृष्टि से ऊँची अथवा नीची होती है। सामाजिक सम्मान के निर्धारण में जातिगत प्रस्थिति का भारतीय समाज में इतना अधिक महत्व है कि यहाँ के सामाजिक संरचना का विश्लेषण करने वाले मानवशास्त्रियों तथा समाजशास्त्रियों ने आरम्भ से ही भारतीय जाति-व्यवस्था के विश्लेषण को प्रधानता दी है। यद्यपि यह सही है कि भारतीय सामाजिक संरचना में जाति के अलावा अन्य तत्व भी सन्निहित हैं, किन्तु इसमें कोई संदेह नहीं है कि जहाँ तक भारतीय ग्रामीण समुदायों में किसी व्यक्ति अथवा परिवार के सामाजिक सम्मान के निर्धारण का प्रश्न है, जाति-प्रस्थिति सबसे महन्वपूर्ण सिद्ध होती है।

सारणी 5.2 : धर्म/जाति के आधार पर मृतकों का विवरण
(1 जनवरी 2001 से 31 दिसम्बर 2005 तक)

क्रम संख्या	*धर्म/जाति*	*संख्या*	*%*
1.	हिन्दू	22622	71.99
2.	मुस्लिम	8780	27.94
3.	ईसाई	16	0.05
4.	अन्य	5	0.02
	योग	31423	100.00

इस सारणी से यह विदित होता है कि पाँचों वर्षों में हिन्दू और मुस्लिम धर्म में मृतकों का 71.99 एवं 27.94 प्रतिशत है। जबकि ईसाईयों में 0.05 प्रतिशत तथा अन्य में 0.02 प्रतिशत 2001 से 2005 तक पायी गई है।

उक्त विश्लेषण के आधार पर यह स्पष्ट है कि वाराणसी नगर में 1 जनवरी 2001 से 31 दिसम्बर 2005 के दौरान हिन्दुओं में मृत्यु की घटनायें अधिक हुई है क्योंकि यहाँ पर अधिकतर हिन्दू जाति या धर्म को मानने वाले लोग रहते है। इस निष्कर्ष द्वारा हमारी तृतीय उपकल्पना ''हिन्दुओं में मृत्यु की घटनाये अपेक्षाकृत अधिक होती है'' सत्य सिद्ध होती है।

शिक्षा - सामाजिक-आर्थिक गतिशीलता के प्रमुख अभिकरण के रूप में शिक्षा का महत्वपूर्ण स्थान है। शिक्षा न केवल व्यक्ति के ज्ञान, कुशलता एवं दक्षता में वृद्धि करती है वरन् इसके द्वारा व्यक्ति अपने सामाजिक जीवन के निर्वहन में भी समर्थ होता है। वर्तमान संदर्भ में शिक्षा का व्यक्ति की सामाजिक प्रस्थिति के निर्धारण में महत्पूर्ण स्थान है। इस सिलसिले में प्लेटों का यह कथन उल्लेखनीय है कि ''शिक्षा वह भावनात्मक साधन है कि जिसवु द्वारा शासन समरसता पूर्ण राज्य की स्थापना करने के लिए मानव-प्रकृति को सही दिशा में मोड़ सकता है।

यदि नागरिकों को भी सही शिक्षा मिले तो वे अपनी कठिनाइयों को समझ लेंगे और जब कभी संकट आएगा तो उनसे लोहा लेने में समर्थ हो सकेंगे। प्लेटो का मानना है कि अगर शिक्षा अच्छी हो तो किसी प्रकार का सुधार समाज में सम्भव है (प्लेटो : 1927:16)।'' उच्च शिक्षा समाज सुधार के सामाजिक एवं आर्थिक संरचना का मूल आधार है, क्योंकि शिक्षा ही व्यक्ति के पद और स्थिति को निर्धारित करती है। केवल ज्ञान के लिए ही नहीं वरन् समाज में सामाजिक-आर्थिक प्रगति तथा व्यक्तित्व के विकास वे लिए भी शिक्षा आवश्यक है।

शिक्षा अतिशीलता के रास्ते को चौड़ा करती है (ट्यमिन : 1956:470)। और आधुनिकता के बन्द दरवाजे को खोलती है (मायर्स : 1964:181) तथा समाज के आर्थिक नींव को बृहद करती है। शिक्षा हमारे आधुनिक तकनीकी एवं यांत्रिक व्यवस्था की आवश्यकताओं की पूर्ति के लिए आवश्यक योग्यताओं की पूर्ति करती है तथा समाज के भिन्न-भिन्न वर्गों के सदस्यों को सामाजिक श्रृंखला में उर्ध्व सामाजिक गतिशीलता के लिए योग्यता प्रदान करती है। इसके साथ-साथ उन्हें बुद्धिजीवी, विशेषज्ञ तथा तकनीकी विशेषज्ञों के अभिजातकों में प्रवेश पाने के लिए अवसर देती है (गोरे : 1968:79)। शिक्षा समाज में जटिल राजनैतिक प्रक्रियाओं को समझने तथा उनमें अर्थपूर्ण सहभागिता करने के लिए भी महत्वपूर्ण है, क्योंकि यही एक साधन है जिससे व्यक्ति अपने सामाजिक, राजनैतिक पर्यावरण को समझ सकता है, तथा अपने को उसके अनुसार सामायोजित कर सकता है। शिक्षा अत्यधिक महत्व होने के कारण ही समाज के लोग शिक्षित होने की आकांक्षा रखते हैं तथा अपने हर सम्भव साधनों का प्रयोग शिक्षा में करते हैं। संपेक्ष में कहा जा सकता हैं कि शिक्षा आधुनिक व्यावसायिक संरचना को निर्धारित करती है, तथा उस संरचना में व्यक्ति प्रकार्यात्मक महत्व को निर्धारित करती है (गौरे : 1968 : 78)।

पहले पढ़ने के लिए विद्यालय जाने वालों में अधिकांश उच्च वर्गो का ही बाहुल्य था जो धनी थे, जिसके पास पर्याप्त साधन, पैसे दीवार थी (हालसे : 1961 : 458)। शेष भारत निरक्षता के प्रकोप से ग्रसित

था। दृष्टि विस्तार स्थानीय संस्कृति के परीधी तक ही सीमित था परम्पराओं में ही साक्षर होता और परम्परा ही प्रमुख व्यय था। किन्तु आज शिक्षा के क्षेत्र में विशिष्ट वर्गों के छात्र-छात्राएँ नहीं रह गए हैं, वरन् मध्यम एवं निम्न वर्ग के छात्र-छात्राएँ तेजी से आगे आ रहे हैं जो अपनी समस्याओं, शिकायतों, चिन्ताओं, अभावों और निराशाओं की दल-दल में नित्य प्रति फँसे हुए भी शिक्षा ग्रहण करने के लिए संघर्ष कर रहे हैं।

भारत में स्वतंत्रता प्राप्ति के बाद आधुनिक प्रकार की औपचारिक शिक्षा का प्रचार तेजी से बढ़ा है और ग्रामीण क्षेत्रों में भी आधुनिक शिक्षण संस्थाओं तथा उसमें अध्ययन करने वाले विद्यार्थियों की संख्या निरंतर बढ़ती जा रही है। यद्यपि भारत के ग्रामीण क्षेत्रों में स्थित स्कूलों तथा कालेजों में वैज्ञानिक तथा प्रौद्योगिक शिक्षा प्रदान करने की व्यवस्था नहीं के बराबर है, किन्तु फिर भी शिक्षा के माध्यम से विद्यार्थियों को अपने देश, समाज की दुनिया की जानकारी मिलती है और उन अनेक बड़ी समस्याओं के बारे में भी जानकारी मिलती है, जिसका समाधान अत्यन्त आवश्यक है और उसके समाधान के लिए नाना प्रकार के प्रत्यत्न भी किए जा रहे हैं। इसमें कोई संदेह नहीं है कि गाँव के किसी अशिक्षित व्यक्ति की तुलना में एक शिक्षित व्यक्ति इस बात को अच्छी तरह समझ सकता है कि हमारे देश की आबादी कितनी है, कृषि तथा अन्य प्रकार के उत्पादन कितने हैं, भूमि कितनी है आदि, और वह यह भी जानने की स्थिति में अधिक है कि ऐसी तमाम समस्याओं के लिए क्या उपाय किए जाने चाहिएं और कौन से उपाय किए जा रहे है, कृषि नवाचारों के महत्त्व को एक पढ़ा-लिखा आदमी अच्छी तरह समझ सकता है वह यह जान सकता है कि कृषि नवचारों का सम्बन्ध आधुनिक विज्ञान से है, जिसकी सहायता से आज बहुत बड़ी-बड़ी समस्याओं का समाधान किया जा रहा है। संक्षेप में एक शिक्षित ग्रामीण द्वारा कृषि नवाचारों की उपयोगिता को अधिक स्पष्ट रूप से और व्यापक संदर्भ में देखा जा सकता है। एक शिक्षित किसान भूमिसुधार के विभिन्न हिन्दुओं को स्पष्ट रूप से जानता है, जिसके कारण वह भूमि सम्बन्धित विभिन्न नियमों का पालन करता है।

लिंग – मानव समाज में विभेदीकरण एवं स्तरीकरण का आधारभूत निर्धारक व्यक्ति की लैंगिक स्थिति रही है। पुराकाल से ही पुरुष और नारी को समाज में भिन्न-भिन्न स्थान प्राप्त रहा है। लैंगिक विभेद समाज की सार्वभौतिक विशेषता रही है। सामान्यता सभी समाज व्यवस्थाओं में पुरुष को नारी की तुलना में उच्च सामाजिक स्थिति प्राप्त रही है। श्रम विभाजन के दृष्टिकोण से भी पुरुष और नारी के मध्य विभेद किया जाता रहा है। जैविक पुनरूत्पादन मुख्य रूप से महिलाओं का कार्यक्षेत्र है। जबकि जीविकोपार्जन का दायित्व पुरुषों का रहा है। इस प्रकार व्यक्ति के दृष्टिकोण एवं मूल्य उन्मुखताओं को विकसित करने में लिंग का भेद महत्वपूर्ण स्थान रखता है। विशेषतया भारतीय पितृ-सत्तात्मक समाज में जहाँ पारम्परिक एवं सामाजिक मान्यता के रूप में दूसरे दर्जे की नागरिकता या कम से कम पुरुष कि तुलना में निम्न माने जाने की प्रथा स्त्री वर्ग से जुड़ी हुई है। यद्यपि वैज्ञानिक रूप से समानधिकार है, परन्तु वास्तविक यह नहीं है। उदारवादी मूल्यों के प्रसार से एवं कई अन्य आधुनिक कारकों के प्रभाव से नारीवर्ग में अब प्रबुद्धता आ रही है। शिक्षा के प्रकार के साथ ही सह-शिक्षा के वातावरण में लैंगिक भिन्नता का परिप्रेक्ष्य महत्वपूर्ण प्रतीत नहीं होता, किन्तु इसकी अस्तिव मूलक यथार्थता है। मृतकों के लिंग से सम्बन्धित विवरण सारणी 5.3 में प्रदर्शित किया गया है।

सारणी 5.3 मृतकों की लैंगिक स्थिति
(1 जनवरी 2001 से 31 दिसम्बर 2005 तक)

क्रम संख्या	*लिंग*	*आवृत्ति*	*प्रतिशत*
1.	पुरुष	17951	57.13
2.	स्त्री	13472	42.87
	योग	31423	100.00

उपर्युक्त सारणी के दत्तों से ज्ञात होता है कि इन पाँच वर्षों में आधे से कुछ अधिक (57.13 प्रतिशत) मृतक पुरुष है तथा (42.87

प्रतिशत) स्त्रियाँ मृतक हैं। इस प्रकार सारणी के विश्लेषण से स्पष्ट है कि अध्ययन में सम्मिलित मृतकों में पुरुषों की प्रधानता है। वस्तुतः यह अध्ययन मृत्यु से सम्बन्धित है। इस विश्लेषण के आधार पर यह स्पष्ट होता है कि वाराणसी नगर में 1 जनवरी 2001 से 31 दिसम्बर 2005 के दौरान पुरुषों में मृत्यु की घटनायें अधिक हुई हैं।

वैवाहिक स्थिति–पुरुष को स्त्री चाहिए और स्त्री को सुरक्षा, इसका सर्वोत्तम उपाय विवाह है। परम्परागत समाजों में विवाह व्यक्ति की सामाजिक स्थिति का एक महत्वपूर्ण निर्धारक रहा है। ऋण से उऋण, पुरुषार्थों की प्राप्ति तथा अन्य सामाजिक दायित्व निबाहने के लिए वयस्क स्त्री–पुरुष का सम्बन्ध विवाह है। विवाह सेक्रामेन्टल हो सकता है, समझौता हो सकता है या कुछ समय के लिए भी हो सकता है। यह सम्बन्ध टूट भी सकता है, नहीं भी टूट सकता है। यह एक धार्मिक संस्कार भी हो सकता है या अदालती विवाह भी हो सकता है विवाह का स्वरूप चाहे जो भी हो, इसके लिए यह आवश्यक नहीं है कि जिससे विवाह हो, प्रेम का दायरा भी उसी तक सीमित हो। विवाह की अवधारणा पूर्णयता समाजिक ढाँचे पर निर्भर करती है। विवाह मानव सम्बन्धों का सबसे गहरा तथा सबसे ज्यादा जटिल बन्धन है। राधाकृष्ण के अनुसार "विवाह एक परिपाटी ही नहीं, बल्कि मानव समाज का एक अन्तर्निहित लक्ष्य है। यह प्रकृति के जैविकीय प्रयोजनों तथा मनुष्य के सामाजिक प्रयोजनों के बीच एक समायोजन है।"

विवाह का मौलिक रूप कुछ भी हो, अब कम से कम सिद्धान्ततः प्रचलित रूप सामान्यतः एक विवाह ही है। प्रत्येक हिन्दू के लिए विवाह एक संस्कार होता है। यह एक ऐसा पवित्र बन्धन होता है जो केवल मृत्यु से ही भंग हो सकता है। हिन्दू धर्मशास्त्र के अनुसार विवाह केवल दो शरीरों का ही नहीं बल्कि दो आत्माओं का मिलन होता है। हमारी संस्कृति में विवाह के सांस्कृतिक तथा अटूट स्वरूप पर सदैव बल दिया है (अल्तेकर : 1962, कपाड़िया : 1958, मेहता : 1970)। गोरे का भी कहना है कि हिन्दू धर्मभावना कम से कम धर्मसूत्रों के काल से

(600–300 ई. पू.) तो निश्चित रूप से विवाह सम्बन्ध के भंग किए जाने के विरूद्ध रही है।

विवाह के बारे में पश्चिमी विद्वानों की धारणा है कि यह एक ऐसी संस्था है जिसमें पुरुषों तथा स्त्रियों को मुख्यत: बच्चे पैदा करने तथा उनका पालन पोषण करने तथा घनिष्ठ वैयक्तिव सम्बन्ध स्थापित करके एक दूसरे के साथ रहने का अवसर दिया जाता है। वेस्टरमार्क ने विवाह की परिभाषा इस रूप में की "यह नर और नारी के बीच न्यूनाधिक रूप में एक स्थायी सम्बन्ध होता है जो जनन के क्रिया मात्र से आगे तक भी बना रहता है।" यह प्राकृतिक इतिहास की दृष्टि से परिभाषा है। स्पेन्सन के अभिमतों का उल्लेख करते हुए वैरोफ और फिल्ड लिखते हैं कि सामाजिक दृष्टि से विवाह एक ऐसी संस्था है जो किसी समाज विशेष के बच्चों की संख्या में वृद्धि तथा उनके समाजीकरण को सुनिश्चित बनाने का कार्य करती है।

विवाह के कई स्वरूप प्रतिमान व प्रकार भारत में प्रचलित हैं। कपाड़िया ने बहुपति विवाह तथा बहुपत्नी विवाह का उल्लेख किया है। इसके अतिरिक्त समूह विवाह का भी उल्लेख मिलता है। प्राचीन हिन्दू विवाहों के आठ शास्त्रीय प्रकार बताये गये है।– ब्राह्म, दैव, आर्य, प्राजापात्य, असुर, गान्धर्व, राक्षस, पिशाच आदि। इनमें असुर व पैशाच अवैधानिक प्रकार माना गया है। विवाह की प्रचलित प्रथा है कि पिता या अभिभावक की ओर कन्या का पुरुष को सौंप दिया जाता है।

परिवारिक संरचना – परिवार सामाजिक संरचना की मूल इकाई के रूप में प्रथामिक तौर पर व्यक्ति के आवश्यकताओं की पूर्ति के साथ ही उसके सामाजीकरण, व्यक्तिव के विकास तथा उसकी महत्वकांक्षाओं के निर्धारण में सर्वाधिक महत्वपूर्ण योगदान देता है। कुले के अनुसार – "परिवार एक प्राथमिक समूह है और इस प्राथमिक समूह में ही बच्चे के सामाजिक जीवन और आदर्शो का निर्माण होता है। वास्तव में परिवार मानव समाज का सबसे महत्वपूर्ण क्षेत्र है (अग्रवाल : 1977)।"

नगररीयकरण, औद्योगिकरण व आधुनिकीकरण के प्रभावों से आज परिवार के स्वरूप में परिवर्तन आ रहे हैं। इस परिवर्तन से संयुक्त परिवार भी नहीं बचा है। कुछ अन्य अध्ययनों से भी पता चलता है कि संयुक्त परिवार अपनी संयोजकता खो रहा है। संयुक्त परिवार में परिवर्तन के कारक क्या हैं, इसे विभिन्न विद्वानों जैसे बोटोमोर, पणिक्कर, कपाड़िया, आई. पी. देशाई, श्रीनिवास, जार्ज कुरियन, एस. सी. दूबे, एलिन डी. रास आदि ने अनेक कारकों की पृष्ठभूमि में अपने अध्ययनों द्वारा स्पष्ट किया है।

परन्तु इन परिवर्तनों के अलावा संयुक्त परिवार की भावनाऐं लोगों में अब भी विद्यमान हैं। अग्रवाल, अयप्पन, देसाई मर्लेण्ट कपाड़िया आदि के अध्ययनों से ऐसा ही स्पष्ट है। कपाड़िया ने लिखा है कि ''हिन्दू मनोवृत्तियाँ आज भी संयुक्त परिवार के पक्ष में है। परिवार जब तक जीवित रहेगा, इसका अन्धकारपूर्ण भविष्य नहीं है। आनेवाली पीढ़ी में संयुक्त परिवार के लिए संदृढ़ भावनाऐं विद्यमान हैं (कपाड़िया : 1966: 260)।''

परिवार के दो प्रमुख प्रकार संयुक्त और एकाकी – समाजशास्त्र में सर्वमान्य हैं। संसार का प्रत्येक परिवार इन दो प्रकारों में से एक के अन्तर्गत आता हैं। आमतौर पर यह माना जाता है। कि भारत में और विशेषकर भारतीय ग्रामों में संयुक्त परिवारों का प्राधान्य रहा है। संयुक्त परिवारों से हमारा तात्पर्य उन परिवारों से है, जिनमें एक से अधिक विवाहित जोड़े और उनकी संताने एक साथ रहते हैं और वे सभी सामाजिक, आर्थिक एवं सांस्कृतिक मामलों में एक पारिवारिक इकाई के रूप में संगठित हों इस प्रकार यदि किसी परिवार में दो या अधिक विवाहित भाई अपनी संतानों सहित एक साथ रहते हों तो उसे संयुक्त परिवार माना गया है। एकाकी परिवार से हमारा तात्पर्य ऐसे परिवारों से है जिसमें केवल एक विवाहित जोड़ा और उसकी संताने रहती हैं। किसी एकाकी परिवार में दो विवाहित भाई साथ नहीं मिल सकते और इसी

प्रकार किसी माता-पिता को उसके विवाहित पुत्र के साथ नहीं पाया जा सकता। इस भाँति परिवार कि संरचना की प्रकार्यात्मक भिन्नता को संयुक्त और एकाकी दो प्रकार के परिवारों में बाँटा गया है।

जैसा कि पहले कहा गया है कि नगरीकरण, औद्योगीकरण तथा सामाजिक परिवर्तनों के फलस्वरूप परिवार के स्वरूप में भी परिवर्तन आ रहे हैं। देसाई, कपाड़िया, शाह, कौलन्दा आदि समाजशास्त्रियों ने संयुक्त व एकाकी परिवार विकासात्मक चक्र की प्रक्रिया बताता है। जबकि गोरे, रॉस आदि ने संयुक्त से एकाकी या नाभिकीय परिवार की ओर परिवर्तन होना माना है। कुछ विद्वानों ने संरचनात्मक रूप से एकाकी होने के बावजूद प्रकार्यात्मक रूप से संयुक्त माना है

वाराणसी नगर मे निवास करने वाले व्यक्तियों की मृत्यु का अध्ययन 1 जनवरी 2001से 31दिसम्बर 2005 तक के आधार पर किया गया हैं मृत्यु सम्बन्धी घटनाओं को जन्म-मृत्यु पंजीकरण कार्यालय से प्राप्त किया गया हैं घटनाओं के संकलन के साथ मृत्यु के कारणों एवं उनके सम्पूर्ण विवरण को ध्यान में रखा गया हैं। मृतकों की वैयक्तिक पृष्ठभूमि का अध्यन हम पांच भागों में करते हैं जिसमें लिंग, आयु, धर्म, मृतक के निवास स्थान तथा मृत्यु के कारणों के आधार पर करते हैं। जिनका निम्नलिखित हैं।

सारणी 5.4 : लिंग के आधार पर मृतकों का विवरण

लिंग	*वर्ष*											
	2001		*2002*		*2003*		*2004*		*2005*		*योग*	
	संख्या	*%*	*संख्या*	*%*	*संख्या*	*%*	*संख्या*	*%*	*संख्या*	*%*	*संख्या*	*%*
पुरुष	3307	55.88	3249	55.74	3236	57.67	3939	57.56	4220	58.42	17951	57.13
स्त्री	2611	44.11	2579	44.25	2375	42.33	2904	42.43	3003	41.57	13472	42.87
योग	5918		5828		5611		6843		7223		31423	

सारणी के दत्तों से ज्ञात होता है कि कुल मृतकों में आधे से अधिक पुरुष (57.13 प्रतिशत) तथा स्त्रियाँ (42.87 प्रतिशत) हैं। वर्ष 2001 में पुरुषों का 55.88 प्रतिशत था, इसी प्रकार 2002, 2003, 2004 और 2005 में क्रमशः मृतकों का प्रतिशत 55.74, 57.67, 57.56, 58.42

हो गया था। जैसे-जैसे जनसंख्या में वृद्धि हुई वैसे-वैसे मृतकों की संख्या/प्रतिशत में भी वृद्धि होती जा रही है। इसी प्रकार सारणी के विश्लेषण से स्पष्ट है कि स्त्रियों की अपेक्षा पुरुषों में मृत्यु की घटनाएं अपेक्षाकृत (सभी वर्षों में) अधिक हैं।

सारणी 5.5 : आयु के आधार पर मृतकों का विवरण

मृतक की आयु समूह	वर्ष											
	2001	2002	2003	2004	2005	योग						
	संख्या	%	संख्या	%	संख्या	%	संख्या	%	संख्या	%	संख्या	%
< 1	8	0.13	35	0.60	46	0.82	68	0.99	57	0.78	214	0.68
1-4	7	0.12	55	0.94	90	1.60	53	0.77	45	0.62	320	1.02
5-14	21	0.35	80	1.37	101	1.80	109	1.59	110	1.52	421	1.34
15-24	58	0.98	156	2.67	216	3.85	259	3.78	265	3.66	954	3.04
25-34	99	1.67	217	3.72	243	4.33	378	5.52	410	5.67	1347	4.28
35-44	206	3.48	330	5.66	403	7.18	623	9.10	597	8.26	2159	6.87
45-54	575	9.72	696	11.94	780	13.90	846	12.36	860	11.91	3757	11.95
55-64	790	13.35	1250	21.45	1295	23.07	1082	15.81	988	13.67	54.5	17.20
65-69	1724	29.13	957	16.42	812	14.47	1107	19.17	872	12.07	5472	17.41
70+	2430	41.06	2052	35.21	1625	28.96	2318	33.87	3019	41.79	11444	36.21
योग	5918		5828		5611		6843		7223		31423	100.0

आयु समूह के आधार पर मृतकों का अध्ययन हम 5 वर्ष के अन्तराल पर वर्गीकृत करके करते हैं। सारणी के विश्लेषण से स्पष्ट होता है कि पाँच वर्षों में सर्वाधिक मृत्यु 70 से अधिक आयु समूह की (36.42 प्रतिशत) हुई है। 65-69 आयु समूह में 17.41 प्रतिशत, 55-64 में 17.20 प्रतिशत तथा 45-54 में 11.95 प्रतिशत है। इसके आधार पर यह ज्ञात होता है कि 45-70 वर्ष तक की आयु में मरने वालों की कुल संख्या 82.98 प्रतिशत है, 35-44 वर्ष की आयु समूह में मृतकों की संख्या 6.87 प्रतिशत है, 25-34 में 4.28 प्रतिशत, 15-24 वर्ष में 3.04 प्रतिशत, 5-14 वर्ष में 1.34 प्रतिशत, 1-4 वर्ष में 1.02 प्रतिशत तथा 1 से कम वर्ष में मृतकों की संख्या 0.68 प्रतिशत

है। इस प्रकार सारणी के विश्लेषण से स्पष्ट है कि 45–70 वर्ष के आयु में मृतकों की संख्या सर्वाधिक (82.98 प्रतिशत) है।

उक्त विश्लेषण के आधार पर यह स्पष्ट होता है कि वाराणसी नगर में 1 जनवरी 2001 से 31 दिसम्बर 2005 के दौरान 65 वर्ष से अधिक आयु–समूह में मृतक व्यक्तियों की संख्या अधिक है जो वर्ष 2001 में 70.19 प्रतिशत, वर्ष 2002 में 51. 63, वर्ष 2003 में 43.43, वर्ष 2004 में 53.04, तथा वर्ष 2005 में 53.86 प्रतिशत मृतक है। वृद्धावस्था के कारण यहाँ पर मृत्यु अधिक हुई है।

सारणी 5.6 : धर्म के आधार पर मृतकों का विवरण

धर्म	वर्ष											
	2001	2002	2003	2004	2005	योग						
	संख्या	%	संख्या	%	संख्या	%	संख्या	%	संख्या	%	संख्या	%
हिन्दू	4084	69.01	4420	75.84	4068	72.50	4915	71.83	5135	71.09	22622	71.99
मुस्लिम	1834	30.99	1402	24.06	1535	27.36	1924	28.12	2085	28.87	8780	27.94
ईसाई	–		3	0.05	6	0.11	4	0.05	3	0.04	16	0.05
अन्य	–		3	0.05	2	0.03	–		–		5	0.02
योग	5918		5828		5611		6843		7223		31423	

सारणी के दत्तों से ज्ञात होता है कि पाँच वर्षों में वाराणसी नगर में धर्म के आधार पर मृतकों की संख्या हिन्दुओं में सर्वाधिक (71.99 प्रतिशत) है तथा मुस्लिमों एवं ईसाईयों में क्रमशः 27.94 प्रतिशत एवं 0.05 प्रतिशत है। अन्य धर्म के मृतकों की संख्या 0.02 प्रतिशत है। तुलनात्मक आधार पर यदि देखा जाये तो विभिन्न वर्षों में मृतकों का प्रतिशत भिन्न–भिन्न है जहाँ 2001 में हिन्दू मृतकों की संख्या 69.01 प्रतिशत थी वहीं हिन्दू मृतकों की वर्षवार 2002, 2003, 2004 तथा 2005 में मृतकों का प्रतिशत क्रमशः 75.84, 72.50, 71.83 तथा 71.09 हो गयी थी। जबकि वर्षवार मुस्लिमों में 2001, 2002, 2003, 2004 तथा 2005 में मृतकों का प्रतिशत क्रमशः 30.99, 24.06, 27.36, 28.12 तथा 28.87 थी। ईसाईयों में 2001 में मृतकों की संख्या ज्ञात नहीं है, 2002, 2003, 2004 तथा 2005 में मृतकों का प्रतिशत

क्रमशः 0.05, 0.11, 0.05, तथा 0.04 थी। इसी प्रकार अन्य धर्मों में वर्षवार 2002, 2003 में मृतकों का प्रतिशत क्रमशः 0.05, 0.03 थी 2001, 2004 तथा 2005 में इनकी संख्या या प्रतिशत ज्ञात नहीं हो पायी है। यद्यपि वाराणसी जिले में मुस्लिम आबादी 13.29 प्रतिशत उल्लेखित है (विकास पुस्तिका वाराणसी, 2005)। किन्तु 2005 में मुस्लिम मृतक 28.87 प्रतिशत पायी गई है या पंजीकृत है। इस प्रकार सारणी के विश्लेषण से स्पष्ट है कि हिन्दुओं में मृतकों की संख्या सर्वाधिक है क्योंकि यहाँ के निवासी हिन्दू धर्म को मानने वाले लोग अधिक रहते हैं वाराणसी को धार्मिक नगर माना जाता है तथा यहाँ मन्दिरों की प्रधानता है माना जाता है कि जिसकी मृत्यु यहाँ होती है वो मोक्ष को प्राप्त करता है।

सारणी 5.7 : निवास स्थान के आधार पर मृतकों का विवरण

मृतक के निवास का स्थान	*वर्ष*											
	2001		*2002*		*2003*		*2004*		*2005*		*योग*	
	संख्या	*%*	*संख्या*	*%*	*संख्या*	*%*	*संख्या*	*%*	*संख्या*	*%*	*संख्या*	*%*
निवास पर	5572	94.15	5226	89.67	4815	85.81	5933	86.70	5887	81.50	27433	87.30
निवास के बाहर	249	4.21	447	7.67	704	12.55	618	9.03	1106	15.31	3124	9.94
राज्य के बाहर का निवासी है	97	1.64	155	2.66	92	1.64	292	4.27	230	3.18	866	2.76
योग	5918		5828		5611		6843		7223		31423	

सारणी के दत्तों से ज्ञात होता है कि पाँच वर्षों में वाराणसी नगर में मृतकों की संख्या निवास पर 87.30 प्रतिशत है, निवास के बाहर के व्यक्तियों की संख्या 9.94 प्रतिशत है तथा यदि मृतक राज्य के बाहर का निवासी की संख्या 2.76 प्रतिशत है।

उक्त विश्लेषण से स्पष्ट होता है कि 1 जनवरी 2001 से 31 दिसम्बर 2005 तक के सभी मृतकों का विवरण निवास स्थान के

आधार पर किया गया है। वर्षवार देखा जाये तो वर्ष 2001, 2002, 2003, 2004 तथा 2005 में निवास पर मरने वालों की संख्या क्रमशः 94.15 प्रतिशत, 89.67 प्रतिशत, 85.81 प्रतिशत, 86.70 प्रतिशत, तथा 81.50 प्रतिशत है। निवास के बाहर मरने वालों की संख्या वर्षवार 2001, 2002, 2003, 2004 तथा 2005 में क्रमशः 4.21 प्रतिशत, 7.67 प्रतिशत, 12.55 प्रतिशत, 9.03 प्रतिशत, तथा 15.31 प्रतिशत है। और राज्य के बाहर के निवासी मृतकों की संख्या वर्षवार 2001, 2002, 2003, 2004 तथा 2005 में क्रमशः 1.64 प्रतिशत, 2.66 प्रतिशत, 1.64 प्रतिशत, 4.27 प्रतिशत तथा 3.18 प्रतिशत है। इससे स्पष्ट होता है कि निवास पर मरने वाले व्यक्तियों की संख्या अधिक है।

सारणी 5.8 : मृत्यु के कारणों के आधार पर मृतकों का विवरण

मृत्यु के कारण	*वर्ष* *2001*		*2002*		*2003*		*2004*		*2005*		*योग*	
	संख्या	*%*	*संख्या*	*%*	*संख्या*	*%*	*संख्या*	*%*	*संख्या*	*%*	*संख्या*	*%*
सर्कुलेटरी सिस्टम	774	13.07	869	14.91	784	13.97	1005	14.68	1971	27.28	5403	17.19
इन्फेक्शन पैरासाइटिस रोग	84	1.42	208	3.57	265	4.72	167	2.44	184	2.55	908	2.88
इन्डिफाइन्ड कन्डीशन	41	0.69	156	2.67	129	2.29	65	0.95	67	0.93	458	1.45
इन्जरी एण्ड प्वाइजन	225	3.80	300	5.15	268	4.77	88	1.28	170	2.35	1051	3.34
रिस्परेटरी सिस्टम	31	0.52	104	1.78	191	3.40	194	2.84	114	1.57	634	2.01
अन्य	4763	80.48	4191	71.91	3974	70.83	5324	77.80	4717	65.31	22969	73.09
योग	5918		5828		5611		6843		7223		31423	

उपर्युक्त सारणी में मृत्यु के भिन्न-भिन्न कारणों को प्रदर्शित किया गया है। उक्त सभी मृत्यु की घटनाएं जन्म-मृत्यु पंजीकरण कार्यालय में पंजीकृत है। पाँच वर्षों में अन्य कारणों से मरने वालों की संख्या सर्वाधिक (73.09 प्रतिशत) है, सर्कुलेटरी सिस्टम के कारण 17.19 प्रतिशत,

इन्जरी एण्ड प्वाइजन 3.34 प्रतिशत, इन्फेक्शन पैरासाइटिस रोग से 2.88 प्रतिशत, रिस्परेटरी सिस्टम् से 2.01 प्रतिशत तथा इन्डिफाइन्ड कन्डीशन से मरने वाले 1.45 प्रतिशत व्यक्ति है। इस प्रकार सारणी के विश्लेषण से स्पष्ट है कि अन्य कारणों से मरने वालों की संख्या सर्वाधिक हैं।

उक्त विश्लेषण से स्पष्ट होता है कि वाराणसी नगर में मृत्यु किन विशिष्ट कारणों से हुई है जिसमें सर्कुलेटरी सिस्टम के रोग से वर्ष 2001, 2002, 2003, 2004 तथा 2005 में मृत्यु दर क्रमशः 13.07, 14.91, 13.97, 14.68 तथा 27.28 प्रतिशत, इन्फेक्शन पैरासाइटिस रोग से वर्ष 2001, 2002, 2003, 2004 तथा 2005 में मृत्यु दर क्रमशः 1.42, 3.57, 4.72, 2.44 तथा 2.55 प्रतिशत, इन्डिफाइन्ड कन्डीशन से 2001, 2002, 2003, 2004 तथा 2005 में मृत्यु दर क्रमशः 0.69, 2.67, 2.29, 0.95 तथा 0.93 प्रतिशत, इन्जरी एण्ड प्वाइजन से वर्ष 2001, 2002, 2003, 2004 तथा 2005 में मृत्यु दर क्रमशः 3.80, 5.15, 4.77, 1.28 तथा 2.35 प्रतिशत, रिस्पेटरी सिस्टम के रोग से वर्ष 2001, 2002, 2003, 2004 तथा 2005 में मृत्यु दर क्रमशः 0.52, 1.78, 3.40, 2.84 तथा 1.57 प्रतिशत, तथा अन्य कारणों से 2001, 2002, 2003, 2004 तथा 2005 में मृत्यु दर क्रमशः 80.48, 71.91, 70.83, 77.80 तथा 65.31 प्रतिशत मृत्यु हुई है।

वैयक्तिक पृष्ठभूमि के अन्तर्गत उनकी सामाजिक, आर्थिक एवं सांस्कृतिक विशेषताओं का विशेष महत्व होता है। प्रत्येक व्यक्ति मूलतः अपने समाज के सामाजिक एवं आर्थिक अन्तः क्रिया का प्रतिफल होता है। सामाजिक-आर्थिक संरचना प्रत्येक व्यक्तित्व के निमार्ण में निर्णायक भूमिका का निर्वाह करती है।

आयु की विभिन्नता के कारण लोगों के दृष्टिकोंणों में भिन्नता होने की पर्याप्त सम्भावना होती है। एक चौथाई से कम (17.41प्रतिशत) मृतक 65-69 वर्ष आयु वर्ग के हैं। 55-64 वर्ष के मृतकों का प्रतिशत

17.20 है इसी भाँति 45–54 वर्ष आयु वर्ग के मृतकों का प्रतिशत 11.95, 35–44 आयु वर्ग में 6.87 प्रतिशत, 25–34 वर्ष आयु में 4.28 प्रतिशत, 15–24 आयु में 3.04 प्रतिशत, 5–14 आयु में 1.34 प्रतिशत, 1–4 आयु में 1.02 प्रतिशत तथा 1 से कम आयु वर्ग में मृतकों का 0.68 प्रतिशत हैं। इसी प्रकार सारिणी के विश्लेषण से स्पष्ट है कि आधे से अधिक (53.62 प्रतिशत) मृतक 65–70+ वर्ष आयु-समूह के हैं तथा शेष आधे से अधिक (53.62 प्रतिशत) मृतक 65–70+ वर्ष आयु-समूह के हैं तथा शेष आधे से कम अर्थात् 46.38 प्रतिशत मृतक शेष आयु समूहों में विपरित हैं।

भारतीय समाज में व्यक्ति के सामाजिक जीवन को प्रभावित करने में सर्वाधिक प्रभावी कारक जाति है। पाँचों वर्षों में हिन्दू और मुस्लिम धर्म में मृतकों का 71.99 एवं 27.94 प्रतिशत है। जबकि ईसाईयों में 0.05 प्रतिशत तथा अन्य में 0.02 प्रतिशत 2001 से 2005 तक पायी गई है।

मानव समाज में विभेदीकरण एवं स्तरीकरण का आधारभूत निर्धारक व्यक्ति की लैंगिक स्थिति रही है। पाँच वर्षों में आधे से कुछ अधिक (57.13 प्रतिशत) मृतक पुरुष है तथा (42.87 प्रतिशत) स्त्रियाँ मृतक हैं। इस प्रकार सारणी के विश्लेषण से स्पष्ट है कि अध्ययन में सम्मिलित मृतकों में पुरुषों की प्रधानता है। वस्तुतः यह अध्ययन मृत्यु से संबंधित है। इस विश्लेषण के स्पष्ट है कि अध्ययन में सम्मिलित मृतकों में पुरुषों की प्रधानता है। वस्तुतः यह अध्ययन मृत्यु से संबंधित है। इस विश्लेषण के आधार पर यह स्पष्ट होता है कि वाराणसी नगर में 1 जनवरी 2001 से 31 दिसम्बर 2005 के दौरान पुरुषों में मृत्यु की घटनायें अधिक हुई है। कुल मृतकों में आधे से अधिक पुरुष (57.13 प्रतिशत) तथा स्त्रियां (42.87 प्रतिशत) हैं। वर्ष 2001 में पुरुषों का 55.88 प्रतिशत था, इसी प्रकार 2002, 2003, 2004 और 2005 में क्रमशः मृतकों का प्रतिशत 55.74, 57.67, 57.56, 58.42 हो गया था। जैसे-जैसे जनसंख्या में वृद्धि हुई वैसे-वैसे मृतकों की संख्या/प्रतिशत

में भी वृद्धि होती जा रही है। इसी प्रकार सारणी के विश्लेषण से स्पष्ट है कि स्त्रियों की अपेक्षा पुरुषों में मृत्यु की घटनाएं अपेक्षाकृत (सभी वर्षों में) अधिक हैं।

पाँच वर्षों में सर्वाधिक मृत्यु 70 से अधिक आयु समूह की (36.42 प्रतिशत) हुई है। 65-69 आयु समूह में 17.41 प्रतिशत, 55-64 में 17.20 प्रतिशत तथा 45-54 में 11.95 प्रतिशत है। इसके आधार पर यह ज्ञात होता है कि 45-70 वर्ष के आयु में मरने वालों की कुल संख्या 82.98 प्रतिशत है, 35-44 वर्ष की आयु समूह में मृतकों की संख्या 6.87 प्रतिशत है, 25-34 में 4.28 प्रतिशत, 15-24 वर्ष में 3.04 प्रतिशत, 5-14 वर्ष में 1.34 प्रतिशत, 1-4 वर्ष में 1.02 प्रतिशत तथा 1 से कम वर्ष में मृतकों की संख्या 0.68 प्रतिशत है। इस प्रकार सारणी के विश्लेषण से स्पष्ट है कि 45-70 वर्ष के आयु में मृतकों की संख्या सर्वाधिक (82.98 प्रतिशत) है।

2001 में हिन्दू मृतकों की संख्या 69.01 प्रतिशत थी वहीं हिन्दू मृतकों की वर्षवार 2002, 2003, 2004 तथा 2005 में मृतकों का प्रतिशत क्रमशः 75.84, 72.50, 71.83 तथा 71.09 हो गयी थी। जबकि वर्षवार मुस्लिमों में 2001, 2002, 2003, 2004 तथा 2005 में मृतकों का प्रतिशत क्रमशः 30.99, 24.06, 27.36, 28.12 तथा 28. 87 थी। ईसाईयों में 2001 में मृतकों की संख्या ज्ञात नहीं है, 2002, 2003, 2004 तथा 2005 में मृतकों का प्रतिशत क्रमशः 0.05, 0.11, 0.05 तथा 0.04 थी।

पाँच वर्षों में वाराणसी नगर में मृतकों की संख्या निवास पर 87.30 प्रतिशत है, निवास के बाहर के व्यक्तियों की संख्या 9.94 प्रतिशत है तथा यदि मृतक राज्य के बाहर का निवास की संख्या 2.76 प्रतिशत है।

वाराणसी नगर में मृत्यु किन विशिष्ट कारणों से हुई है जिसमें सर्कुलेटरी सिस्टम के रोग से वर्ष 2001, 2002, 2003, 2004 तथा 2005 में मृत्यु दर क्रमशः 13.07, 14.91, 13.97, 14.68 तथा 27. 28 प्रतिशत, इन्फेक्शन पैरासाइटिस रोग से वर्ष 2001, 2002, 2003,

2004 तथा 2005 में मृत्यु दर क्रमशः 1.42, 3.57, 4.72, 2.44 तथा 2.55 प्रतिशत, इन्डिफाइन्ड कन्डीशन से 2001, 2002, 2003, 2004 तथा 2005 में मृत्यु दर क्रमशः 0.69, 2.67, 2.29, 0.95 तथा 0.93 प्रतिशत, इन्जरी एण्ड प्वाइजन से वर्ष 2001, 2002, 2003, 2004 तथा 2005 में मृत्यु दर क्रमशः 3.80, 5.15, 4.77, 1.28 तथा 2.35 प्रतिशत, रिस्परेटरी सिस्टम के रोग से 2001, 2002, 2003, 2004 तथा 2005 में मृत्यु दर क्रमशः 0.52, 1.78, 3.40, 2.84 तथा 1.57 प्रतिशत, तथा अन्य कारणों से 2001, 2002, 2003, 2004 तथा 2005 में मृत्यु दर क्रमशः 80.48, 71.91, 70.83, 77.80 तथा 65.31 प्रतिशत मृत्यु हुई है।

सन्दर्भ ग्रन्थ

1. Linton, Ralph: 'Cultural Background of Personality' New York, 1945.
2. Marx, K.: 'Selected writing in Sociology and Social Philosophy', Translated by T.B. Bottomore, London Mc Graw-Hill :51-78, 1964.
3. Weber, M.: The Protestant Ethic and Spirit of Prime Time Society, London, Oxford University Press, 1954.
4. Durkhiem, E.: The Rules of Sociological Methods, New York, Free Press: 150, 1950.
5. Lester word: History of Social Thought, New York Press, 1968.
6. Parsons, T.: The Social System, New York, free Press: p. 64, 1951.
7. Viserd, J.H.: Parent and Child, Philadelphia, University of Pancilwania Press, 1963.
8. Hutton, J.H.: Caste in India, Oxford University Press, London, 1959.
9. Plato: Greek Political Thought and Theory in the Fourth Century, 1957.

10. Tumin, M. And Feldman, A.: Status Perspective and Class Structure in Puartoriko, in American Sociological Review, Aug. 1956.
11. Mayers, C.A.: Education: Manpower and Economic Growth, New York, 1964.
12. Gore, M.S.: Urbaisation and Family Change, Bombay, Popular Prakashan, 1968.
13. –do-
14. Halse, A.H.: Education Economy and Society, Free Press, 1961.
15. Altekar, A.S.: The Position of Women in Hindu Civilization, Varanasi, 1962.
16. Kapadia, K.M.: Marriage and Family in India, Oxford University Press, Bombay, 1958.
17. Mehta, R.: The Western Educated Hindu Women, Asia Publishing House, Bombay, 1970.
18. अग्रवाल, गोपाल कृष्ण: समाजशास्त्र, साहित्य भवन, आगरा, 1977।
19. Kapadia, K.M.: Marriage and Family in India, Landon, 1966.
20. विकास पुस्तिका (वाराणसी), सूचना एवं जनसम्पर्क विभाग, उ. प्र. 2005।

षष्ठम अध्याय

भारत में जीवन प्रत्याशा

प्रस्तुत अध्ययन में वाराणसी नगर की मृत्यु दर से सम्बन्धित 2001 से 2005 तक की पंजीकृत मृत्युओं के आधार पर मृत्युक्रम का विश्लेषण किया गया है। प्रस्तुत अध्याय में जीवन प्रत्याशा से सम्बन्धित द्वितीयक स्रोतों के आधार पर जीवन प्रत्याशा की व्याख्या की गई है। यह सम्पूर्ण व्याख्या राष्ट्रीय जनगणना प्रतिवेदन में दिये गए आँकड़ों पर आधारित है।

किसी भी देश में यदि श्रम के रूप में बच्चें, बूढ़े एवं बीमार युवकों की भरमार हो तो निश्चित मानिये कि देश के उत्पादन में कमी आयेगी जो कि देश की बढ़ती हुई वस्तु-माँग को पूरा कर सकने में असमर्थ होगी। इसके अनेक भंयकर दुष्परिणाम जैसे मूल्यवृद्धि, जमाखोरी, चोर-बाजारी, एकाधिकार प्रवृत्ति में वृद्धि आदि देखने को मिलेगा और देश निरन्तर अधोगति की ओर अग्रसर होगा। इसके अतिरिक्त यदि देश में श्रम की मात्रा तो अधिक है किन्तु बच्चों, स्त्रियों एवं बूढ़ों की संख्या का अनुपात जनसंख्या में बढ़ता जा रहा है तो आश्रितता भार के बढ़ते रहने के कारण लोगों के जीवन-स्तर में निरन्तर कमी होगी। राष्ट्रीय आय के बढ़ने के बावजूद प्रति व्यक्ति आय एवं वस्तु उपलब्धता गिरती जायेगी। इसके विपरीत यदि देश में लोगों का स्वास्थ्य अच्छा हैं, रोग-निरोधक क्षमता अधिक है, शिशु एवं अन्य मृत्यु-दरें कम हैं, तो

राष्ट्रीय पूंजी का प्रयोग उत्पादन कार्यों में किया जा सकता है, जिसका कि परिणाम जीवन-स्तर में सुधार के रूप में सामने आता है।

कोई भी देश, चाहे वह विकसित हो या विकाशील, पश्चिमी हो या पूर्वी, अपनी जनसंख्या के आकार के प्रभाव से वंचित नहीं रह सकता है। उस समाज का जीवन-स्तर, मानसिक स्तर उस देश के विकास की निर्देशिका है। देश में बाल एवं स्त्री हत्यायें, अत्महत्यायें, अपराध की बढ़ती संख्या वहाँ के लोगों के मास्तिक की दुर्बलता का प्रतीक है जिसको कि कोई भी देश विकास के लिए बाधक मानेगा। बढ़ती शारीरिक अस्वस्था, रोग-जनित मृत्युओं, शिशु एवं मातृ मृत्यु-दरों की अधिकता देश में उपलब्ध स्वास्थ्य सेवाओं की प्रतीक होती है जिस पर किसी भी देश की पूंजी का एक बड़ा हिस्सा व्यय होता है और पुनः देश के आर्थिक विकास में बाधक होगा। इनके अनेक कारणों में साक्षरता का स्तर भी एक है जो कि देश में प्रचलित अस्वास्थ्यकर अन्धविश्वासों को संयोये रखने में सहायता प्रदान करता है। किसी देश में इस प्रकार का दुर्बल श्रम, अशिक्षित भीड़, अपाहिज एवं आश्रित मानव उसकी आर्थिक प्रगाति में बाधक होते हैं। कौन ऐसा व्यक्ति है जो दस रोते-बिलखते, कीड़ों सी जिन्दगी जीने वाले बच्चों को देखकर तरस नहीं खायेगा? किसे पसन्द नहीं, कि बच्चा एक ही हो पर वह माँ, बाप एवं देश का नाम रोशन करे। हमारे शास्त्रों में ठीक ही तो कहा गया है कि – ''एकः चन्द्रो तमो हन्ति, न च तारागणति''। अर्थात् एक ही चन्द्रमा के उदय होने से सारे संसार का अन्धकार भाग जाता है। करोड़ों तारों के द्वारा रात अंधेरी ही रहती है। किसी भी देश की औसत आयु को देखकर उस देश के जन-स्वास्थ्य, मृत्युओं एवं चिकित्सा के स्तर का अनुमान आसानी से लगाया जा सकता है।

प्रत्याशित आयु से ताप्पर्य जीवित रहने की आयु से है। अन्य शब्दों में जब कोई बच्चा जन्म लेता है तो उसके कितने वर्ष तक जीवित रहने की प्रत्याशा बनी रहती है, इस जीवित रहने की प्रत्याशा की ही

प्रत्याशित आयु या औसत आयु कहा जाता है। यदि मृत्यु दर अधिक है तथा कम आयु पर मृत्यु दर कम है तो प्रत्याशित आयु कम होती है। इसके विपरित यदि देश में मृत्यु दर कम है तो व्यक्तियों के जीवित रहने की प्रत्याशा अधिक होगी। मृत्यु-दर तथा जीवन प्रत्याशा में गहरा सम्बन्ध है। किसी भी देश की औसत आयु को देखकर उस देश के जन-स्वास्थ्य, मृत्युओं एवं चिकित्सा के स्तर का अनुमान आसानी से लगाया जा सकता है। भारत में प्रत्याशित आयु में वृद्धि हुई है, किन्तु विश्व के अन्य प्रमुख देशों को देखते हुए भारत में जीवन प्रत्यशा आज भी बहुत अधिक कम है। विश्व के कुछ प्रमुख देशों में जन्म के समय जीवन प्रत्याशा निम्नानुसार है।

सारणी 6.1: विश्व के प्रमुख देशों में जन्म के समय जीवन प्रत्याशा (1997)

देश	*प्रत्याशित आयु*
जापान	80
फ्रांस	78
आस्ट्रेलिया	78
संयुक्त राज्य अमेरिका	77
इंग्लैण्ड	77
भारत	63

Source- U.S. Bureau of the Census, World Population, 2000.
- Demographic year Book, 1998
- Human Development Report, 1998, Table 28, p.190
- World Development Report, 1998, Table 1, p. 162-163

जहाँ भारत में प्रत्याशित आयु आज भी 64 वर्ष है सन् 1997 के अनुसार संयुक्त राज्य अमेरिका में 77 वर्ष, आस्ट्रेलिया में 78 वर्ष, इंग्लैण्ड में 77 वर्ष और जापान में 80 वर्ष है। स्पष्ट है कि हमारे देश

में प्रत्याशित आयु अभी भी विकसित देशों की तुलना में बहुत कम है यद्यपि इसमें निरन्तर धीरे-धीरे वृद्धि हो रही है।

भारत में मृत्यु-दर में कमी के साथ-साथ जीवन प्रत्याशा में भी वृद्धि हुई है। वास्तव में मानव शक्ति की उपयोगिता अन्य बातों के साथ-साथ उसकी प्रत्याशित आयु पर निर्भर करती है। यदि मृत्यु-दर अधिक होती है, तो प्रत्याशित आयु का अनुपात कम होता है लेकिन जैसे-जैसे यह घटती है औसत प्रत्याशित आयु में वृद्धि होती जाती है।

भारत में जीवन स्तर निम्न होने के कारण लोगों को पौष्टिक भोजन नहीं मिल पाता। जिसके फलस्वरूप वे तरह-तरह की बीमारियों के शिकार हो जाते हैं और अल्प आयु में ही मर जाते हैं। बच्चे कुपोषण के कारण शिशु अवस्था में ही मृत्यु को प्राप्त हो जाते हैं, जबकि स्त्रियों में प्रसूति काल में मृत्यु दर अधिक होती है।

प्रत्याशित आयु मृत्यु दर पर निर्भर करती है और मृत्यु दर स्वयं महामारी रोग, जीवन दशाओं, स्त्रियों की देखभाल, शिशु मरण दर और पोषण तत्व पर निर्भर करती है। भारत में बहुत समय तक प्रत्याशित आयु कम रहने का मुख्य कारण यह है कि यहाँ मृत्यु दर की अधिकता थी।

1921 के बाद भारत में मन्द गति से लेकिन निरन्तर प्रयाशित आयु में वृद्धि हुई है। 1881 से 1921 के बीच मृत्यु दर प्रति हजार 40 से 48 तक थी, परन्तु 1921 के पश्चात् रोगों पर नियंत्रण कर लिया गया है। शिशुओं की मृत्यु दर घट गयी है (क्योंकि प्रसव सुविधाओं का विस्तार हो गया है और बच्चों के स्वास्थ्य तथा सफाई का ध्यान रखा जाने लगा है,) साक्षरता में वृद्धि हो गयी है, दुर्भिक्षों का प्रकोप कम हो गया है तथा स्त्रियों के प्रति हमारा दृष्टिकोण भी अधिक उदार और विवेकपूर्ण हो गया है। इन सबके परिणामस्वरूप भारतीयों की औसत आयु में वृद्धि हुई हैं।

जैसा कि निम्न सारणी के अंको से स्पष्ट है कि 1901-11 की अवधि में जीवन प्रत्याशा 22.9 वर्ष थी जो 1981-91 में बढ़कर 59.9 तथा 1996-2001 में 63.50 वर्ष हो गयी थी। इसे सारणी 6.2 में प्रदर्शित किया गया है:-

सारणी 6.2 : भारत में जीवन प्रत्याशा

वर्ष	*पुरुष*	*स्त्री*	*योग*
1901-11	22.6	23.3	22.9
1911-21	19.4	20.9	20.1
1921-31	26.9	26.6	26.8
1931-41	32.1	31.4	31.8
1941-51	32.5	31.7	32.1
1951-61	41.9	40.6	41.3
1961-71	47.1	45.6	46.4
1971-81	54.0	53.0	53.5
1981-91	55.9	59.9	59.9
1991-96	60.60	61.70	61.20
1996-2001	62.80	64.20	63.50

Source: Census of India, 2003, p. 9
Govt. of India, Minsitry of Health-'Facts and Figure', p. 5
Census of India, 2001, World Development Report, 2001, Table 1, pp. 162-163.

यद्यपि भारत में प्रत्याशित आयु में वृद्धि हुई है, परन्तु राज्यानुसार इसमें अत्यधिक विषमता है जैसा सारणी से स्पष्ट होता है।

सारणी 6.3: प्रमुख राज्यों में जन्म के समय प्रत्याशित आयु (1993-97) (औसत)

क्र.	*राज्य*	*जन्म के समय प्रत्याशित आयु*
1.	आंध्र प्रदेश	62.4
2.	असम	56.7

3.	बिहार	59.6
4.	गुजरात	61.9
5.	हरियाणा	64.1
6.	कर्नाटक	63.3
7.	केरल	73.3
8.	मध्य प्रदेश	55.5
9.	महाराष्ट्र	65.5
10.	उड़ीसा	57.2
11.	पंजाब	67.7
12.	राजस्थान	60.0
13.	तमिलनाडू	64.1
14.	उत्तर प्रदेश	57.6
15.	पश्चिम बंगाल	62.8
16.	सम्पूर्ण भारत	61.1

Source: Registrar General of India, Sample Registration System, 1999.

- Demographic year Book, 1998
- Cenus of India, 1981, Series-1, India-1 of 1984, p. 9

उत्तर प्रदेश, बिहार, असम, मध्य प्रदेश, उड़ीसा में प्रत्यशित आयु औसत आयु से भी कम है जबकि सारणी से स्पष्ट है कि केरल, पंजाब, महाराष्ट्र, तमिलानाडू, हरियाणा आदि प्रान्तों में औसत से अधिक है।

संयुक्त राष्ट्र संघ के अनुसार 1935 से जन्म के समय जीवन प्रत्याशा परिवर्तन होती है तथा 2010 तक निम्नानुसार परिवर्तित होते रहने की सम्भावना है–

सारणी 6.4 : 1935 से 2010 तक जन्म के समय जीचन प्रत्याशा (वर्षों में)

	समयावधि												
क्षेत्र	1935 से 1939	1950 से 1955	1955 से 1960	1960 से 1965	1965 से 1970	1970 से 1975	1975 से 1980	1980 से 1985	1985 से 1990	1990 से 1995	1995 से 2000	2000 से 2005	2005 से 2010
सम्पूर्ण देश	40.0	47.0	49.8	52.1	54.1	55.8	57.5	59.2	50.8	62.3	63.9	65.5	66.8
विकसित देश	56.0	65.2	68.4	69.8	70.5	71.3	71.9	72.4	72.9	73.3	73.7	74.2	74.5
विकाशील देश	32.0	42.4	45.4	48.3	51.0	53.1	55.1	57.4	58.9	60.3	62.5	64.2	65.7
भारत	30.0	38.7	40.7	43.7	46.1	48.4	49.4	51.5	53.7	56.1	58.4	61.0	63.0

Source 1: Victor Petroy : India, Spotilight on population, Progress Publishers Moscow, 1985, Table 21, p. 162.

Source 2: Census of India, 1971, Population for India, 1981, 2001, Series India Paper 1 of 1984, p. 24.

भारतवर्ष में प्रत्याशित आयु के संबंध में एक उल्लेखनीय बात यह है कि यहाँ स्त्रियों की जीवन अवधि पुरुषों से कम है, जबकि पश्चिमी देशों में यह लगभग बराबर अथवा पुरुषों से अधिक है। भारतवर्ष में स्त्रियों की जीवन अवधि अपेक्षाकृत कम होने का मुख्य कारण स्त्रियों की असामायिक मृत्यु है। इसके भी कुछ कारण, जैसे-बाल विवाह, पर्दा प्रथा, मातृत्व व्यवस्था का अभाव, प्रसव संबंधी सुविधाओं के ज्ञान का अभाव, निर्धनता आदि कुछ ऐसी बातें हैं, जिनके कारण भारतीय स्त्रियों की मृत्यु अधिक होती है। हमारे देश में अविवेकपूर्ण मातृत्व के कारण भी स्त्रियों की अधिक मृत्यु होती है, फलत: भारतवर्ष में स्त्रियों की जीवन अवधि पुरुषों की अपेक्षा कम है।

विगत वर्षों में भारतवर्ष में प्रत्याशित आयु में वृद्धि प्रति वर्ष एक वर्ष की दर से हो रही है। यह शुभ प्रवृत्ति है, जिसे तब तक जारी रहना चाहिए जब तक कि भारत में प्रत्याशित आयु का स्तर विकसित देशों में विद्यमान स्तर के बराबर न हो जाये, क्योंकि औसत आयु बढ़ने से आर्थिक विकास पर बहुत लाभदायक प्रभाव पड़ता है। औसत आयु बढ़ने से अर्थव्यवस्था के प्राप्त होने वाले लाभ इस प्रकार हैं।

- औसत आयु बढ़ने से एक व्यक्ति का कार्यालय बढ़ जाता है, जिसमें राष्ट्रीय उत्पादन आयु में वह अधिक वृद्धि कर सकता है। उदाहरण के लिए भारतवर्ष में प्रत्याशित आयु 63 वर्ष है और अमेरिका में 77 वर्ष है। इसका अर्थ यह हुआ कि भारत की अपेक्षा अमेरिका का एक औसत नागारिक राष्ट्रीय उत्पादन में अपना योग देने के लिए लगभग 15 वर्ष अधिक जीवित रहता है। इस प्रकार दीर्घ औसत अवधि के कारण देश के आर्थिक विकास को प्रोत्साहन मिलता है। भारतवर्ष में लंबी आयु तक जीवित रहने वाले व्यक्तियों की संख्या कम रहने के कारण यहाँ उत्पादक आयु वर्ग में 1991 में 61 प्रतिशत जनसंख्या थी, जबकि विकसित राष्ट्रों में यही प्रतिशत 70 था।

प्रत्याशित आयु और आर्थिक-विकास के संबंध में एक उल्लेखनीय बात यह है कि केवल औयसत जीवन अवधि बढ़ाने से ही अवधि बढ़ाने से ही कार्यशील जीवन की अवधि नहीं बढ़ती, क्योंकि शिशु मृत्यु कम होने से या 55 वर्ष से ऊपर आयु वाले व्यक्तियों की आयु बढ़ने से भी देश की औसत जीवन अवधि बढ़ सकती है। अतः यदि देश में उत्पादक आयु वर्ग (15 से 59 आयु वर्ग) में वृद्धि होकर देश की औसत जीवन अवधि बढ़ती है और बढ़ती हुई जीवन अवधि के साथ देश में रोजगार की सम्भावनाएं बढ़ती हैं, तो राष्ट्रीय उत्पादन व आय में वृद्धि होगी। अतः औसत जीवन अवधि में वृद्धि आर्थिक-विकास के लिए उसी स्थिति में सहायक होगी जबकि: (i) देश की कार्यशील जनसंख्या (उत्पादक वर्ग) की उम्र में वृद्धि होती है। (ii) बढ़ते हुए आयुमान के साथ देश में रोजगार की सम्भावनाएं भी बढ़ती हैं। उदाहरण के लिए भारतवर्ष में आयुमान बढ़ने के साथ रोजगार की संभावनाएं न बढ़ने के कारण बढ़े हुए आयुमान का उतना लाभ नहीं मिल सका, जितना उन देशों को मिला है, जहाँ बेरोजगारी की समस्या कठिन नहीं है। अतः भारत जैसे देश में औसत जीवन अवधि बढ़ने के साथ-साथ रोजगार की सम्भावनाएं भी तेजी से बढ़नी चाहिए।

- अल्प औसत आयु के कारण नागरिकों के पालन-पोषण, शिक्षा तथा प्रशिक्षण आदि पर किए गये व्यय का पूरा प्रतिफल नहीं मिल पाता। अधिकांश नागरिक 50 वर्ष से पूर्व ही मर जाते हैं। अतः मनुष्यों पर लगाए गये धन का पूर्ण लाभ उठाने के लिए यह आवश्यक है कि जीवन काल में वृद्धि हो।
- राष्ट्रीय आय का बहुत बड़ा भाग ऐसे शिशुओं पर व्यय होता है, जो उत्पादक आयु में पहुँचने से पूर्व ही मौत के शिकार बन जाते हैं। अतः अल्प औसत आयु से बच्चों के पालन-पोषण के

लिए किए गये प्रयत्न और विनियोजन की व्यर्थता सूचित करती है। प्रो. अल्फ्रेड बोने के अनुसार, ''आर्थिक दृष्टि से अर्द्धविकसित देशों में इन असंख्य युवा वर्ग के भरण-पोषण और शैक्षाणिक विकास में भौतिक-अभौतिक दोनों तरह के विनियोग की हानि होती है, जो अपने जीवन की परिपक्व अवस्था तक नहीं पहुँचती हैं। भले ही वहाँ पश्चिमी देशों की तुलना में प्रति व्यक्ति, शिक्षा, कपड़े तथा खाद्य-पदार्थों में विनियोग कम हो, परन्तु फिर भी कुल व्यय की हानि अत्यधिक है। एक जीविकोपार्जक पश्चिमी देशों में सरलता से अपने भरण-पोषण, प्रशिक्षण आदि की लागत समाज को चुका देता है, क्योंकि उसे अपने जीवन के उत्पादक वर्षों तक पहुँचने के अवसर रहते हैं और इसलिए वह अपना योगदान 40 या अधिक वर्षों तक देता है।''

- अल्प औसत आयु के कारण देश में अनुभवी लोगों की कमी रहती है। उदाहरण के लिए भारतवर्ष में औसत जीवन अवधि कम होने के कारण कार्यशील अनुभव-सिद्ध बुजुर्गो (60 से ऊपर) का अनुपात 1991 में केवल 6.0 प्रतिशत था, जबकि अमेरिका में यहीं अनुपात 16.9 प्रतिशत है।

अत: औसत आयु बढ़ने से देश के आर्थिक विकास पर अच्छा प्रभाव पड़ता है। बहुत से विद्वानों का तो यह मत है कि आर्थिक विकास में औसत जीवन अवधि का जितना महत्व है, उतना जनसंख्या वृद्धि का भी नहीं है। भारत जैसे अर्द्धविकसित देशों में औसत जीवन अवधि कम रहने से बचत अनुमान भी काफी नीचा है।

कोई भी देश, चाहे वह विकसित हो या विकाशील पश्चिमी हो या पूर्वी, अपनी जनसंख्या के आकार के प्रभाव से वंचित नहीं रह सकता है। उस समाज का जीवन-स्तर, मानसिक स्तर उस देश के विकास की निर्देशिका है। देश में बाल एवं स्त्री हत्यायें आत्महत्यायें, अपराध की

बढ़ती संख्या वहाँ के लोगों के मस्तिष्क की दुर्बलता का प्रतीक है जिसको कि कोई भी देश विकास के लिए बाधक मानेगा। बढ़ती शारीरिक अस्वस्थता, रोग-जनित मृत्युओं, शिशु एवं मातृ मृत्यु-दरों की अधिकता देश में उपलब्ध स्वास्थ्य सेवाओं की प्रतीक होती है।

प्रत्याशित आयु से तात्पर्य जीवित रहने की आयु से है। अन्य शब्दों में जब कोई बच्चा जन्म लेता है तो उसके वर्ष तक जीवित रहने की प्रत्याशा बनी रहती है, इस जीवित रहने की प्रत्याशा को ही प्रत्याशित आयु या औसत आयु कहा जाता है।

भारत में प्रत्याशित आयु में वृद्धि हुई है, किन्तु विश्व के अन्य प्रमुख देशों को देखते हुए भारत में जीवन प्रत्याशा आज भी बहुत अधिक कम है। जहाँ भारत में प्रत्याशित आयु आज भी 64 वर्ष है सन् 1997 के अनुसार संयुक्त राज्य अमेरिका में 77 वर्ष आस्ट्रेलिया में 78 वर्ष, फ्रांस में 78 वर्ष इंग्लैण्ड में 77 वर्ष और जापान में 80 वर्ष है। स्पष्ट है कि हमारे देश में प्रत्याशित आयु अभी भी विकसित देशों की तुलना में बहुत कम है यद्यपि इसमें निरन्त धीरे-धीरे वृद्धि हो रही है। 1901-11 की अवधि में जीवन प्रत्याशा 22.9 वर्ष थी जो 1981-91 में बढ़कर 59.9 तथा 1996-2001 में 63.50 वर्ष हो गयी थी। भारत वर्ष में प्रत्याशित आयु के संबंध में एक उल्लेखीय बात यह है कि यहाँ स्त्रियों की जीवन अवधि पुरुषों से कम है, जबकि पश्चिमी देशों में यह लगभग बराबर अथवा पुरूषों से अधिक है।

References

1. S.N. A garwala, India's Population Problems, Tata Mc. Graw-Hill Publishing co. New Delhi, 1985, p. 130.
2. Victor Petrov, India, Spotlight on Population, Progress Publishers, Moscow 1985, Table 21, p. 162.

3. G.B. Saxena, Population in Transition, Table 6, p. 12.
4. Census of India, 1981 Series-1, India-1 of 1984, p. 9.
5. Registrar General of India, Sample Registration System, 1998.
6. Source - U.N. Demographic Year Book 1963, p. 74.
7. Source - Model Registration- Survey of Causes of Death, Govt. of India.
8. Demographic Year Book, 1998.
9. Govt. of India, Ministry of Health- 'Facts and Figure p. 5.
10. Sources - Census of India, 2001, World Development report 2002, Table 1, pp. 162-163.
11. Sample Registration Bulletin.
12. Source - U.S. Bureau of the Census, World Population, 2000.
13. Demographic year Book, 1998.
14. Human Development Report, 1998, Table 28, p. 190.
15. World Development Report, 1998, Table 1, p. 162-163.
16. Source - Census of India, 2003, p. 9.
17. Source - Registrar General of India, Sample Registration System, 1999.
18. Demographic year Book, 1998.
19. Census of India, 1981, Series-1, India-1 of 1984, p. 9.
20. Source 2- Census of India, 1971, Population Projection for India, 1981, 2001, Series India Paper 1 of 1984, p. 24.

सप्तम अध्याय

सामान्यीकरण एवं निष्कर्ष

जनांकिकी के तथ्य तथा समंक निरन्तर परिवर्तनशील प्रकृति के होते हैं। निश्चित क्षेत्र एवं समय के सन्दर्भ में ही किसी जनसंख्या की स्थिति की परिभाषा हो सकती है। जीवन समंक, जैविकिय घटनाओं पर आधारित होते हुए भी अनेक सामाजिक कारकों से प्रभावित होते हैं। जन्म एवं मृत्यु जैसे शुद्ध जैविक घटनायें सामाजिक कारकों के प्रभाव में परिवर्तित होती हैं। इसलिए जीवन समंक तथा जनसंख्या सम्बन्धी सामाजिक समंक दोनों ही देश-काल सापेक्ष होते हुए अनेक सामाजिक तथा जैविक कारणों से प्रभावित होती हैं।

विश्व का प्रत्येक देश आज अपनी जन-स्वास्थ्य सेवाओं एवं औषधि सुलभताओं के द्वारा व्यक्तियों की औसत आयु में वृद्धि लाने का प्रत्यन कर रहा है। मृत्यु-दर के अनुमान द्वारा किसी भी जन-स्वास्थ्य सेवाओं मं हुई प्रगति को जाना जा सकता है।

मृत्यु से आशय उस शरीर का अन्त है, जिसका जीवित जन्म हुआ था, किन्तु जनांकिकी दृष्टि से मृत्यु जीवन की ऐसी प्रमुख घटना है जो जनसंख्या के आकार, गठन एवं वितरण में कमी लाती है। मृत्यु का पूर्व निश्चित समय नहीं होता, किन्तु मृत्यु सत्य और अवश्यभावी है। इस पर मनुष्य का नियंत्रण नहीं रहता है। ऊँची मृत्यु दर अर्द्धविकसित अर्थ व्यवस्थ्या का संकेतक है। मृत्यु की सम्भावना प्रत्येक आयु वर्ग में सदैव बनी रहती है।

मनुष्य मृत्यु दर पर तो विजय नहीं प्राप्त कर सका है, परन्तु वह जीवनावधि का विस्तार करने में अवश्य सफल हो गया है। इसके अन्तर्गत मृत्यु के केवल उन्हीं कारणों की व्याख्या हो पाती है जिनके सम्बन्ध में आँकड़े उपलब्ध होते हैं। जनांकिी के लिए मृत्यु की उन घटनाओं का अध्ययन एवं व्याख्या करना कठिन है जिनके कारण अनिश्चित हो अथवा ज्ञात न हों।

कुपोषण, गरीबी, भोजन सम्बन्धी आदतों, सामाजिक एवं धार्मिक रूढिवादिता, अज्ञानता, दुर्व्यसन तथा प्रदूषण के फलस्वरूप होने वाला मनुष्य कृत रोग, संक्रामक रोग या बीमारियाँ, संक्रामक, पराश्रयी तथा श्वास सम्बन्धी बीमारियाँ, कैन्सर परिवहन तंत्रीय बीमारियाँ हिंसा से मृत्यु उदर सम्बन्धी बीमारियाँ चिकित्सकीय सुविधाओं का अभाव, दुर्घटना ,व्यापक निर्धनता, प्राकृतिक प्रकोप, अशिक्षा बाल-विवाह एवं अधिक संतानोत्पत्ति, प्रजनन आयु व प्रसव काल में स्त्रियों की अत्यधिक मौतें, शुद्ध पेयजल की समस्या, शिशु कल्याण केन्द्रों की कमी के कारण मृत्यु अधिक होती है।

चीन, संयुक्त राज्य अमेरिका, इण्डोनेशिया एवं ब्राजील को छोड़कर किसी भी देश की जनसंख्या उत्तर प्रदेश से अधिक नहीं है। उत्तर प्रदेश की कुल 16.61,97,921 जनसंख्या है। जिसमें 8,75,65,369 पुरुष एवं 7,86,32,552 महिलायें शमिल हैं। देश की कुल जनसंख्या में 16.61 प्रतिशत की भागीदारी उत्तर प्रदेश की है।

शिशु मृत्यु दर अविकसित देशों में अधिक पायी जाती है। विकसित देशों में शिशु मृत्यु दर यु.एस.ए. (1998) में 7.2 प्रतिशत, यूनाईटेड किंगडम (1997) में 5.9 प्रतिशत है जबकि अविकसित देशों में सबसे अधिक शिशु मृत्यु दर जाम्बिया (1995-2000) में 82.2 प्रतिशत पाकिस्तान (1995-2000) में 74.1 प्रतिशत, तथा भारत (1995-2000) में 72.3 प्रतिशत है जोकि तुलनात्मक आधार पर विकसित देशों की तुलना में अविकसित देशों में शिशु मृत्युदर अधिक पायी जाती है।

भारत में मृत्युदर में कमी के साथ-साथ जीवन प्रत्याशा में भी वृद्धि हुई है। 1951 में कुल जीवन प्रत्याशा 42.10 प्रतिशत, 1961 में 46.52 प्रतिशत, 1971 में 48.52 प्रतिशत, 1981 में 54.00 प्रतिशत, 1991 में 56.00 प्रतिशत तथा 1995-2000 में 63.3 प्रतिशत हो गयी है जिसमें 2000 में जीवन प्रत्याशा पुरुषों की 64.20 प्रतिशत तथा स्त्रियों की 62.9 प्रतिशत हो गयी है।

भारत में मातृतत्व मृत्यु दर के आँकड़े जल्दी प्राप्त नहीं होते हैं। प्रसव के दौरान महिला की मृत्यु केवल स्वास्थ्य हानि का नहीं अपितु सामाजिक न्याय का भी सवाल है। विकसित देशों की अपेक्षा जर्मनी (1998) में जन्म दर 9.7 प्रतिशत और मृत्यु दर 10.4 प्रतिशत तथा यूनाईटेड किंगडम (1997) में जन्मदर 12.3 प्रतिशत और मृत्यु दर 10.7 प्रतिशत है। जबकि यह दर विकाशील देशों में 1995-2000 में जाम्बिया में मृत्यु दर 20.1 प्रतिशत थी, और अन्य देशों में 10 प्रतिशत से कम पाया गया है। भारत (2001) मं जन्म दर 25.8 और मृत्यु दर 8.5 प्रतिशत, पाकिस्तान (1995-2000) में जन्म दर 36.1 और मृत्यु दर 7.8 प्रतिशत, इण्डोनेशिया (1995-2000) में जन्म दर 22.7 और मृत्यु दर 7.6 प्रतिशत है इन देशों में तुलानात्मक रूप से अधिक है। वर्ष 1951 में भारत में मृत्यु दर 22.8 प्रतिशत, 1961 में 18.8 प्रतिशत, 1971 में 14.8 प्रतिशत, 1981 में 11.4 प्रतिशत, 1991 में 09.2 प्रतिशत तथा 2001 में 08.5 प्रतिशत हो गयी है।

भारत के विभिन्न राज्यों की मृत्यु दरों में समानता देखने को नहीं मिलती है क्योंकि न तो सभी राज्यों कि राज्यों कि सामाजिक एवं आर्थिक दशायें समान है और न ही उनमें चिकित्सा स्वास्थ्य की सुविधाऐं समान रूप से उपलब्ध है। सन् 2000 के अनुसार कुछ मुख्य राज्यों मध्य प्रदेश (10.2 प्रतिशत), उड़िसा (10.5 प्रतिशत), राजस्थान (8.4 प्रतिशत), और उत्तर प्रदेश (10.3 प्रतिशत), में मृत्यु दर राष्ट्रीय मृत्यु दर के औसत से अधिक है। केरल, महाराष्ट्र, पंजाब, तामिलनाडू और पश्चिम बंगाल में तुलना के आधार पर मृत्यु दर कम है। संघ राज्यों

चंडीगढ़ में मृत्यु दर सबसे कम (3.9 प्रतिशत) है। भारत में रहने वाली ग्रामीण जनसंख्या का मृत्यु दर 2000 में 9.3 और शहरी क्षेत्रों में 6.3 है।

सन् 1998 के आँकड़ों के आधार पर 30–40 तक आयु की स्त्रियों में मृत्यु दर पुरुषों से कम है। पुरुषों में आयु के बढ़ने के साथ मृत्यु दर में भी वृद्धि होती जाती है। 35–39 आयु के बाद पुरुषों की स्त्रियों से अधिक मृत्यु हुई है।

उत्तर प्रदेश में 1991–2001 के दशक में 32.8 प्रति हजार दर्ज की गई, जिसमें से ग्रामीण जन्म दर 33.01 तथा शहरी जन्म दर 26.7 प्रति हजार है। 1991–2001 के दशक में उत्तर प्रदेश में ग्रामीण मृत्यु–दर 11.0 तथा शहरी मृत्यु दर 7.7 प्रति हजार है।

प्रजनन, व्यक्ति, परिवार एवं समाज के जीवन में समान रूप से महत्वपूर्ण घटना है। प्रजनन से सामान्य तात्पर्य संतानोत्पादन से है। मानव समाज की निरन्तरता पूर्णरूपेण प्रजनन की प्रकिया पर निर्भर करती है। विश्व के एक प्रजनन विशेषज्ञ श्री नॉरमन बी. रायडर का मत है कि ''माँ या पिता बनना एक व्यक्ति के जीवन में सर्वाधिक महत्व की घटनाओं में से एक है। समाज की निरन्तरता की दृष्टि से व्यक्ति कि पर्याप्त प्रजननता मनुष्य का सबसे महत्वपूर्ण व्यवहार प्रतिमान है।'' इस प्रकार व्यक्तिगत सन्तोषण के रूप में तथा सामाजिक निरन्तरता को चरितार्थ करने की दिशा में मनुष्य को सन्तानोत्पादन सम्बन्धी व्यवहार जनांकिकीय विश्लेषण का केन्द्रीय विषय है। साधारणत: उर्वरता का अभिप्राय किसी स्त्री या उनके समूह के द्वारा किसी समयावधि में कुल सजीव जन्में बच्चों की वास्तविक संख्या से है। उर्वरता की माप बच्चों की संख्या से होती है, अथवा एक दी हुई अवधि पर सजीव जन्में बच्चों की बारम्बारता ही उर्वरता का माप है।

जन्म की घटना किसी क्षेत्र की जनसंख्या वृद्धि को तथा मृत्यु की घटना उस क्षेत्र की जनसंख्या ह्रास को सूचित करती है और देशान्तरण

की घटना क्षेत्र विशेष की जनसंख्या को सकारात्मक एवं नकारात्मक दोनों रूपों में प्रभावित करती है। यदि किसी देश में प्रवजन की घटनायें अधिक होती है जनसंख्या में ह्रास तथा यदि आव्रजन की घटनाऐं होती है। तो जनसंख्या में वृद्धि होती है। यदि किसी ऐसे समाज की कल्पना की जाए तो देशान्तरण की दृष्टि से बन्द समाज का प्रतिधित्व करता हो तो उस समाज में जनसंख्या गति का निर्धारण जन्म एवं मृत्यु द्वारा होता है। जन्म एवं मृत्यु की घटनायें प्राकृतिक हैं और इसके आधार पर प्राकृतिक वृद्धि का निर्धारण होता है।

मृत्यु एक दीर्घ जीवन बिताने के पश्चात् व्यक्ति में जैविक शक्ति की सम्पाति की सूचक है, जिसके पश्चात् शरीर के विभिन्न अंग अपना कार्य करना बन्द कर देते हैं। मृत्यु की घटनायें नकारात्मक अर्थात् घटोत्ररी का सूचक है। मृत्यु एक अनैच्छिक तथ्य हैं। बीमारी, शरीर की शक्ति एवं सामान्य स्वास्थ्य स्तर में गिरावट, हिंसा एवं दुर्घटना आदि का परिणाम मृत्यु है। श्वास का स्पन्दन अवरूद्ध हो जाने तथा शरीर में रक्त की ऊष्मता विनष्ट हो जाने की स्थिति मृत्यु समझी जाती है। जैवकीय दृष्टि से मृत्यु से आशय उस शरीर का अन्त है, जिसका जीवित जन्म हुआ था, किन्तु जनांकिकी दृष्टि से मृत्यु जीवन की ऐसी प्रमुख घटना है जो जनसंख्या के आकार, गठन एवं वितरण में कमी लाती है। मृत्यु की घटनाओं के समूह को मृत्युक्रम या मरणांक (Mortality) कहते हैं। स्पष्टतः मृत्युक्रम का सम्बन्ध व्यक्ति विशेष से न होकर व्यक्तियों के समूह से होता है। मृत्यु का पूर्व निश्चित समय नहीं होता, किन्तु मृत्यु सत्य और अवश्यम्भावी है। मृत्यु एक अनैच्छिक घटना है। इस पर मनुष्य का नियंत्रण नहीं रहता है। ऊँची मृत्यु दर अर्द्धविकसित अर्थ व्यवस्था का संकेतक है। जनसंख्या की वृद्धि में मृत्युक्रम महत्वपूर्ण भूमिका अदा करता है। किसी देश में जनसंख्या वृद्धि का कारण जन्म-दर में वृद्धि न होकर मृत्यु-दर में कमी हो सकती है।

जनांकिकी में जनगणना के अतिरिक्त आँकड़ों को एकत्रित करने कि महत्वपूर्ण प्रविधि पंजीकरण विधि है जिसका अनुसरण प्रत्येक राष्ट्र

जनांकिकी घटनाओं के पंजीकरण के लिए कर रहा है। जनांकिकी घटनाओं से तात्पर्य जन्म, मृत्यु, विवाह, तलाक, पृथक्करण, गर्भपात इत्यादि से है। सरल शब्दों में ये समस्त घटनाऐं जो जन्म-मृत्यु से सम्बन्धित है तथा जो जनसंख्या में परिवर्तन करती है, जनांकिकीय घटनाऐं कहलाती है। यद्यपि इन सभी घटनाओं को जनगणना में भी सम्मिलित किया जाता है। पंजीकृत करने की परम्परा पंजीकरण प्रविधि द्वारा सम्पादित होती है। सामान्यतया जनांकिकीय घटनाओं का पंजीकरण कराना परिवार के सदस्यों के लिए अनिवार्य होता है इसलिए इन्हें पंजीकृत समंक भी कहा जाता है। मृत्यु सम्बन्धी घटनाओं के पंजीकरण में मृत्यु की तिथि, माह व वर्ष, लिंग मृत्यु का कारण, मृत्यु सम्बन्धी स्थान, मृत्यु के समय आयु, मृतक का वास्तविक निवास स्थान, मृत्यु सम्बन्धी प्रमाण पत्र का किस्म, यदि बाल मृत्यु है तो माँ का निवास स्थान, बालक कि आयु, लिंग तथा मृत्यु का कारण इत्यादि का विशेष ध्यान दिया जाता है।

प्रस्तुत अध्ययन वाराणसी नगर पर आधारित है। वाराणसी को भारत कि सांस्कृतिक राजधानी भी कहा जाता है। वाराणसी को अध्ययन के सन्दर्भ के रूप में चुनने का प्रधान कारण यह है कि पूर्वांचल में चिकित्सा की अधिकतम सुविधाऐं वाराणसी में उपलब्ध हैं अध्ययन में उन सभी मृत्यु की घटनाओं को सम्मिलित किया गया है जो वाराणसी नगर महापलिका के जन्म-मृत्यु कार्यालय में पंजीकृत है। इस तरह अध्ययन समग्र रूप से वाराणसी नगर महापालिका के जन्म-मृत्यु कार्यालय में पंजीकृत मृत्यु की घटनायें है।

आज भी बनारस संस्कृत एवं आधुनिक शिक्षा का केन्द्र है। वाराणसी जनपद उत्तर प्रदेश के पूर्वांचल जनपदों में से एक है। 2001 की जनगणना के अनुसार जनपद का कुल क्षेत्रफल 1550.20 वर्ग कि. मी. है तथा कुल आबादी 3147927 जिनमें 1650138 पुरुष तथा 1497789 स्त्रियां है। 2001 की जनगणना के अनुसार साक्षरता दर 67.09 रही जबकि 1991 में 52.4 रही है।

यद्यपि प्रस्तुत अध्ययन पूर्णतः द्वितीयक आँकड़ों पर आधारित है। जनसंख्या सम्बन्धी अध्ययनों में सामान्यतया द्वितीयक आँकड़ें जनगणना प्रतिवेदन एवं सरकारी आँकड़ों से प्राप्त किये जाते हैं। ज्ञातव्य है कि जनसंख्या गति का निर्धारण जन्म, मृत्यु एवं देशान्तरण की घटनाओं के आधार पर होता है। जहाँ जन्म की घटनायें जनसंख्या वृद्धि को सूचित करती है वही मृत्यु की घटनायें जनसंख्या ह्रास को सूचित करती है। देशान्तरण की घटनायें जनसंख्या वृद्धि एवं ह्रास दोनों से सम्बन्धित होती है। मृत्यु सम्बन्धी घटनाओं के अध्ययन के लिए जन्म-मृत्यु कार्यालय में पंजीकृत मृत्यु सम्बन्धी घटनाओं के अध्ययन के आधार के रूप में स्वीकार किया जाता है। प्रस्तुत अध्ययन वाराणसी नगर से सम्बन्धित है, अतः पाँच वर्षीय अवधी में वाराणसी नगर महापलिका के जन्म-मृत्यु कार्यालय में पंजीकृत जनवरी 2001 से दिसम्बर 2005 की कालाविधि में हुई मृत्यु की समस्त घटनाओं को सम्मिलित किया गया है। इस प्रकार प्रस्तुत अध्ययन का समग्र वाराणसी नगर है और आँकड़ों का स्रोत पंजीकृत मृत्यु की घटनायें है। सर्वप्रथम जनवरी 2001 से दिसम्बर 2005 के मध्य सम्पूर्ण मृत्यु सम्बन्धी घटनाओं को जन्म-मृत्यु कार्यालय से प्राप्त किया गया। घटनाओं के संकलन के दौरान मृत्यु की घटनायें के साथ-साथ मृत्यु के कारणों एवं उनके सम्पूर्ण विवरण को भी ध्यान में रखा गया है।

किसी भी शोधकर्त्ता के लिए अध्ययन का उद्देश्य महत्वपूर्ण होता है ताकि यह स्पष्ट हो सके कि वह किस समस्या के उद्देश्य को हल कर रहा है। प्रस्तुत अध्ययन के निम्न उद्देश्य हैं।

1. प्रस्तुत अध्ययन का प्रधान उद्देश्य वारएासी नगर में विभिन्न वर्षो की मृत्यु दर की तुलनात्मक व्याख्या करना है।
2. यह पता लगाना कि मृत्यु की घटनायें किस आयु-समूह में अधिक होती है और वर्ष अन्तराल पर इनमें किस प्रकार के परिवर्तन आ रहे है।

3. लैंगिक संयोजन के आधार पर मृत्यु की घटनाओं का तुलनात्मक विवरण प्रस्तुत करना भी इस अध्ययन का एक महत्वपूर्ण उद्देश्य हैं।
4. यह ज्ञात करना कि मृत्यु की घटनायें और वैवाहिक स्तर में किस प्रकार के सम्बन्ध हैं।
5. इस अध्ययन का उद्देश्य विभिन्न धार्मिक समूहों में मृत्यु स्वरूप का तुलनात्मक विवरण प्रस्तुत करना है।
6. विभिन्न बीमारियों के कारण होने वाली मृत्यु की घटनाओं का तुलनात्मक विश्लेषण करना भी इस अध्ययन का एक उद्देश्य है।

उपकल्पना अध्ययन-विषय से सम्बन्धित वह काल्पनिक एवं अस्थायी निष्कर्ष है जिसकी सत्यता को केवल वास्तविक तथ्य ही प्रकट कर सकते है। किसी भी शोध को केन्द्रित करने के लिए उपकल्पनाओं का सहारा लेना आवश्यक है, जिससे शोध को दिशा निर्देशित किया जा सके। प्रस्तुत अध्ययन में निम्नलिखित उपकल्पनाओं का परीक्षण किया गया है:

1. मृत्यु की घटनायें अल्पायु अर्थात 5 वर्ष से कम तथा दीर्घायु अर्थात 60 वर्ष के आयु समूह में अधिक घटित होती हैं।
2. मृत्यु की घटनायें पुरुषों को अपेक्षा स्त्रियों में अधिक होती हैं।
3. हिन्दुओं में मृत्यु की घटनायें अपेक्षाकृत अधिक होती हैं।
4. अविवाहितों की अपेक्षा विवहितों में मृत्यु की घटनायें अधिक होती हैं।
5. मृत्यु की घटनायें वृद्धावस्था के कारण अपेक्षाकृत अधिक होती है।
6. ग्रामीण पृष्ठभूमि के लोगों में नगरीय पृष्ठभूमि के लोगों की अपेक्षा मृत्यु की घटनायें अधिक होती हैं।

जनांकिकी मानव जीवन का संख्यात्मक विश्लेषण है। इसके अन्तर्गत मृत्यु के केवल उन्हीं कारणों की व्याख्या हो पाती है जिनके

सम्बन्ध में आँकड़ें उपलब्ध होते हैं। जनांकिकी के लिए मृत्यु की उन घटनाओं का अध्ययन एवं व्याख्या करना कठिन है जिनके कारण अनिश्चित हों अथवा ज्ञात न हों। मृत्यु के लिए अनेक कारण उत्तरदायी होते हैं। जैसे- बीमारी, शक्ति क्षीणता, दुर्घटना आदि। इन कारकों के ऊपर नियंत्रण करने से जीवन काल की वृद्धि होती है। संयुक्त राष्ट्र संघ ने मृत्यु के विभिन्न कारणों को अनेक श्रणियों में विभाजित किया है। इनमें से कुछ प्रमुख प्रकार निम्न है:-

1. प्रथम वर्ग : संक्रमक, पराश्रयी और श्वास संबंधी बीमारियाँ
2. द्वितीय वर्ग : कैन्सर
3. तृतीय वर्ग : परिसंचार प्रणाली की बीमारियाँ
4. चतुर्थ समूह : हिंसा से मृत्यु
5. पंचम समूह : अन्य बीमारियाँ – मधुमेह, जन्म के प्रथम सप्ताह में होने वाली बीमारियाँ।

मृत्यु दर को प्रभावित करने वाला सबसे महत्वपूर्ण चर आय है। विभिन्न अध्ययनों से यह स्पष्ट होता है। कि विभिन्न वर्गों में मृत्यु दर का अन्तर उनकी कुल आर्थिक स्थिति के अन्तर का ही परिणाम है। और यह उन समुदायों के प्रति व्यक्ति आय और उपयोग के स्तरों में प्रतिबिम्बित होता है। ऐसा पाया गया है कि जब उपभोग और आय का एक न्यूनतम स्तर प्राप्त हो जाता है तो उसके पश्चात् मृत्युदर आय के अन्तर का अधिक प्रभाव नहीं पड़ता है।

भारत में विभिन्न कारणों से मृत्यु की घटनाओं पर बहुत कम विश्वस्त सूचनाएं प्राप्त हैं। फिर भी हमारे देश में मृत्यु दर ऊँची रहने के कुछ सामान्य कारण इस प्रकार हैं। कुपोषण प्रायः गरीबी, भोजन सम्बन्धी आदतों, सामाजिक एवं धार्मिक रूढ़िवादिता, अज्ञानता दुर्व्यसन तथा प्रदूषण आदि के फलस्वरूप होने वाला मनुष्य कृत रोग होता है।

शुद्ध पेयजल की समस्या तथा गंदे पानी के निकास की उचित व्यवस्था का अभाव, शिशु कल्याण केन्द्रों की कमी, शिशु मृत्युओं के कारण – इसे दो वर्गों में विभाजित किया जाता है।

1. अन्तजार्त कारण-पूर्व परिपक्वता, जन्म के समय ही कु-रचित, जन्म की चोटें, जन्म के बाद दम घुटना, जीवन के प्रारभिक दिनों में ही कुव्यवस्थित पालन-पोषण।

2. बहिर्जात कारण – निमोनिया, संग्रहणी, आन्त्र-प्रदाह, अतिसार, गौस्ट्रिक, दुर्घटना, संक्रामित पराश्रयी रोग।

किसी भी देश में मृत्यु-दर का निर्धारण अनेक कारकों द्वारा होता है, जिसमें कुछ प्रमुख कारक निम्न हैं–

चिकित्सा सुविधाऐं और स्वास्थ्य का सामान्य स्तर, जनसंख्या की स्वस्थ्य रहने की आदतें, बीमारियाँ और उनका नियन्त्रण राष्ट्रीय आय का स्तर एवं जीवन स्तर, शिक्षा का स्तर, आवास सुविधाएं, जनसंख्या का घनत्व, सामाजिक हिंसा, क्रान्ति या युद्ध, जनसंख्या कि वंशानुगत विशेषताएं सन्तुलित आहार एवं स्वच्छ पानी की उपलब्धता, देश का वातावरण और जलवायु तथा देश की कार्यकारी दशाएँ।

अधिकतम मृत्यु दर एशिया एवं अफ्रीका के विकाशील देशों की विशेषता रही है। मृत्युक्रम को बढ़ाने में योगदान करने वाले कुछ प्रमुख घटक हैं। शिक्षा एवं स्वास्थ्य सुविधाओं का अभाव, रहन-सहन का निम्न स्तर, अकाल, बाढ़ भूकम्प, युद्ध से भी मृत्यु दर में वृद्धि होती है। वर्तमान समय में अधिकतर देशों में मृत्यु दर घट रही है। तीव्र औद्योगीकरण, स्वछता, पानी के शुद्धिकरण, साबुन का प्रयोग आदि से मृत्यु दर में काफी प्रभाव पड़ा है। 19वीं शताब्दी के बाद से मृत्यु दर में जो उल्लेखनीय कमी आयी है, उसका प्रमुख कारण चिकित्सा विज्ञान का विकास और सार्वजनिक स्वास्थ्य सेवाओं में पर्याप्त सुणर है। अविवाहित, विधुर, विधवा अथवा तलाकशुदा व्याक्तियों में विवाहित व्यक्तियों की तुलना में मृत्यु दर अधिक होती है।

भारत में मृत्यु दर आज भी विकसित देशों से अधिक बनी हुई है। कुछ वर्षो से स्वास्थ्य, सफाई, शिक्षा व चिकित्सा सेवाओं में वृद्धि व प्रसार तथा महामारियों का नियंत्रण आदि के कारण मृत्यु दर में निरंतर ह्रास हो रहा है।

वर्ष 2001 के दौरान चिकित्सकीय प्रमाणिकता मृत्यु का कुल 533,920 में 334,061 पुरुषों और 199,859 स्त्रियों की गणना की गई है। सात प्रमुख कारणों में चिकित्सकीयश प्रमाणित मृत्यु को विभाजित किया गया है जो इस प्रकार है – सर्कुलेटरी सिस्टम (IX) 27.5 प्रतिशत, इन्फेक्शन, पैरासाइटिस रोग (I) 14.6 प्रतिशत इन्जरी एण्ड एण्ड प्वाईजन (XIX) 11.6 प्रतिशत सिम्पटन, साईन एण्ड ऐबनॉरमल क्लिनीकल एण्ड लेबोरेटरी फाइन्डिंग (XVIII) 10.8 प्रतिशत, रिस्पेटरी सिस्टम (X) 8.9 प्रतिशत, ओरिजनेटिव इनपरिनेटिव (XIV) 6.9 प्रतिशत और डाईजेस्टिव सिस्टम (XI) 4.3 प्रतिशत।

मृत्यु जनसंख्या में पीढ़ी-दर-पीढ़ी परिवर्तन करके जनसंख्यात्मक कारकों के माध्यम से सामाजिक परिवर्तन को भी प्रभावित करती है। मृत्यु सम्बन्धी घटनाओं का अध्ययन न केवल जनांकिकीय विश्लेषण के लिए ही आवश्यक है अपितु अच्छे स्वास्थ्य के स्तर को प्राप्त करने के लिए तथा स्वास्थ्य एवं चिकित्सकीय दृष्टि से भी मृत्यु सम्बन्धी घटनाओं का अध्ययन एवं प्रमापन आवश्यक हो जाता है। अपितु अच्छे स्वास्थ्य के स्तर को प्राप्त करने के लिए तथा चिकित्सकीय दृष्टि से भी मृत्यु सम्बन्धी घटनाओं का अध्ययन एवं प्रमापन आवश्यक हो जाता है।

मृत्यु सम्बन्धी घटनाओं के प्रमापन के लिए साधारणतः निम्नलिखित मृत्यु-दरों का प्रयोग किया जाता है जिसमें अपरिष्कृत मृत्यु दर या अशोधित मृत्यु दर, आयु विशिष्ट मृत्यु दर, मानकीकृत या प्रमाणिक मृत्यु दर, कारण विशिष्ट मृत्यु दर तथा शिशु मृत्यु दर सम्मिलित है।

2001, 2002, 2003, 2004 तथा 2005 में वाराणसी नगर में अपरिष्कृत मृत्यु दर क्रमशः 4.742, 4.707, 4.446, 5.321 तथा 5.512 है। आँकड़ों से साफ जाहिर होता है कि वर्ष 2001 से 2003 तक अपरिष्कृत मृत्यु दर में मामूली कमी आई है किन्तु 2004 एवं 2005 में इस मृत्यु दर में वृद्धि हुई है। इस निष्कर्ष द्वारा हमारी द्वितीय

उपकल्पना ''मृत्यु की घटनायें पुरुषों की अपेक्षा स्त्रियों में अधिक होती है'' गलत सिद्ध होती हैं।

वर्ष 2001 में 1 वर्ष से कम आयु समूह में 0.34 प्रति हजार, 1-4 वर्ष से 0.10, 5-14 वर्ष में 0,10 15-24 वर्ष में 0.45, 25-34 वर्ष में, 0.76, 35-44 वर्ष में 1.58, 45-54 वर्ष में 4.33 55-64 वर्ष में 5.78, 65-69 वर्ष में 11.92, 70 वर्ष से अधिक आयु में 15.56 प्रति हजार मृत्यु दर थी।

वर्ष 2002 में 1 वर्ष से कम आयु समूह में 1.54 प्रति हजार, 1-4 वर्ष से 2.44, 5-14 वर्ष में 2.34 15-24 वर्ष में 19.85, 25-34 वर्ष में, 2.43, 35-44 वर्ष में 2.89, 45-54 वर्ष में 2.45, 55-64 वर्ष में 2.31, 65-69 वर्ष में 23.07, 70 वर्ष से अधिक आयु में 22.17 प्रति हजार मृत्यु दर थी।

वर्ष 2003 में 1 वर्ष से कम आयु समूह में 2.08 प्रति हजार, 1-4 वर्ष से 4.45 5-14 वर्ष में 4.08 15-24 वर्ष में 3.31, 25-34 वर्ष में, 3.13, 35-44 वर्ष में 4.57, 45-54 वर्ष में 6.74, 55-64 वर्ष में 3.78, 65-69 वर्ष में 6.25, 70 वर्ष से अधिक आयु में 4.19 प्रति हजार मृत्यु दर थी।

वर्ष 2004 में 1 वर्ष से कम आयु समूह में 2.73 प्रति हजार, 1-4 वर्ष से 0.44, 5-14 वर्ष में 0.72, 15-24 वर्ष में 2.42, 25-34 वर्ष में, 3.34, 35-44 वर्ष में 4.94, 45-54 वर्ष में 6.14, 55-64 वर्ष में 7.19, 65-69 वर्ष में 7.30, 70 वर्ष से अधिक आयु में 10.76 प्रति हजार मृत्यु दर थी।

वर्ष 2005 में 1 वर्ष से कम आयु समूह में 2.37 प्रति हजार, 1-4 वर्ष से 0.38, 5-14 वर्ष में 0.72, 15-24 वर्ष में 2.48, 25-34 वर्ष में, 3.57, 35-44 वर्ष में 4.77, 45-54 वर्ष में 6.17, 55-64 वर्ष में 6.75, 65-69 वर्ष में 6.23, 70 वर्ष से अधिक आयु में 11.73 प्रति हजार मृत्यु दर थी।

इस निष्कर्ष द्वारा हमारी प्रथम उपकल्पना ''मृत्यु की घटनायें अल्पायु अर्थात 5 वर्ष से कम तथा दीर्घायु अर्थात 60 वर्ष के आयु समुह में अधिक घटित होती हैं'' तथा पाँचवीं उपकल्पना ''मृत्यु की घटनायें वृद्धावस्था के कारण अपेक्षाकृत अधिक होती हैं''सत्य सिद्ध होती है।

वाराणसी नगर में वर्ष 2001, 2002, 2003, 2004 तथा 2005 में मानकीकृत मृत्यु दर क्रमशः 5.918, 5.828, 5.611,6.843 तथा 7.223 प्रतिशत प्रति हजार है। आँकड़ों के विश्लेषण से स्पष्ट है कि वर्ष 2001 से 2003 तक वाराणसी नगर की मानकीकृत मृत्यु दर में कमी आयी है किन्तु 2004 एवं 2005 में यह दर तुलनात्मक रूप में अधिक देखी गयी है।

सर्कुलेटरी सिस्टम के रोग से वर्ष 2001, 2002, 2003, 2004 तथा 2005 में मृत्यु दर क्रमशः 0.62, 0.70, 0.621, 0.78 तथा 1.504 प्रति हजार, इन्फेक्शन पैरासाइटिस रोग से वर्ष 2001, 2002, 2003, 2004, तथा 2005 में मृत्यु दर क्रमशः 0.06, 0.168, 0.21, 0.129 तथा 0.14 प्रति हजार, इन्डिफाइन्ड कन्डीशन से 2001, 2002, 2003, 2004 तथा 2005 में मृत्यु दर क्रमशः 0.03, 0.126, 0.102, 0.05 तथा 0.5 प्रति हजार, इन्जरी एण्ड प्वाइजन से वर्ष 2001, 2002, 2003, 2004 तथा 2005 में मृत्युदर क्रमशः) 0.18, 0.242, 0.212, 0.068 तथा 0.129 प्रति हजार, रिस्पेटरी सिस्टम के रोग से वर्ष 2001, 2002, 2003, 2004, तथा 2005 में मृत्यु दर क्रमशः 0.02, 0.084, 0.151, 0.15 तथा 0.087 प्रति हजार, तथा अन्य कारणों से 2001, 2002, 2003, 2004 तथा 2005 में मृत्यु दर क्रमशः 3.87, 3.385, 3.149, 4.14 तथा 3.60 प्रति हजार मृत्यु हुई है।

वर्ष 2001, 2002, 2003, 2004 तथा 2005 में वाराणसी नगर में शिशु मृत्यु दर क्रमशः 0.34, 1.53, 2.08, 2.73 तथा 2.38 है। आँकड़ों से साफ जाहिर होता है कि वर्ष 2001 की तुलना में 2002 से 2004 तक इस दर में वृद्धि हुई है किन्तु 2004 की तुलना में 2005

में शिशु मृत्यु दर में कमी आई है। सुविधाओं के विकास के कारण इस दर में कमी देखी गयी है।

वैयक्तिक पृष्ठिभूमि के अन्तर्गत उनकी सामाजिक, आर्थिक एवं सांस्कृतिक विशेषताओं का विशेष महत्व होता है। प्रत्येक व्यक्ति मूलत: अपने समाज के सामाजिक एवं आर्थिक अन्त: क्रिया का प्रतिफल होता है। सामाजिक-आर्थिक संरचना प्रत्येक व्यक्ति के व्यक्तित्व के निर्माण में निर्णायक भूमिका का निर्वाह करती है।

आयु की विभिन्नता के कारण लोगों के दृष्टिकोण में भिन्नता होने कि पर्याप्त सम्भावना होती है। एक चौथाई से कम (17.41 प्रतिशत) मृतक 65-69 वर्ष आयु वर्ग के हैं। 55-64 वर्ष के मृतकों का प्रतिशत 17.20 है इसी भाँति 45-54 वर्ष आयु वर्ग के मृतकों का प्रतिशत 11.95, 35-44 आयु वर्ग में 6.87 प्रतिशत, 25-34 वर्ष आयु में 4.28 प्रतिशत, 15-24 आयु में 3.04 प्रतिशत, 5-14 आयु में 1.34 प्रतिशत, 1-4 आयु में 1.02 प्रतिशत तथा 1 से कम आयु वर्ग में मृतकों का 0.68 प्रतिशत हैं। इसी प्रकार सारणी के विश्लेषण से स्पष्ट है कि आधे से अधिक (53.62 प्रतिशत) मृतक 65-70+ वर्ष आयु-समूह के हैं तथा शेष आधे से कम अर्थात् 46.38 प्रतिशत मृतक शेष आयु समूहों में वितरित हैं।

भारतीय समाज में व्यक्ति के सामाजिक जीवन को प्रभावित करने में सर्वाधिक प्रभावी कारक जाति है। पाँचों वर्षों में हिन्दू और मुस्लिम धर्म में मृतकों का 71.99 एवं 27.94 प्रतिशत है। जबकि ईसाईयों में 0.05 प्रतिशत तथा अन्य में 0.02 प्रतिशत 2001 से 2005 तक पायी गई है।

मानव समाज में विभेदीकरण एवं स्तीकरण का अधारभूत निर्धारक व्यक्ति की लैंगिक स्थिति रही है। पाँचों वर्षों में आधे से कुछ अधिक (57.13 प्रतिशत) मृतक पुरुष हैं तथा (42.87 प्रतिशत) स्त्रियाँ मृतक हैं। इस प्रकार सारणी के विश्लेषण से स्पष्ट है कि अध्ययन में

सम्मिलित मृतकों में पुरुषों की प्रधानता है। वस्तुतः यह अध्ययन मृत्यु से सम्बन्धित है। इस विश्लेषण के आधार पर यह स्पष्ट होता है कि वाराणसी नगर में 1 जनवरी 2001 से 31 दिसम्बर 2005 के दौरान पुरुषों में मृत्यु की घटनायें अधिक हुई है। कुल मृतकों में आधे से अधिक पुरुष (57.13 प्रतिशत) तथा स्त्रियाँ (42.87 प्रतिशत) हैं। वर्ष 2001 में पुरुषों का 55.88 प्रतिशत था, इसी प्रकार 2002, 2003, 2004, तथा 2005 में क्रमशः मृतकों का प्रतिशत 55.74, 57.67 57.56, 58.42 हो गया था। जैसे-जैसे जनसंख्या में वृद्धि हुई वैसे-वैसे मृतकों की संख्या/प्रतिशत में भी वृद्धि होती जा रही है। इसी प्रकार सारणी के विश्लेषण से स्पष्ट है कि स्त्रियों की अपेक्षा पुरुषों में मृत्यु की घटनाऐ अपेक्षाकृत (सभी वर्षों में) अधिक है।

पाँच वर्षों में सर्वाधिक मृत्यु 70 से अधिक आयु समूह की (36.42 प्रतिशत) हुई है। 65-69 आयु समूह में 17.41 प्रतिशत, 55-64 में 17.20 प्रतिशत तथा 45-54 में 11.95 प्रतिशत है। इसके आधार पर यह ज्ञात होता है कि 45-70 वर्ष तक की आयु में मरने वालों की कुल संख्या 82.98 प्रतिशत है, 35-44 वर्ष की आयु समूह में मृतकों की संख्या 6.87 प्रतिशत है, 25-34 में 4.28 प्रतिशत, 15-24 वर्ष में 3.04 प्रतिशत, 5-14 वर्ष में 1.34 प्रतिशत, 1-4 वर्ष में 1.02 प्रतिशत तथा 1 से कम वर्ष में मृतकों की संख्या 0.68 प्रतिशत है। इस प्रकार सारणी के विश्लेषण से स्पष्ट है कि 45-70 वर्ष के आयु में मृतकों की संख्या सर्वाधिक (82.98 प्रतिशत) है।

पाँच वर्षों में वाराणसी नगर में धर्म के आधार पर मृतकों की संख्या हिन्दूओं में सर्वाधिक (71.99 प्रतिशत) है तथा मुस्लिमों एवं ईसाईयों में (27.94 तथा 0.05 प्रतिशत) है। अन्य धर्म के मृतकों की संख्या 0.02 प्रतिशत है। तुलनात्मक आधार पर यदि देखा जाये तो विभिन्न वर्षों में मृतकों का प्रतिशत भिन्न-भिन्न है जहाँ 2001 में हिन्दू मृतकों की संख्या 69.01 प्रतिशत थी वहीं हिन्दू मृतकों की वर्षवार 2002,

2003, 2004 तथा 2005 में मृतकों का प्रतिशत क्रमश: 75.84, 72.50, 71.83 तथा 71.09 हो गयी थी। जबकि वर्षवार मुस्लिमों में 2001, 2002, 2003, 2004 तथा 2005 में मृतकों का प्रतिशत क्रमश: 30.99, 24.06, 27.36, 28.12 तथा 28.87 थी। ईसाईयों में 2001 में मृतकों की संख्या ज्ञात नहीं हैं, 2002, 2003, 2004 तथा 2005 में मृतकों का प्रतिशत क्रमश: 0.05, 0.11, 0.05 तथा 0.04 थी। इसी प्रकार अन्य धर्मों में वर्षवार 2002, 2003 में मृतकों का प्रतिशत क्रमश: 0.05, 0.03 थी 2001, 2004 तथा 2005 में इनकी संख्या या प्रतिशत ज्ञात नहीं हो पायी है। यद्यपि वाराणसी जिले में मुस्लिम आबादी 13.29 प्रतिशत उल्लेखित है (विकास पुस्तिका वाराणसी, 2005)। किन्तु 2005 में मुस्लिम मृतक 28.87 प्रतिशत पायी गई है या पंजीकृत है। इस प्रकार सारणी के विश्लेषण से स्पष्ट है कि हिन्दुओं में मृतकों की संख्या सर्वाधिक है क्योंकि यहाँ के निवासी हिन्दू धर्म को मानने वाले लोग अधिक रहते हैं वाराणसी को धार्मिक नगर माना जाता है तथा यहाँ मन्दिरों की प्रधानता है माना जाता है कि जिसकी मृत्यु यहाँ होती है वो मोक्ष को प्राप्त करता है।

पाँच वर्षों में वाराणसी नगर में मृतकों की संख्या निवास पर 87.30 प्रतिशत है, निवास के बाहर के व्यक्तियों की संख्या 9.94 प्रतिशत है तथा यदि मृतक राज्य के बाहर का निवासी की संख्या 2.76 प्रतिशत है।

सभी मृत्यु की घटनाएं जन्म-मृत्यु पंजीकरण कार्यालय में पंजीकृत है। पाँच वर्षों में वाराणसी नगर में अन्य कारणों से मरने वालों की संख्या सर्वाधिक (73.09 प्रतिशत) है, सर्कुलेटरी सिस्टम के कारण 17.19 प्रतिशत, इन्जरी एण्ड प्वाइजन 3.34 प्रतिशत, इन्फेक्शन पैरासाइटिस रोग से 2.88 प्रतिशत, रिस्परेटरी सिस्टम से 2.01 प्रतिशत तथा इन्डिफाइन्ड कन्डीशन से 1.45 प्रतिशत है। इस प्रकार सारणी के विश्लेषण से स्पष्ट है कि अन्य कारणों से मरने वालों की संख्या

सर्वाधिक हैं। वाराणसी नगर में मृत्यु किन विशिष्ट कारणों से हुई है जिसमें सर्कुलेटरी सिस्टम के रोग से वर्ष 2001, 2002, 2003, 2004 तथा 2005 में मृत्यु दर क्रमशः 13.07, 14.91, 13.97, 14.68 तथा 27.28 प्रतिशत, इन्फेक्शन पैरासाइटिस रोग से वर्ष 2001, 2002, 2003 2004 तथा 2005 में मृत्यु दर क्रमशः 1.42, 3,57, 4.72, 2.44 तथा 2.55 प्रतिशत, इन्डिफाइन्ड कन्डीशन से 2001, 2002, 2003, 2004 तथा 2005 में मृत्यु दर क्रमशः 0.69, 2.67, 2.29, 0. 95 तथा 0.93 प्रतिशत, इन्जरी एण्ड प्वाइजन से वर्ष 2001, 2002, 2003, 2004 तथा 2005 में मृत्यु दर क्रमशः 3.80, 5.15, 4.77, 1.28 तथा 2.35 प्रतिशत, रिस्परेटरी सिस्टम के रोग से वर्ष 2001, 2002, 2003, 2004 तथा 2005 में मृत्यु दर क्रमशः 0.52, 1.78, 3. 40, 2.84 तथा 1.57 प्रतिशत तथा अन्य कारणों से 2001, 2002, 2003, 2004 तथा 2005 में मृत्यु दर क्रमशः 80.48, 71.91, 70.83, 77.80, तथा 65.31 प्रतिशत मृत्यु हुई है।

कोई भी देश, चाहे वह विकसित हो या विकाशील, पश्चिमी हो या पूर्वी, अपनी जनसंख्या के आकार के प्रभाव से वंचित नहीं रह सकता है। उस समाज का जीवन-स्तर, मानसिक स्तर उस देश के विकास की निर्देशिका है। देश में बाल एवं स्त्री हत्यायें आत्महतायें अपराध की बढ़ती संख्या वहाँ के लोगों के मस्तिष्क की दुर्बलता का प्रतीक है जिसको कोई भी देश विकास के लिए बाधक मानेगा। बढ़ती शारीरिक अस्वाथता, रोग-जनित मृत्युओं, शिशु एवं मातृ मृत्यु-दरों की अधिकता देश में उपलब्ध स्वास्थ्य सेवाओं की प्रतीक होती है।

प्रत्याशित आयु से तात्पर्य जीवित रहने की आयु से है। अन्य शब्दों में जब कोई बच्चा जन्म लेता है तो उसके कितने वर्ष तक जीवित रहने की प्रत्याशा बनी रहती है, इस जीवित रहने की प्रत्याशा को ही प्रत्याशित आयु या औसत आयु कहा जाता है।

भारत में प्रत्याशित आयु में वृद्धि हुई है, किन्तु विश्व के अन्य प्रमुख देशों को देखते हुए भारत में जीवन प्रत्याशा आज भी बहुत

अधिक कम है। जहाँ भारत में प्रत्याशित आयु आज भी 64 वर्ष है सन् 1997 के अनुसार संयुक्त राज्य अमेरिका में 77 वर्ष, आस्ट्रेलिया में 78 वर्ष, फ्रांस में 78 वर्ष, इंग्लैण्ड में 77 वर्ष और जापान में 80 वर्ष है। स्पष्ट है कि हमारे देश में प्रत्याशित आयु अभी भी विकसित देशों की तुलना में बहुत कम है यद्यपि इसमें निरन्तर धीरे-धीरे वृद्धि हो रही है। 1901-11 की अवधि में जीवन प्रत्याशा 22.9 वर्ष थी जो 1981-91 में बढ़कर 59.9 तथा 1996-2001 में 63.50 वर्ष हो गयी थी। भारतवर्ष में प्रत्याशित आयु के संबंध में एक उल्लेखीय बात यह है कि यहाँ स्त्रियों की जीवन अवधि पुरुषों से कम है, जबकि पश्चिमी देशों में यह लगभग बराबर अथवा पुरुषों से अधिक है।

प्रस्तुत अध्ययन में वाराणसी नगर की मृत्यु दर से सम्बन्धित 2001 से 2005 तक की पंजीकृत मृत्युओं के आधर पर मृत्यु क्रम का विश्लेषण किया गया है। प्रस्तुत अध्याय में जीवन प्रत्याशा से सम्बन्धित द्वितीयक स्रोतों के आधार पर जीवन प्रत्याशा की व्याख्या की गई है। यह सम्पूर्ण व्याख्या राष्ट्रीय जनगणना प्रतिवेदन में दिये गए आँकड़ों पर आधारित है।

सन्दर्भ ग्रन्थ

- अग्रवाल, गोपाल कृष्ण : समाजशास्त्र, साहित्य भवन, आगरा, 1971 अल्टेकर, ए. एस. हिस्ट्री आफ बनारस, बनारस जर्नल आफ बनारस हिन्दू यूनिवर्सिटी 1937, पृ. 12

  (अ) महाभारत हिन्दूओं की धार्मिक ऐतिहासिक पुस्तक है जिसमें कौरव व पाण्डवों की लड़ाई का वर्णन है। इसमें सेना सम्बन्धी सूचनाओं का विस्तृत उल्लेख है जो जनसंख्या के गुणात्मक एवं परिणामत्मक दोनों ही पहलुओं का विस्तृत बोध कराती है।

  (ब) कौटिल्य का अर्थशास्त्र – महामंत्री चाणक्य द्वारा लिखित इस पुस्तक में राजाओं के राजनीतिक दृष्टिकोण, नीतियों आदि के अलावा करारोपण, व्यय एवं आय सम्बन्धी तमाम नियमों का उल्लेख मिलता है जो कि जनसंख्या में राजाओं की रूचि घोतक है।

  (स) आइने-अकबरी – इसे आमीर खुसरो ने अकबर की नीतियों लिखते हुए सेना के स्वरूप एवं संख्या के बारे में लिखा है।

- काणें, पी. वी. धर्मशास्त्र का इतिहास, एन्सिएन्ट एण्ड मेडिवल रिलिजियस एण्ड सिविल लॉ इन इण्डिया, खण्ड चार, अध्याय तेरह, पृ. 168।
- केटलॉग आफ दि म्यूजियम ऑफ आर्कियोलाजी सारनाथ, पृ. 230।

- 'जनांकिकी के सिद्धान्त', पृ. 9 एस. के. अग्रवाल।
- जोशी, इंश बसन्ती, स्टेट सम्पादक, यू. पी. गजेटियर वाराणसी, 1965, पृ. 26।
- पार्क एण्ड पार्क, जे. ई. एण्ड के. सामुदायिक स्वास्थ्य विज्ञान, द्वितीय संस्करण, सिम्पलेक्स प्रिंटिंग प्रेस, जबलपुर।
- पारकर, ए. ए. हैण्ड बुक आफ बनारस, 1985, पृ. 2।
- बघेल एण्ड बघेल, डी. एस. एण्ड. किरण, जनांकिकी, विवेक प्रकाशन, 2000, पृ. 201 - 210।
- भरदोज, जे. काशी और बनारस, 1894, पृ. 5।
- मोतिचन्द, काशी का इतिहास, विश्वविद्यालय प्रकाशन वाराणसी, 1985, पृ. 160।
- यू. पी. डिस्ट्रिक्ट गजोटियर, वाराणसी, 1965, पृ. 2।
- लोहा, बी. सी. इण्डिया एज डिस्क्राब्ड इन अर्ली टेक्सट्स आफ बुधिज्म एण्ड जैनिज्म, पृ. 42।
- विकास पुस्तिका (वाराणसी), सूचना एवं जनसंपर्क विभाग उ. प्र., 2005.।
- सिन्हा एण्ड सिन्हा, वी.सी. एण्ड पुष्पा, जनांकिकी के सिद्धान्त, मयूर पैपरबैक्स, नौएडा, पृ. 103-115।
- सिन्हा एक सिन्हा, वी. सी. एण्ड पुष्पा, जनांकिकी के सिद्धान्त, मयूर पैपरबैक्स, नौएडा, पृ. 251-369।
- सिंह, रामलोचन, ए स्टडी इन अरबन जाग्रफी, नन्द किशोर एण्ड सन्स वाराणसी, 1955 पृ. 14।
- सिन्हा, रामलोचन, पूर्वोक्त, पृ.14-15।
- शेयरिंग, एस ए., द सेक्रेड सिटी आफ द हिन्दूज देहली, बी. आर. पब्लिकेशिंग कारपोरेशन, 1975, पृ. 19-34।
- शिवपुराण, इस पुराण में सभी 12 ज्योतिलिंगों के स्थानों को दर्शाया गया है। सातवें ज्योतिलिंग को बनारस में दिखाया गया है।

- हरिमानसा, पृ. 29 यद्यपि स्कन्द पुराण के काशी खण्ड में राजा कश के जन्म को काल्पनिक बताया गया है।
- हैवल, ई. वी. बनारस द सेक्रेडसिटी, विश्वविद्यालय प्रकाशन वाराणसी, 1990, पृ. 41-50।
- श्रीवास्तव, एस. सी. जनांकिकीय अध्यन के प्रारूप, हिमालय पब्लिशिंग हाऊस, मुम्बई, 1999।

References

- Altekar, A.S, : The Position of Women in Hindu Civilisation, Varanasi, 1962.
- Census of India 1961, Vol. XV, (U.P.) Part 1-B. "Report on Vital Statistics", p.1 (P.P. Bhatnagar)
- Census of India, 1981 Series-1, India-1 of 1984, p. 9.
- Demographic Year Book, 1998.
- Durkhiem, E. : The Rules of Sociological Methods, New York, Free Press : 150, 1950.
- "Encyclopaedia of the Social Science", Vol. V (Danton-Exile) p. 85. AB Wolfe.
- G.B. Saxena Population in Transition, Table 6, p. 12.
- Gore, M.S. : Urbanisation and Family Change, Bombay, Popular Prakashan , 1968.
- Govt. of India, Ministry of Health—'Facts and Figure p.5.
- G.W. Barclay, Technique of Population Analysis. p. 93.
- Halse, A.H. : Education Economy and Society, Free Press, 1961.
- Human Development Report, 1998, Table 28, p. 190.

- Hutton, J.H. : Caste in India, Oxford University Press, London, 1959.
- Kapadia, K.M. : Marriage and Family in India, Oxford University Press, Bombay, 1958.
- Kapadia, K.M. : Marriage and Family in India, London, 1966.
- Lester word : History of Social Thought, New York Press, 1968.
- Linto, Ralph : 'Cultural Background of Personality' New York, 1945.
- Marx, K. : 'Selected writing in Sociology and Social Philosophy', Translated by T.B. Bottomore, London Mc Graw- Hill :51-78, 1964.
- Mayers, C.A. : Education: Manpower and Economic Growth. New York, 1964.
- Medical Certification of Cause of Death, 2000, 2001, New Delhi.
- Medical Certification of Cause of Death 2001, p. 8-25.
- Mehta, R. : The Western Educated Hindu Women, Asia Publishing House, Bombay, 1970.
- Parsons, T. : The Social System, New York, Free Press : p.64, 1951.
- Plato : Greek Political Thought and Theory in the Fourth Century, 1957.
- Premi, Changing, Population Profile of India and Policy issue (pp. 405-408).
- Premi, Social Demography : A systematic Exposition (p. 155, p. 159, p. 144, pp. 192-197)
- Registrar General of India, Sample Registration System, 1998.

- Registrar General of India Sample Registration Bulletin, October 2001.
- Sample Registration Bulletin.
- Sample Registration System Statistical Report 2005, p. 67-87.
- S.N. Agarwala, India's Population Problems, Tata McGraw-Hill Publishing Co. New Delhi.
- S.N. Agarwala, India's Population Problems, Tata McGraw-Hill Publishing Co. New Delhi, 1985, p. 130.
- Sources - Census of India, 2001, World Development Report 2002, Table 1, pp. 162-163.
- Sources - Census of India, 2003, p. 9.
- Sources 2- Census of India, 1971, Population Projection for india, 1981, 2001, Series India Paper of 1984, p. 24.
- Source - Registrar General of India, Sample Registration System, 1999.
- Source - Model Registration- Survey of Causes of Death, Govt. of India.
- Source - U.N. Demographic Year Book 1963, p. 74.
- Source - U.S Bureau of the Census, World Population, 2000.
- Thompson and Lewis, "Population Problem" Chapter 12 (Mortality), Fifth Edition, pp. 336.
- Thompson and Lewis, "Population Problem" p. 11.
- Tumin, M. and Feldman, A. : Status Perspective and Class Structure in Puartoriko, in American Sociological Review, Aug. 1956.
- Victor Petrov, India, Spotligh on Population, Progress Publishers, Moscow.

- Victor Petrov, India, Spotlight on Population, Progress Publishers, Moscow 1985, Table 21, p. 162.
- Viserd, J.H. : Parent and Child, Philadelphia, University of Pencilwania Press, 1963.
- Weber, M. : The Protestant Ethic and Spirit of Prime Time Society, London, Oxford University Press, 1954.
- World Development Report, 1998, Table 1, pp. 162-163.

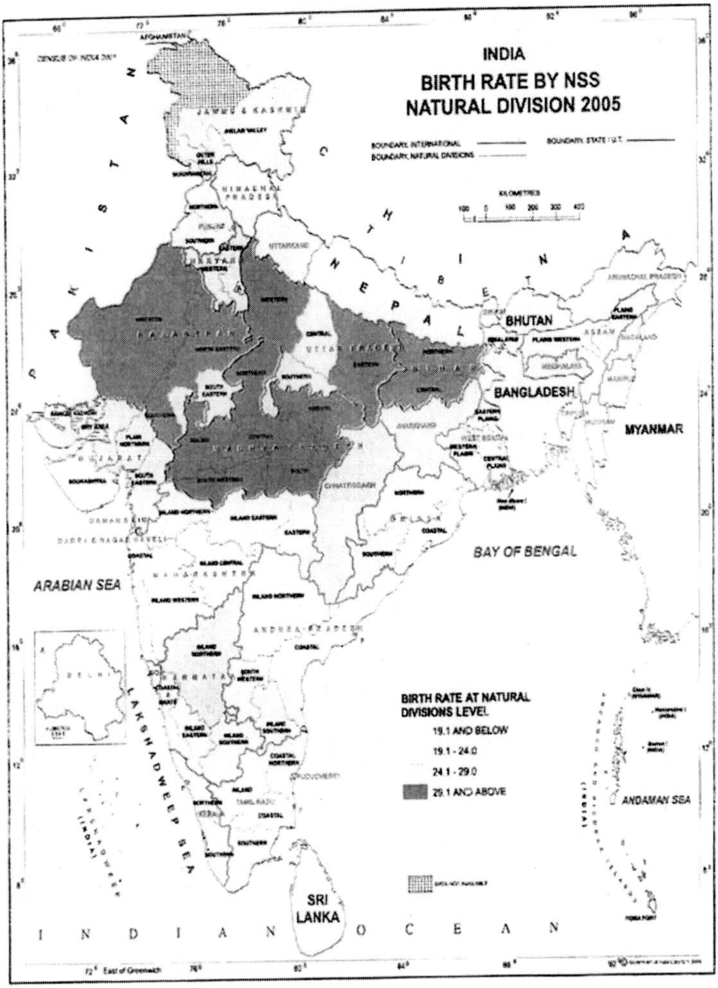
INDIA
BIRTH RATE BY NSS
NATURAL DIVISION 2005
PAKISTAN
NEPAL
BHUTAN
BANGLADESH
MYANMAR
BAY OF BENGAL
ARABIAN SEA
LAKSHADWEEP SEA
SRI LANKA
ANDAMAN SEA
INDIAN OCEAN
BIRTH RATE AT NATURAL DIVISIONS LEVEL
19.1 AND BELOW
19.1 - 24.0
24.1 - 29.0
29.1 AND ABOVE

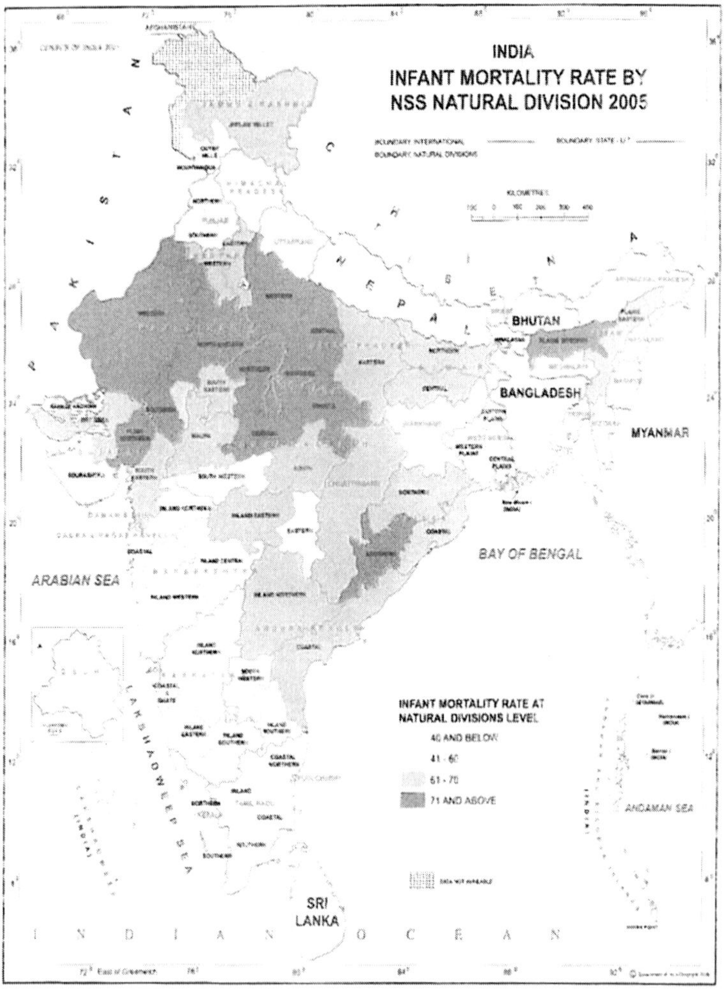
INDIA
INFANT MORTALITY RATE BY
NSS NATURAL DIVISION 2005
BHUTAN
BANGLADESH
MYANMAR
BAY OF BENGAL
ARABIAN SEA
ANDAMAN SEA
SRI LANKA
INDIAN OCEAN
INFANT MORTALITY RATE AT
NATURAL DIVISIONS LEVEL
40 AND BELOW
41 - 60
61 - 70
71 AND ABOVE

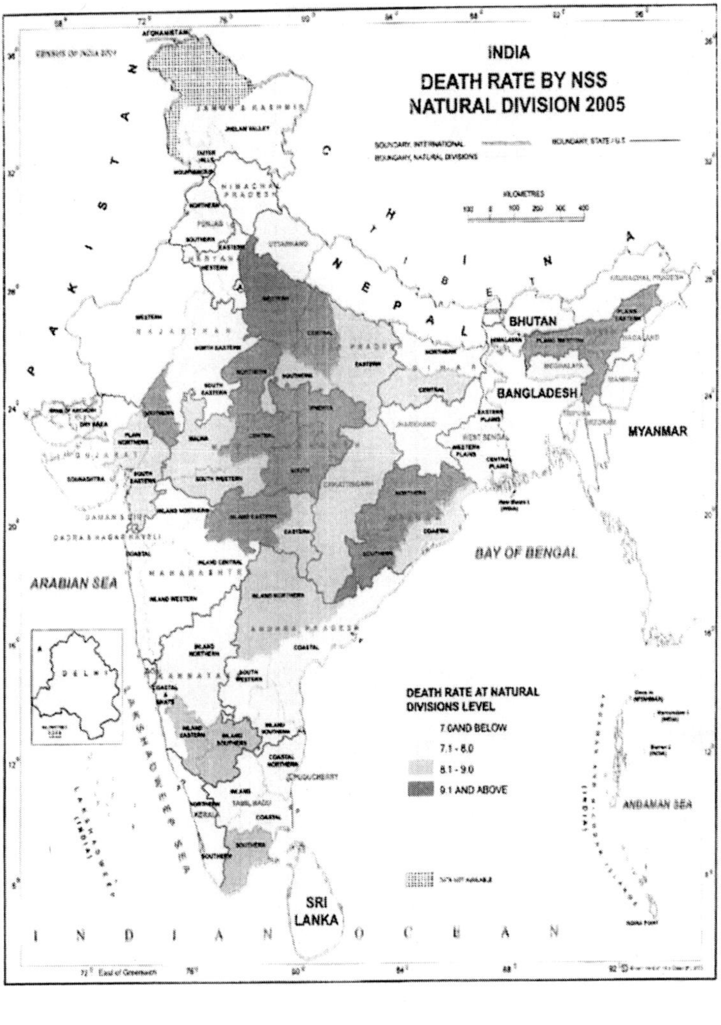
INDIA
DEATH RATE BY NSS
NATURAL DIVISION 2005
PAKISTAN
CHINA
NEPAL
BHUTAN
BANGLADESH
MYANMAR
ARABIAN SEA
BAY OF BENGAL
ANDAMAN SEA
LAKSHADWEEP SEA
SRI LANKA
INDIAN OCEAN
DEATH RATE AT NATURAL
DIVISIONS LEVEL
7.0AND BELOW
7.1 - 8.0
8.1 - 9.0
9.1 AND ABOVE